高等学校通识课程系列教材

教师职业道德修养

朱晓宏　等 著

中国人民大学出版社
·北京·

前　言

习近平总书记指出："一个人遇到好老师是人生的幸运，一个学校拥有好老师是学校的光荣，一个民族源源不断涌现出一批又一批好老师则是民族的希望。"[①]国家繁荣、民族振兴、教育发展，需要一支师德高尚、业务精湛、结构合理、充满活力的高素质专业化教师队伍，需要涌现一大批好老师。党的二十大报告指出："教育是国之大计、党之大计。培养什么人、怎样培养人、为谁培养人是教育的根本问题。"[②] 教师是立教之本、兴教之源，承担着让每个孩子健康成长、办好人民满意教育的重任。党的十八大以来，习近平总书记高度重视教师队伍建设，在一系列重要讲话中对我国师德师风建设作出重要论述，从"四有"好老师、"四个引路人"和塑造学生的"大先生"等，赋予教师专业发展新的时代内涵，更为教师职业道德修养指明教育专业行动的方向。

马克思在《关于费尔巴哈的提纲》中提出，"教育者本人一定是受教育的"[③]。着眼于立德树人的时代使命，新时代的中国教师尤其需要不断加强自我教育与自我反思，更要时刻谨记习近平总书记的嘱托，牢固树立中国特色社会主义理想信念，带头践行社会主义核心价值观，自觉增强立德树人、教书育人的荣誉感和责任感，学为人师，行为世范，做学生健康成长的指导者和引路人；牢固树立终身学习理念，加强学习，拓宽视野，更新知识，不断提高业务能力和教育教学质量，努力成为业务精湛、学生喜爱的高素质教师；牢固树立改革创新意识，踊跃投身教育创新实践，为发展具有中国特色、世界水平的现代教育作出贡献。

从教师教育角度而言，高尚师德是教师专业修养的重要组成部分，有必要通过系统的教育专业课程给予大力支持。"教师职业道德修养"课程即面向师范生和职后教师设置的专业必修课程之一。近些年来，随着我国高校师德课程建设及教学活动的全面展开，师德教材的需求量逐年提升。

综观国内现行的一些关于教师职业道德的教材，编写者们力图加强理论与实践的紧密联系，但是，内容呈现方式还是较多地沿袭了传统的知识讲授逻辑，即使阐述师德实践问题，也是在呈现"关于师德问题的知识"，难以引发广大教师针对师德修养展开教育学立场的"体认之思"。国内现行的相关教材在一定程度上忽略了师德对教师的存在论意义，

---

① 习近平在北京市八一学校考察时强调 全面贯彻落实党的教育方针 努力把我国基础教育越办越好［EB/OL］.（2016－09－09）［2023－04－18］. https://www.gov.cn/xinwen/2016－09/09/content_5107047.htm#:～:text.

② 高举中国特色社会主义伟大旗帜 为全面建设社会主义现代化国家而团结奋斗：在中国共产党第二十次全国代表大会上的报告［EB/OL］.（2022－10－16）［2023－04－18］. http://www.gov.cn/gongbao/content/2022/content_5722378.htm.

③ 中共中央马克思恩格斯列宁斯大林著作编译局．马克思恩格斯选集：第1卷［M］. 3版．北京：人民出版社，2012：134.

或者说，“知识取向的师德内容”与“实践取向的为师之道”在教师心中似乎处于分离状态。

马克思说，人的本质在其现实性上是一切社会关系的总和。教师也是在其职业生活场域的诸多关系中逐步成长为一名真正的教师的。教师在日常工作中与特定的学生、家长和同事相遇，在生动而细微的人际交往中成就其专业修为，展示其专业形象。拥有高尚师德修养的教师，不是体现在能记住师德理论、职业规范等知识，而是要拥有一心向着学生成长的专业敏感性、教育觉察力与行动力。因此，对于教师而言，师德在根本上是教师基于特定职业境遇拥有的“体认之知（智）”，而非传统观念中“关于师德的知识”。从这个意义上看，教师职业道德修养既契合儒家“知行合一”的思想传统，又体现当代实践哲学的反思性行动意蕴。

基于教育研究的实践取向，本书尝试超越传统的知识论视域重新理解教师的职业道德修为，旨在唤醒教师对其职业生存境遇的“体认之知（智）”。本书的基本逻辑进路为：一是分享学生、家长以及同事眼中的教师形象，引导职前-职后教师直观地感受教师职业生活境遇中的各种困扰；二是尝试从教育学视角对相关问题展开专业研讨，由此构成教师反思其日常职业行为的专业觉察力，为教师自觉提升其师德修为提供教育理论支撑；三是为教师的行动改进提供适当的教育专业建议。当然，本书也关注到近些年来教育部推行的“师德考核负面清单制度”，专门在第七章就相关问题展开探讨。同时，本书以案例形式呈现欧美一些国家的教师在师德修养方面的具体问题，期待为我国教师队伍师德师风建设提供具有实践参考价值的意见与建议。

在此，我们也愿意给使用本书的大学教师、师范生和职后教师们提供一些建议：对于大学教师来说，您打开本书目录之时，看到与现行教材不同的逻辑框架与语言风格，按照以往的知识讲授习惯，或许会产生一些困扰。对此，我首先表示歉意，同时，建议您暂时搁置以往的观念，换一种眼光来理解本书。首先是换一种视角重新理解“师德”，它是教师个体的“体认之知”，不是“概念之知”；其次，请不要用讲授知识的方式来理解教材，而是跟随书中的叙事直接把师范生带入教师日常工作境遇，尝试从教育专业视角来理解教师工作中的困惑与思考，并寻找行动改进之可能路径。对于师范生来说，期待你在阅读过程中逐步体会视角的转换，即从学生视角转换到中小学教师视角，随着案例分析的展开，尝试体验教育专业思考方式。对于职后教师来说，或许您非常熟悉案例涉及的相关工作情形，期待您在重新解读案例的过程中逐步以教育专业之思超越日常经验之知。

总之，本书以案例形式直观呈现中小学教师的职业境遇，在重新理解案例的过程中，我们寻求与职前-职后教师展开教育专业对话，并期许教师在个体观念中由此生发出提升职业道德修养的专业敏感性、教育察觉力与行动力。

作为“教师职业道德修养”课程团队的负责人，本人在具体教学实践过程中，始终坚持“科研与教学相统一”的大学教育原则，致力于以师德研究前沿成果引领该课程的教学方向。基于本人承担的国家社会科学基金项目“教师专业伦理形象构成性研究”（BEA200110），在教材撰写过程中尝试以课题研究成果支持教材内容构建。同时，对比国内外同类教材，努力做到取长补短。

本书选取的案例主要有三个来源：一是中小学教师、学生和家长的生活体验叙事，二是国内主流媒体的相关报道，三是相关领域的国内外经典文献。谨此向各位案例分享者与文献原作者表示诚挚的谢意。在本书的写作过程中，作者也尽可能汲取首都师范大学“教师职业道德修养”课程教学团队的专业建议，同时，也听取了参与本课程学习的部分师范生与在职教师对教材撰写的宝贵意见。在此，由衷感谢各位专家、同人与同学们的热忱支持。

本书写作任务的顺利展开得益于我所在团队的共同努力。具体分工如下：书稿的整体设计、统稿由朱晓宏负责，修订工作由朱晓宏、翟雨辰、李静、刘嵩瑞、宋玉博等负责；前言由朱晓宏负责，第一章由朱晓宏、翟雨辰负责，第二章由朱晓宏、王蒙雅负责，第三章由朱晓宏、洪玲负责，第四章由朱晓宏、李静负责，第五章由朱晓宏、王帆负责，第六章由朱晓宏、景莉负责，第七章由朱晓宏、郑光负责，第八章由仝耀斌、刘畅、朱晓宏负责，结语由朱晓宏负责，附录由仝耀斌、刘畅、崔晓鑫、张嵘瑾负责。参与书稿原始素材撰写工作的老师和研究生还有李婉婷、陈一铭、李燕、安颖等。

诚然，我平日里忙于教学、科研和管理等多方面工作，只能在有限的时间里投入书稿的撰写，难以在相关主题的研讨方面展开比较深入的理论阐述，一些观点也有待于进一步论证。不当之处，敬请各位专家给予指正；同时，也期待使用本教材的大学同行、师范生和中小学教师提出宝贵意见。

在此，还要感谢中国教育学会哲学研究分会理事长石中英教授的热情推荐，以及中国人民大学出版社的信任，我方才有此机会与各位专家、同人、同学们分享自己多年来在师德领域的研究心得与教学体悟。同时，感谢北京师范大学哲学学院王葎教授给予的审稿意见，以及对本书写作体例创新的充分肯定。最后，衷心感谢中国人民大学出版社编辑们的理解与辛苦工作。

朱晓宏

首师大白堆子校区

2023年6月12日

目　录

第一章 榜样力量：重温教育史的经典教师形象

内容提要

纵观人类历史发展，自学校教育确立之后，广大教师逐渐成为专业教育者。在与学生们朝夕相处的过程中，教师以神圣的教育之爱和细致入微的教育行动呈现其应有的专业素养。教育史上涌现出了许多经典教师形象，本章以教育叙事的形式描摹三位优秀教师的职业生活样貌，叙事既有历史上真实的教师形象，也有艺术作品中的教师形象，分别呈现教师对学生的爱与信任。对于当下的中小学教师而言，跟随教育叙事重新理解榜样教师的职业生活境遇，既可以拓展理解教师情感的教育专业视域，又可以获得提升自身职业道德修养的可能路径。

学习目标

1. 重新理解教师情感的教育影响力。
2. 拥有在日常学校生活中把握教育契机的专业敏感性与行动力。

关键词

教师之爱　信任学生　发现学生

中外教育史上涌现出了许多经典的教师形象，他们以自身努力来践行教师职业道德，也具体而生动地呈现教师专业行为示范。在与学生朝夕相处的过程中，他们对学生的关爱与严格要求等，直观呈现他们对教育内涵的专业理解。本章选取夏丏尊、马卡连柯、马修三位教师的教育叙事，重温他们的职业生活故事，一方面可以让我们看到经典教师的职业生活样态，另一方面也可以从教育学视角重新理解经典教师的专业形象，反思经典教师开启的为师之道。

第一节　三位经典教师的故事

教师的专业形象是彰显其立德树人的价值取向，也是实现其身份认同的专业行动。重温经典教师形象，不仅应在教育史的视域中回顾其职业形象，更应立足当下，回应新时代教师队伍师德师风的建设需要，重新理解教师职业道德修养的专业内涵以及行动指向，反思其教育实践活动的专业影响力。基于此，本节从三位经典教师的故事出发，对他们的教育实践活动进行具身化阐释，并进一步思考教师职业道德修养在特定学校生活中显现的独特内涵以及现实启示。

案例 1-1

夏丏尊①：爱的教育

夏丏尊先生于1908年来到浙江两级师范学堂（后于1913年更名为浙江省第一师范学校，简称“一师”）任职。在浙江两级师范学堂任教时，因学校原来的舍监被学生气得辞职而去，他就毛遂自荐，兼任舍监②一职。每天清晨，起床铃一响，他就来到学生宿舍，把睡懒觉的一一叫起。晚上熄灯后，他再到学生宿舍一一查看。遇到私点蜡烛的，他熄灭蜡烛后予以没收；遇到和衣而眠的，他催促其脱衣盖被。有学生在点名、熄灯后溜出校门玩耍，他知道后也不加以责罚，只是恳切地劝导。如果一两次不见效，他就会待在宿舍守候这个学生，无论多晚都守候着。等见到了学生，他仍不加以任何责罚，只是更加苦口婆心地劝导，直到这个学生心悦诚服，真心悔过。他当舍监七八年之后，学生养成了良好的生活习惯。他高兴地看到，“几乎可以无为卧治了”③。

他自己说：“舍监一职，待遇甚低，其地位力量易为学生所轻视，狡黠的学生竟胆敢和舍监先生开玩笑，有时用粉笔在他的马褂上偷偷地画乌龟，或乘其不意把草圈套在他的瓜皮帽结子上。至于被学生赶跑，是不足为奇的。”因此，他对学生非常严格，他说：“学生无故请假外出，我必死不答应，宁愿与之争论至一二小时才止……”不过，遇到不守纪律的学生，他并“不记学生的过，有事不去告诉校长，只是自己用一张嘴和一副神情去直接应付”④。

他的学生丰子恺后来回忆说：

“他当舍监的时候，学生们私下给他起个诨名，叫夏木瓜。但这并非恶意，却是好心。

---

① 夏丏尊（1886—1946），原名铸，字勉旃，后于1912年改字丏尊，号闷庵，浙江绍兴上虞人。夏丏尊先生是我国近代著名教育家，自21岁从日本辍学回国后便一直从事教育工作，是我国第一代中学语文教师。

② 夏丏尊先生当时所兼任的舍监，主要负责学生的日常生活管理，类似于今天学校中的生活老师。

③ 张清平．“人散后，一钩新月天如水”[A]//商友敬．过去的教师．北京：教育科学出版社，2007：81.

④ 夏丏尊．平屋杂文[M]．北京：开明出版社，1992：96-98.

因为他对学生如对子女，率直开导，不用敷衍、欺蒙、压迫等手段。学生们最初觉得忠言逆耳，看见他的头大而圆，就给他起这个诨名。但后来大家都知道夏先生是真爱我们，这绰号就变成了爱称而沿用下去。凡学生有所请愿，大家都说：'同夏木瓜讲，这才成功。'他听到请愿，也许啼呜叱咤地骂你一顿；但如果你的请愿合乎情理，他就当作自己的请愿，而替你设法了。"①

1920 年春晖中学开办后，夏丏尊先生辞去工作来到春晖中学，担任国文教师，春晖中学的学生回忆道：

"我入学后不久的一天，他在通向教师的走廊里见到了我，亲切地叫我到他的房间里去。我怀着疑惧的心情到了那里，他就询问我的家庭情况。等我回答完毕，他略略沉思了一会以后，对我说：'现在穷人家的子弟进不了学校，有钱人家的子弟不喜欢读书，唯有小资产人家的子弟最有希望。'②

他是同情弱者的。春晖中学的学生因多出身于富有之家，衣着是比较讲究的，雨天穿的都是皮鞋（当时市场上还没有橡胶套鞋这种商品）。我没有皮鞋，雨天穿的是母亲自己缝制的水鞋（一种涂以桐油，鞋底钉上秋皮钉，雨天穿了不会湿的鞋子）。这种鞋子跟皮鞋比较起来自然'相形见绌'。我虽穿着，心里却并不高兴。一个下雨天，他见了我的水鞋，却对它大唱赞歌，说：'这鞋子好啊！'"③

【点评】

开设在浙江上虞白马湖畔的春晖中学，可以说是"过去的中学"中的名校，所谓名校在于有"大师之谓也"，这所学校的教务主任就是原湖南一师的夏丏尊先生。在 20 年的教师生涯中，夏先生坚持奉行和贯彻"爱的教育"，以无微不至的关心爱护和真诚率直的人格力量持续不断地感化学生。"夏丏尊为人实在敦厚，他不尚空谈，希望能为教育做些实际的事情。曾经有大学请他任教，被他谢绝，他认为中小学教育更能影响一个人的一生。"④

在任舍监时，面对调皮捣蛋的学生，夏先生说他"是抱了不顾一切的决心去的，什么都不计较，凡事皆用坦率强硬的态度去对付，决不迁就"，抱着"预备去挨打与拼命"的决心，"结果却并未遇到什么，一连做了七八年"，是他用关爱和照顾感化了学生。他在课余翻译了意大利作家亚米契斯的小说《爱的教育》，并用自己的一生来践行"爱的教育"理想。有人将他的方式称为"妈妈的教育"，换言之，进入学校前孩子们在家中感受到的是父母之爱，进入学校以后，夏先生像妈妈一样的爱是学生最容易接纳的。从学校教育角度看，一方面，作为一个教师，对学生的爱仅复制父母之爱是不够的，亲子之爱和教师之爱是有差别的，教师对学生的关爱，要以教师之爱超越父母之爱；另一方面，作为公共教育机构的学校，承担着照顾、管理与教育学生的多重职能，出自教育立场的管理与关爱都是不可或缺的，若是哪一方有所偏差，可能会妨碍学生健全人格的养成。

---

① 丰子恺．悼夏丏尊先生［J］．语文教学通讯，2020（10）：1.

② 张清平．"人散后，一钩新月天如水"［A］//商友敬．过去的教师．北京：教育科学出版社，2007：81.

③ 钟子岩．夏丏尊在春晖［J］．今日教育，2014（12）：64－65.

④ 同②80.

案例 1-2

马卡连柯[1]：信任“差生”

1920年，马卡连柯受乌克兰哈尔科夫省人民教育委员会的委托，在波尔塔瓦创办了高尔基劳动教养院，改造当时苏联国内的一些未成年违法者，谢苗·卡拉邦诺夫就是其中之一。

有一次，谢苗因为和同伴盗窃他人财物，被马卡连柯严厉责罚，他赌气离开了教养院。不久之后，他又回来了，当马卡连柯询问他的近况时，他神情阴郁，沉默寡言，马卡连柯问他有何打算，继续待在父亲家里吗？“不……我不想待在我爹家……我不知道……”谢苗这样回答。他迟疑地动了一下，走近了马卡连柯，并且冲口问道：“您看我要是留在教养院里怎么样？”他边说边很快地瞥了马卡连柯一眼，然后，把头一直垂到膝部。然而，马卡连柯爽快地对他说：“那有什么问题，留下来吧。我们大家都会感到非常高兴。”当谢苗激动地语无伦次地表达着自己的感激之情时，马卡连柯告诉他：“不要这么激动，你应该马上就回来的。何必这样苦恼呢？”可是，谢苗因为想到过去丢脸的事情，想到对马卡连柯的无礼，很惭愧，马卡连柯将手一摆，说：“过去的事不必提了。”

谢苗小心翼翼抬起头说：“不过……也许您以为这里边有什么花样，也许您以为，照您的说法，我是在装腔作势。其实一点也不是那样，您不知道我受了多大的教训！请您直爽地告诉我，您相信我吗？”“相信。”马卡连柯很严肃地说。“不，您要说老实话，您相信我吗？”马卡连柯笑了，谢苗觉得他并没有完全相信。“你这是在瞎着急，谢苗。每个人我都相信，不过对这个多相信些，对那个少相信些：对一个人的信任值五个戈比，对另外一个人的信任值七个戈比。”马卡连柯这样解释道。谢苗问：“那么对我的信任值多少呢？”“对你的值一百卢布[2]。”谢苗发起“野性”地说：“您这么一说，我一点也不相信您了！”紧接着又说：“没有关系，我再来证明给您看……”

过了两个星期，马卡连柯把谢苗叫到跟前，对他说：“这是委托书。你到财务处去取五百卢布。”谢苗张开了嘴，瞪着眼睛，张口结舌地说：“五百卢布？还有什么事？”“没有别的事。”马卡连柯说：“就是给我把钱取来。”然后马卡连柯又告诉他：“骑马去。这是手枪，路上以防万一。”谢苗机械地接过手枪，惊奇地看了它一眼，然后用迅速的动作把它塞在衣袋里，什么话也不说就出去了，十分钟以后骑着马走了。傍晚时候，谢苗走进马卡连柯的办公室，面色阴郁，默默地把一沓钞票和手枪放在桌上。马卡连柯拿起钞票，尽量用最冷淡、随便的口吻问他“数了没有”，得到肯定回答以后随便地把那叠钞票朝抽屉里一丢，就让谢苗回去了。

过了两个星期，谢苗同样不快活地听完了马卡连柯的新命令：“你去拿两千卢布。”谢苗把手枪塞进衣袋，愤懑地望了马卡连柯好一会，然后一字一顿地说：“两千？要是我取了钱不回来呢？”马卡连柯大声斥责他说：“请你少说这种傻话！既然把委托书交给你，你就去取。”谢苗耸耸肩，含糊地低声说：“好，去就去……”谢苗返回来，把钱交给马卡连

---

① 安东·谢苗诺维奇·马卡连柯（1888—1939）是苏联著名的教育理论家、教育实践家和作家。

② 戈比和卢布都是当时苏联（现俄罗斯）的货币单位，戈比是辅币单位，卢布是主币单位，类似中国人民币的分与元。1卢布等于100戈比。

柯，盯着他说：“请您数一数。”“为什么？”谢苗坚持说：“我请您数一数。”马卡连柯说：“你不是数了吗？”谢苗又说了一遍：“对您说，请您数一数。”马卡连柯让他不要啰唆，谢苗很激动但又好像受了委屈似的说：“您是在捉弄我。您不可能这样信任我……您是在故意冒险，我知道您是故意的……”

马卡连柯说：“我叫你做了事，付出的代价却不小。”谢苗把身子朝前一冲，一把抓住窗栏，大声说：“我骑在马上一路在想：要是树林里有强盗跑出来袭击我……不管有多少，我都要开枪打他们，我要像狗一样扑上去用牙咬他们，撕他们，除非他们把我杀死……我也知道，您在这里一定在想：他不知会不会拿回来？您是在冒险，对吗？”马卡连柯告诉他：“钱财的事永远要冒险。取一包钞票到教养院来总免不得要冒险。不过我是这样想：如果由你去取钱，危险性就少些。你年轻力壮，骑马又骑得非常好，随便碰到什么强盗你都可以逃得过，像我这样就很容易被他们抓住。”然后，马卡连柯又告诉他：“我一点也不担心。我知道你这个人跟我一样诚实。这一点我以前就知道，难道你看不出吗？”谢苗高兴地走出他的办公室，高声唱起来：

高山背后，
飞出一群老鹰，
它们边飞边叫，
寻找着美好的生活。①
……

【点评】

作为世界教育史上举足轻重的教育理论家和教育实践家，马卡连柯以《教育诗》和《塔上旗》两部文学作品分别再现了他在高尔基工学团和捷尔任斯基公社开展的一系列教育实践活动，具体而生动地展现了他的集体主义教育思想。上述案例选自《教育诗》这部著作，主要介绍了他在高尔基工学团八年的教育实践。1917 年俄国十月革命爆发以后，由于国内外战争的缘故，很多儿童失去父母流浪街头，很多孩子甚至违法犯罪，十月革命后流浪和犯罪儿童人数超两百万。马卡连柯就是在这样的背景下于 1920 年被任命为“高尔基工学团”主任，开始探索培养共产主义接班人的教育实践的。在他看来，很多孩子是因为战争流离失所而染上不良习惯，甚至有犯罪行为的，马卡连柯不仅对他们充满了同情，甚至愿意相信他们具有变好的可能性，因此，才会委派谢苗去取钱。对于马卡连柯来说，交给谢苗的任务或许是在冒险，或许只是他的一个教育性试验；然而对于谢苗来说，完成这样的任务能够重新找回自己曾经丢失的荣誉感和责任感。可见，教师对学生的信任能够引领学生超越自我，走向光明大道。

案例 1-3

马修②：让孩子们在合唱中热爱生活

马修是一位热爱音乐的乡村寄宿学校教师。这所学校的受教育对象是一些“问题少

① 马卡连柯．教育诗：第 1 部［M］．磊然，译．北京：人民文学出版社，1978：243-247.
② 此案例中的马修老师为法国电影《放牛班的春天》中“池塘底”学校的音乐老师。

年”，在世人眼中，这是一群品行堪忧的“坏孩子”。师生之间的交流过程就是犯错、惩罚，再犯错、再惩罚，主要手段包括责骂、体罚和禁闭等等。

在一次课上，马修老师让孩子们写下自己的梦想，令他意外的是，每个人都认真写了，并且每个人的梦想都很完美。这让他意识到，不论这些孩子们平时的行为表现多么顽劣，他们内心都怀有美好的梦想，他们都对未来充满了憧憬和向往。孩子们晚上在睡觉前唱歌嘲弄马修老师，他不但没有生气，而且还矫正了孩子唱歌的发音。在孩子们入睡后，马修陷入了沉思：这些孩子都心存梦想，有些还很有音乐天赋，应不应该帮助他们呢？孩子们喜欢唱歌，他热爱音乐，于是，他萌生了一个大胆的想法——组建一个合唱班，用音乐打开孩子们的心灵。

虽然，校长同意马修组建合唱班，但是，校长并不看好这件事。在校长看来，马修像之前来的新老师那样，想做些事情来改变这些问题少年，等他真正认识到这是一群无可救药的孩子时，就会放弃。

在课堂上，马修根据孩子们的音色特点，将他们分配到合唱团里的不同声部，就连唱歌跑调的贝比诺，也被任命为老师的助手，兼做谱架。马修白天教孩子们唱歌，晚上给孩子们写歌。一个偶然的机会，马修发现曾拒绝参加合唱班的皮埃尔在唱歌方面天赋异禀，便让他担任了合唱团的主唱，至此，“池塘底合唱团”诞生了。

马修老师对学生们进行了系统的音乐教育，合唱团的声名日显，引起了公爵夫人的注意，她想亲自到学校听听孩子们的歌声，那场合唱演出十分成功。后来，校长因一场校园大火丢失了晋升机会，他迁怒于马修并辞退了他。马修离开学校的那天，孩子们从窗户往外扔出一个个纸飞机，上面写着每个孩子对老师的不舍与祝福。“在那一刻，我感觉自己的每一寸肌肤都透出了愉悦和乐观。我想告诉全世界，可我又能告诉谁呢？我是克莱门特·马修，一个失败的音乐家，一个失败的学监。”马修拿着纸飞机离开时这样说道。

【点评】

在一所收留“问题学生”的学校里，随时会有老师因为学生的“恶意报复”而受伤，但是，随着马修老师的到来，孩子们逐渐由叛逆转向积极向上。马修老师发现孩子们心怀梦想、喜欢唱歌，他因势利导地组建合唱团。在合唱团活动中，哪怕是五音不全的学生，马修老师也给他找到了适合自己的职责——举乐谱。随着合唱团越办越好，整个学校的氛围变了，孩子们和老师和谐相处，整个学校充满欢声笑语，随处可听见学生们高昂嘹亮的歌声。

对于众人眼中的“问题学生”来说，马修老师是照亮他们“池塘底”生活的一束温暖阳光，这束光亮或许有些微弱，却唤醒了每个孩子心中那颗善良的种子，点燃了他们朝向未来的生命之光。对于为师者来说，善于用爱心捕捉孩子成长的契机，为每个学生找到学校生活中适合的位置，他们的生命里就会始终蕴含着春天生长的活力。

第二节　重新理解教师的专业形象

儿童离开家庭来到学校，教师是引导他们体验社会生活的重要他人，换言之，未成年人通过与教师的朝夕相处，体验与周遭世界的“相遇”，从而逐步理解自己、理解他人。

在此过程中，教师不仅要教授学生们关于世界的科学知识，更要让他们学会爱自己、爱他人、爱生活。上述三个案例中所呈现出的教师专业形象及师生交往活动，可以帮助我们深刻理解教师责任的教育学内涵：一是教师之爱对于学生成长的意义，二是信任学生的教育力量，三是教师对待问题学生的积极态度。

一、关心爱护与严格要求：教师行为的一体两面

在案例1-1中，一方面，夏先生对学生有无微不至的关心；另一方面，这种关心伴随的也是严格的要求。对教师来说，关心学生意味着教师能够包容他们成长中的不足，严格要求学生意味着引导他们适应社会化角色，两者相辅相成，共同助力学生成长为社会所需要的合格成员。学校生活是学生个性化与社会性成长的重要环境，教师的教育方式与学生拥有健全人格和良好的社会生活规范有着密切关系。

1. 严格与关爱具有同一性

在案例1-1中，夏丏尊先生在浙江一师任舍监时，对于学生的不合理要求坚决不会妥协，宁愿争论一两个小时，并且每天一一敲门喊学生起床，严格要求学生。也正是他这样的严格要求及为学生负责、为学生考虑的做法，打动了学生，学生有事都找他商量，才使得他后面的工作变得顺手起来，可以“无为卧治”。他平时对学生无微不至、事必躬亲的态度，有话直说的率真性格，在学生心中树立了亲切的形象。在学校生活中，教师关爱学生和严格要求学生是同时发生的，二者的同一性表现在同源性，即源自教师对学生身心健康成长的期待。

对照现实的学校生活，一些教师抑或不加解释地严格要求学生，对学生的行为处处加以限制，或是制定详尽的规章条目要求学生遵守，导致学生出现逆反心理，越发不愿接受教师的规训；还有一些教师对个别学习成绩好的学生过分地呵护，却又无法严慈相济，导致一些学生在老师的“关爱”中迷失自我。无论哪一种情况的出现，对学生个体或群体都可能产生消极的影响，不是学校教育期待的教师行为。

2. 教师赢得学生的敬爱

教师和学生之间的情感联系，最能体现教师之爱对学生的影响。从夏先生学生的回忆中，我们可以看到教师之爱对学生内心体验的影响力。对于家庭条件差的学生，他尽可能地帮助他弥补生活的窘迫；对于品行不端的学生，他也能做到循循善诱。夏先生从来不通过讲大道理来教导学生，“只是自己用一张嘴和一副神情去直接应付”，“苦口婆心地劝导”，学生在夏先生的语言、眼神中已经能够切身感受到教师之爱了。有学者将师爱的本性理解为“在世上使孩子臻向至善以及使孩子的人格有所提升的意向性行为”①。

夏先生对学生的关爱始终贯穿在他的国文教育当中，他在做学校舍监的同时也担任国文教师的工作。他认为，国文教育就是“学校、家庭、社会互通声气，课内外打成一片的教育；是着眼于学生生存发展的教育，读写为课程的事项，也是生活技能的训练，较知识的积累，能力的培养、人格的修炼更重要，无论在读还是离开了学校，都要且会自学和自

---

① 朱晓宏．重新理解教师之爱：基于舍勒的情感现象学视域［J］．教育研究，2009，30（11）：53-57.

我教育，是知行合一、自强不息、终身以爱的感化教育”①。抱定此种教育信念，夏先生用国文来培育学生，真正践行着“教书育人”，学生们才会“一方面笑他，一方面感激他、敬爱他”。

二、信任学生的教育力量：开启学生成长的可能朝向

在案例 1-2 中，马卡连柯基于对人性向善性和学生本身未完善性的信念，决定让曾经“盗窃他人财物”的学生（谢苗）去承担取钱的任务。不说其他人，就连谢苗自己都不敢相信马卡连柯会将如此重要的事情交给他，并且完全信任他。马卡连柯的信任并不是盲目的，首先，作为一个教育工作者，马卡连柯非常了解谢苗这个学生，他相信谢苗是一个值得信任的人，过去的错误是受到了环境的影响，谢苗具备变好的可能性；其次，作为教师，马卡连柯通过这种方式让谢苗也重新建立起自尊和自信，引导他走入正途，唤起他的自我认知。马卡连柯对谢苗提出的要求体现出他对学生的信任与尊重，可以从两个方面来理解：一是对人格的信任与尊重是对一个人能力的积极反馈，二是对一个人成长为“真正的人”的可能性期待。

1. 教师拥有对人性向善的信念

信任与尊重每个学生作为一个“人”的人格，不仅意味着不能随意剥夺学生的权利，而且更要维护和尊重每一个人的尊严。马卡连柯只给了谢苗一把手枪，就让他独自去取大额现金，不仅是出于对一个学生的信任，也是出于对一个犯过错的未成年人的尊重。如果一个教师能够信任并尊重每个学生作为一个“人”的人格，并且把学生作为一个发展中的人，对一个人能力和道德进行积极反馈，就能够彰显信任的教育力量。当然，对于正在成长中的未成年人来说，人格的塑造以及被给予的希望应该是一种超越现实性的期待，这是一种对人性的信任与尊重，这种期望所依赖的正是出自教师对人性向善的信念。

中小学教师常年面对的是未成年人，并且是自我意识还未完全成熟的学生，他们只是被引入学校这个社会集体中，并且接受学校的规则和管理，甚至可能分不清社会秩序之于他们的意义。他们只能意识到自己作为一个学生和教师的师生关系，以及和同学的同伴关系，能认识到自己的社会角色和家庭角色，但是，他们或许不能够认识到自己作为一个人的存在。此时，他们尚不能理解尊重与信任的重量，也不明白自己和他人作为独立的个体存在的意义。因此，教师有必要关注到学生作为一个人的个体化意识，教师信任与尊重学生，能让学生对自己有足够的信心，并有能力实现真正的自我。

2. 教师把握促进学生成长的契机

学生是一个正在成长中的人，成长意味着他的思想、语言、行为都有待走向成熟。对此，教师既不能轻易否定学生的冒险活动，也不能蛮横地打击一个未成熟的人的各种离谱的想法。教师要清晰地意识到，作为未成年人，学生还不具备足够的思考力为自己的行为辩护，如果教师粗暴地扼杀他的想法和行为，可能会抑制他朝向某一方面的成长，也会弱化他作为一个人的主体人格意识的生长。教师可以像苏格拉底那样，将自己看成助产士，既关注自己引导学生的方法，也关注学生对他的引导内容的见解。马卡连柯非常看

---

① 程稀．夏丏尊与现代语文教育［M］．北京：中国社会科学出版社，2010：4.

重对学生提出要求的契机，在他看来："如果儿童不是情绪抑郁地而是欢天喜地地迎接这种要求，那么，你的要求越多，他们就越欢喜，因为你这样做表示了对他的力量的信赖。"①

正是充分考虑到谢苗因为以往行为过失而表现出的自卑心理，而且，也关注到他努力向好的强烈愿望，马卡连柯通过安排谢苗去做领款的工作，让谢苗感受信任的力量。或许，在一般人看来，马卡连柯如此行为是一次冒险，但是，在马卡边柯看来，将谢苗当作一个人来尊重，给他在集体中一个确定的身份和任务，才是一种对他的唤醒。正是马卡连柯的努力，让谢苗重新发现了自己作为人的存在意义。"作为一个人的概念源自社会对个人观点的决定性作用的肯定。"② 谢苗通过执行马卡连柯委派给他的任务，重新找回在高尔基工学团这个集体中的尊严和信心，他也因此逐渐找到自我在集体生活中的位置，并且思考"他自己"能为集体做什么。走出马卡连柯办公室高唱的那首歌，标志着马卡连柯用尊重和信任给了谢苗能够翱翔蓝天的翅膀，让他有信心成长为自己心目中期待的样子，并成长为对社会真正有用之人。

三、爱音乐与爱学生同在：让"问题少年"感受生活之美好

在案例1-3中，"池塘底"寄宿学校的孩子们是普通人眼中的"问题学生"，校长和老师对待他们的常用手段是辱骂、体罚、关禁闭等。在这样环境中生活的孩子们对待老师的态度也是"以牙还牙"式的恶作剧，或者用"唱歌"来嘲弄老师等。教育此类学生的关键是教育者如何对待儿童这些与生俱来的天性，并引导其朝着真善美生长。在马修老师身上，爱音乐与爱孩子同在，马修老师尝试用音乐唤醒孩子们对美好生活的向往。或许，马修老师仅是影视作品塑造的教师形象，但是，这部影片的世界影响力恰恰说明了其教师形象的永恒价值。

1. 用美妙歌声唤醒少年的心灵

在"池塘底"寄宿学校，那些似乎"无药可救"的孩子被马修老师用爱与歌声唤醒了。从师德的角度看，马修老师无疑是完美的化身，但马修老师其貌不扬——发福秃顶的中年大叔、失意的作曲家。他身上熠熠发光的东西是他对音乐的热爱和对孩子的关爱。当孩子们唱歌嘲讽他的时候，他不仅没有气恼，反而从孩子们的歌声中发现了教育契机，萌生了组建合唱团的灵感。于是，在美好动听的歌声中，原来那群暴力狂躁的孩子消失了，秀丽清亮的声音仿佛强烈的磁场，吸引着孩子们朝向光明与美好，孩子们的脸上也重现了纯真无邪的笑容。

同样一批孩子，为什么会有如此大的变化？关键是马修老师通过专业性的合唱活动，用音乐重新塑造孩子们的精神生活。孩子们在歌声中重新发现了自己，也体验到了自信，即使那个被安排充当谱架的学生，也能感受到自己存在的价值。对于这些孩子来说，合唱团生活不仅让他们找回了崭新的自我，而且让他们体验到了共同体的感染力。

对于马修老师来说，他或许只是给学生们提供了一个重新发现自己的机会，并且通过

---

① 吴式颖，等．马卡连柯教育文集：下卷［M］．2版．北京：人民教育出版社，2005：627.

② 彼得斯．伦理学与教育［M］．朱镜人，译．北京：商务印书馆，2019：256.

对学生无差别的教导，让每一个学生都进入了美好的音乐世界。即使是不擅长唱歌的学生，也在合唱团中找到了适合的位置。在排练合唱歌曲的过程中，孩子们更是切身感受到了马修老师对音乐的热爱和对他们的期待，师生之间也因此拥有了休戚与共的情感。

2. 教师用善意给予学生温暖

在校长眼中，这是一群十分顽劣的“问题少年”，而马修老师却看到了他们的闪光点——每个孩子的梦想都是那么美好。他们有的想当消防员，有的想当拿破仑，有的想成为一个热气球驾驶员。为了呵护孩子们心中的美好梦想，马修在与孩子们交往时一次又一次地释放善意，让他们感受到了不一样的校园生活。三个学生撬开柜子，从马修的公文包里拿出了他珍藏的乐谱，躲在厕所里翻看，学监闻讯赶来查问，马修再一次声明“没什么”；一个学生因为违反纪律被关禁闭，不能在规定时间内与前来探视的母亲见面，马修为了不让他母亲失望，就替他圆谎说，他到医院补牙了。被马修老师日复一日的善意所温暖着，这些少年身上的戾气渐渐消退，并显露善良的本性。在马修被迫离开学校之时，他们一边高唱马修教给他们的歌，一边将写满祝福与爱的纸飞机撒得漫天都是。

在此，马修的行动也在一定程度佐证了著名教育家夸美纽斯的观点：“假如学生不愿意学习，那不是别人的过错，而是教师的错处，他或者不知道怎样使学生接受知识，或者根本没有这样去做。”① 儿童从家庭走入学校以后，就成为一名学生，教师要“替代父母”去回应学生的呼唤，激发他的学习意识。因此，教师能做的就是“把学生的头脑还给学生，让他重新认识自己”②。

如果对比马修老师的善意努力与校长主张的严厉惩罚，马修老师工作的影响力跃然纸上。也如诺尔特（D. Nolte）所言：如果孩子生活在批评里，他将学会谴责；如果孩子生活在敌意里，他将学会暴力；如果孩子生活在嘲讽里，他将学会害羞；如果孩子生活在羞耻里，他将学到罪恶感；如果孩子生活在鼓励里，他将学会自信；如果孩子生活在赞美里，他将学会欣赏；如果孩子生活在公平里，他将学会公正处事；如果孩子生活在安全感里，他将学到信心；如果孩子生活在肯定里，他将学会自爱；如果孩子生活在被接纳和友谊里，他将学会喜爱这个世界。③ 可见，适宜的生活环境对孩子成长的影响不可低估。与此同时，善于把握教育契机并且创造教育环境的老师或许就是孩子们心中的好老师。

第三节　经典教师开启的为师之道

本章案例呈现的三位经典教师身处不同的地域、不同的时代，他们的教育实践带有浓厚的个性化色彩，也彰显出独一无二的价值。以往经典教师形象并不意味着教师职业的完美样貌，但是，对于今天的职前教师和在职教师来说，他们的教育叙事作为教师职业生活的原生态素材，为重新理解为师之道提供了生动而真实的范例。在不断重温经典的过程

① 夸美纽斯．大教学论［M］．傅任敢，译．北京：人民教育出版社，1984：116.

② 朱晓宏．“差生”的烦恼：教育平等问题的教育学视角［J］．教育科学研究，2017（5）：77－82.

③ 黄向阳．德育原理［M］．上海：华东师范大学出版社，2000：145－146.

中，我们与杰出教师相遇，通过理解他们而重新认识教师职业行为给青少年成长带来的非同凡响的力量。再次走近经典教师形象的职业生活境遇，广大中小学教师或许可以重新理解并探寻日常工作努力的方向。

一、爱的教育：夏丏尊的为师之道

夏丏尊先生奉行“爱的教育”，他在翻译意大利名著《爱的教育》的过程中深刻反思当时的学校教育，认为“空虚极了”，外在的制度走马灯似的变得迎合，从未有人顾及教育的生命的某物。他说：“好像掘池，有人说四方形好，有人又说圆形好，朝三暮四地改个不休，而于池的所以为池的要素的水，反无人注意。教育上的水是什么？就是情，就是爱。教育没有了情爱，就成了无水的池，任你四方形也罢，圆形也罢，总逃不了一个空虚。”① 这是他给后辈教师们留下的珍贵教育秘籍。

1. 教师之爱：朝向学生的成长

无论是作为学校舍监还是国文教师，夏丏尊先生始终保持着对学生的爱，学生们将他的教育称为“妈妈的教育”。当然，夏丏尊先生对学生的爱不是无原则的，他在担任舍监时，始终根据学校的住宿管理规定来严格要求每一位学生。在学生们的回忆中，夏先生的管理行为常伴随着真正的关爱。

从人类情感的角度来讲，每个人都会有他喜欢的人或者物，对待自己喜欢的人或者物才会产生热爱或关爱等不同类型的情感体验。在日常师生交往过程中，教师和学生之间增加了彼此的接触，自然而然地产生喜欢或者不喜欢等情感。但是，教师作为一个社会公共教育机构的专业人员，承担着培养社会公民的教育责任，有必要区分自身作为个体人的自然感情以及作为专业教育者的特定情感。从职业道德规范来讲，不能命令式地要求教师爱每一个学生，但是，教师也不能恶意冷漠地对待个别学生，教师要让他身边的每一个学生感受到尊重与善意。当然，从成年人与未成年人的关系来说，学生作为未成年人，对于教师来说属于弱者，所以，教师要主动关爱学生，这是“教师应尽的道德义务”②。

尽管爱学生是出自为师者的道德义务，但是，从根本上说，教师之爱终究是源自教师本人的真心真情，是教师心向着学生的成长，内心怀着对学生无限的关爱，让爱“如其所是”地展开，在学生的内心中生长开来。这种教师之爱就像夏先生所说的“水”一样，溶于教师和学生日常的体验之中，溶于教师的一言一行之中，所以，他才会对违规的学生晓之以理、动之以情，以言行感化学生并使之幡然醒悟。从学生们对夏先生的回忆中可以感受到，不论过了多久，夏先生带给他们的关爱，始终萦绕在他们心间。总之，对于夏先生来说，无论是对学生无微不至的关爱，还是对学生的行为规范进行严格管理，都是出自他为师者之本心，具体而生动地彰显了一代名师的教育追求。

2. 教导学生：作为志业的能力素养

对于专门从事教育工作的教师来说，教师之爱并不是一种单纯的教育情感，它始终伴随着教师对教育工作的专业敏感性、教育察觉力和行动力，是教师以教育为志业的能力体

---

① 亚米契斯．爱的教育［M］．2版．夏丏尊，译．南京：译林出版社，2011：译者序言．

② 陈桂生．普通教育学纲要［M］．上海：华东师范大学出版社，2009：304．

现。在英语中，“pedagogue”（教师）一词源自希腊语，它的原意不是教师，而是担任监护任务的奴隶或卫士，其职责是指引（agogos）主人的孩子（paides）去上学。[①] 在教育学意义上，“引路”（agogos，leading）有比希腊词源更为丰富的内涵，即陪伴孩子、与孩子在一起、关心孩子，而且这一内涵始终是教师与孩子关系的核心所在。[②] 其实，教师和学生的交往，就是教师引领学生进入人类世界，引领他们体验人类文明留下的丰富成果，并且更加深刻地理解自我、理解世界。教师对学生的引领，伴随着教师对学生的关心与教导，均指向学生向善成长的可能性。

从教育专业角度来看，关爱学生与让学生遵守规范要求具有一致性，规范教育即伴随着对学生行为的严格管理。让学生遵守既定的行为规范，懂得遵循规范的道理，“这种道理看似简单，但由于未成年人的理性尚在形成过程中……真正懂得某种规范必须遵守的道理并不容易”[③]。对教师来说，在学校日常生活中，对学生的管理和课堂教学是相辅相成的，抛开其中一方面，单独谈论另一方面，都会造成一定的麻烦。同理，关爱学生和管理学生的行为之间存在相互关联，是教师内心自觉生成的教育意向性努力。对教师而言，“对他所教的所有学生，都出于善意，并予以尊重，而对他所欣赏的学生，比较喜爱，又不露声色，加上教育学生善意待人、尊重别人、关爱与援助弱者，这样的教师，也就称得上现实生活中‘爱的使者’了”[④]。

二、相信学生：马卡连柯的为师之道

从师生交往过程来看，教师的信任往往会是学生进取、向上的动力。一般来说，学生都有强烈的自尊心，希望被信任、被尊重，特别是一些犯过错误的学生，担心不被信任而自尊心尤其强烈。在案例 1-2 中，谢苗因为自己曾经犯过错，反复地问马卡连柯是否信任他。在这种情况下，马卡连柯真诚地表达了对谢苗的信任，从而解除了他的思想负担，并使他重新建立自己的自信心。信任是教师和学生沟通情感的渠道，也是育人的前提，只有将信任作为教育的底色，作为教师育人的出发点，学生才会对教师产生崇敬之心，敞开心扉地与教师交往。

1. 充分了解学生，创设教育契机

在马卡连柯的学生们当中，大多数是生活于战乱时期的孤儿，他们身上沾染的不良习惯与复杂的战争生活环境直接相关。为了将他们培养成为社会需要的合格公民，马卡连柯的行为既体现出师者的细心与耐心，也表现出师者的教育智慧。在平常的师生交往过程中，马卡连柯细心观察、充分了解每一个学生的个体特点，并针对不同学生的特点创设适当的教育时机。在案例 1-3 选取的教育叙事中，马卡连柯积极主动地创造教育契机，最终促使学生发生了根本性的转变。

正是基于观察谢苗在日常生活中的所作所为，马卡连柯判断，谢苗以往的偷窃行为是环境所迫，而非其本心所致。因此，马卡连柯通过安排谢苗为集体领取钱款的任务来引导

---

① 朱晓宏．重新理解教师之爱：基于舍勒的情感现象学视域［J］．教育研究，2009，30（11）：5.

② 范梅南．教学机智：教育智慧的意蕴［M］．李树英，译．北京：教育科学出版社，2001：50-51.

③ 陈桂生．普通教育学纲要［M］．上海：华东师范大学出版社，2009：262.

④ 同③305.

他走向人生正道。从当时谢苗的反应来看，这项任务对他本人的触动非常大。试想一下，一个已经被贴上偷盗标签的人，能被老师如此依赖吗？这件事本身的教育意义十分明显，充分反映了马卡连柯作为教育者的专业判断力与行动力。在一般人看来，马卡连柯的做法或许有冒险的成分，但回顾马卡连柯的做法可以看出，他的这个决定依赖于他对谢苗的充分了解，信任学生的前提是充分了解学生。在此基础上，为了巩固谢苗坚定走上人生正道的信心，马卡连柯第二次安排他去取款，而且，为了防止途中遭遇匪徒，还给了他一把手枪来防身。后续事实也证明，谢苗没有辜负老师的期待。

正如杜威所说："除了更多的生长，没有别的东西适合生长有关的，所以除了更多的教育，没有别的东西是教育所从属的。"① 的确，教师需要给予每个学生成长的机会，但是，这种机会并不是随时出现的，教师需要拥有敏锐的教育意识，在深入了解学生的基础上把握住教育契机。所谓的教育契机，通常是由教师在特定的环境或条件下对特定学生心灵施加的影响。② 在学校集体生活中，学生的个性差异相当大，他们的生活环境和教育条件也各不相同，由此，教师对学生产生的影响也不会完全一致，所以，需要教师在充分了解学生个体差异的基础上针对不同情况随机应变。教师可以做一些出乎意料的安排，这样既能够触动学生，又能够达到意想不到的教育效果。

2. 尊重学生：教育工作的基本原则

重温马卡连柯的整个教育实践过程，他对学生的尊重与严格要求贯穿始终。他认为，尊重学生和严格要求学生是一件事的两个方面，没有缺乏尊重的要求，也没有离开要求的尊重。"这两者是一个东西：对我们所不尊重的人，我们不可能提出更多的要求。当我们对一个人提出很多要求的时候，在这种要求里也就包含着我们对这个人的尊重，正因为我们向他提出了要求，正因为他达到了我们的要求，我们才尊重他。"③ "尽可能地多尊重人是我们学校教育工作、校外教育工作和学前教育工作的基本原则。"④

对于一些有缺点的未成年人来说，"只有在他们学会将自己看成人的时候，作为人的他们才会发展"⑤。或者说，正是教师对学生的尊重，才让他开始意识到自己被认可，他也因此愿意接受教师的严格要求，并愿意努力超越过去的自己，成长为教师期待的样子。教师对学生的信任与尊重可以唤醒学生向善生长的可能性，让其意识到自己在集体生活中的责任与担任。

苏联教育家苏霍姆林斯基在《给教师的建议》中也提道，"只有教师关心学生作为人的尊严感，学生才能通过学习受到教育。教育的核心，就其本质来说，就在于让儿童始终体验到自己的尊严感：我是一个勤奋的脑力劳动者，是祖国的好公民，是父母的好儿女，是一个有着高尚的志趣、激情和不断取得进步的完美的人"⑥。总之，苏霍姆林斯基和马卡连柯的杰出教育成就都表明了一个基本原则：教育者首先要信任和尊重学生，才能有效

---

① 杜威. 民主主义与教育［M］. 2版. 王承绪，译. 北京：人民教育出版社，2001：59.
② 陈桂生. 师道实话［M］. 增订版. 上海：华东师范大学出版社，2009：27.
③ 吴式颖，等. 马卡连柯教育文集：上卷［M］. 2版. 北京：人民教育出版社，2005：104-105.
④ 同③154.
⑤ 彼得斯. 伦理学与教育［M］. 朱镜人，译. 北京：商务印书馆，2019：256.
⑥ 苏霍姆林斯基. 给教师的建议：下册［M］. 杜殿坤，译. 北京：教育科学出版社，1981：182-183.

地进行教育实践活动。

三、因势利导：马修的为师之道

从儿童个体成长角度看，差异性是客观存在的。“有些儿童的理解力强一些，有些儿童的直观能力好一些，还有一些儿童对图片和故事内容的理解力较强，在儿童中，有理解理论的头脑，也有理解实践的头脑。”① 因而，教师在教育过程中尤其要针对学生的个性发展有的放矢。在案例 1－3 中，“熊孩子”们唱歌嘲讽马修老师，但是，他凭借自己音乐专业的敏感性，注意到孩子们对唱歌的喜爱。于是，他因势利导，并说服校长同意他组建合唱团。根据每个孩子的音色特点，他将孩子们安排在合唱中的不同声部，让每一位学生在歌唱中既发挥特长又体会合作，获得个体成就感与集体归属感。马修正是看到了每个学生的个性差异，所以通过合唱活动让学生们体验个体与团队的合作过程，并从中发现崭新的自我。

1. 合唱活动：体验个体与团队的和谐一致

尽管马修老师仅是电影《放牛班的春天》里虚构的人物，但是，马修老师的工作完美体现了学校教育的理想诉求。作为公共教育机构的学校也是一个“雏形社会”，其在历史演变过程中逐步确立了两个基本职能：一是发展学生个人的潜在能力，使之身心得到完善，形成独立的个性；二是发展学生与他人协作的能力，形成健全的共同体精神。②

从教育学的视角来看，马修老师组织合唱团的整个活动过程直观呈现了培养学生社会化成长的过程。合唱团就是一个小社会，在此，他既关注到每一位学生的声音特色，又让学生们在合唱过程中获得分工与合作的社会生活体验。按照杜威的观点，“学校整个的结构特别是它的具体工作，需要时时联系学校的社会地位和职能去加以考虑”③。参照杜威的思路，马修老师组建合唱团的做法相当好地体现出学校具体工作与社会生活的直观联系，让儿童以直接经验的方式来体会个人与他人的合作关系。

对照今天学校的各类社团活动，老师们可以适当参考马修老师的做法，处理好学生个性发展与团队合作的关系。对于教师来讲，就是要让学生在团队活动中拓展其直接经验。例如，学生通过在合唱团中获得不同声部的唱歌体验，进而理解个体声音与群体声音的关系，不仅提升了学生的音乐鉴赏能力，也丰富了学生参与团队生活的直接经验。

总之，学校教育活动将个体塑造为整体的一员，而整体则是实现个人教育的途径。④ 教师在组织团队活动时，要拥有清醒的教育意识，理解团队活动对学生成长的价值“偏好”，只有这样，真正意义上的教育活动才可能发生。这对于所有学生来讲都是一样的，而尤其对于所谓的“问题学生”来说，唤起他们对活动本身的热情才是教育开始的第一步，当他们的兴趣和努力被充分调动起来之时，他们的内心就会生发出向善成长的渴望与激情。

---

① 第斯多惠．德国教师培养指南［M］．袁一安，译．北京：人民教育出版社，2001：149.

② 陈桂生．普通教育学纲要［M］．上海：华东师范大学出版社，2009：72－74.

③ 杜威．学校与社会：明日之学校［M］．赵祥麟，任钟印，吴志宏，译．北京：人民教育出版社，2005：138.

④ 雅斯贝尔斯．什么是教育［M］．童可依，译．北京：生活·读书·新知三联书店，2021：43.

2. 师者仁心：呵护孩子的梦想

在案例1-3中，这些孩子表面上调皮顽劣，但他们内心深处非常脆弱与自卑。因为缺乏老师的鼓励和关注，他们才采用恶作剧的方式来引起人们的注意。对此，马修老师用关心取代该校老师惯用的惩罚方法，鼓励孩子们写下自己的梦想，令他意外的是，居然大多数孩子认真写了，并且每个孩子心中都有一个伟大的梦想。孩子们对美好未来的渴望深深地触动了马修老师，他用行动珍惜和呵护孩子们的纯洁心灵。他亲自为孩子们创作属于他们自己的歌曲："我们是池塘畔底辅育院的菁英，正因如此我们才令人伤透脑筋。"孩子们用清纯的童声歌唱着，越唱越充满激情，他们的眼睛越来越明亮，他们的笑容也越来越明媚。这是音乐的魅力，更是马修老师以师者仁心发掘孩子们的优点，给予他们展示美好自我的机会。

一般来说，从音乐专业角度来看，合唱对每个成员的先天音乐素养要求相当高，但是，马修老师首先从教育角度出发，超越合唱的专业要求局限，不是为唱歌而唱歌，而是让歌唱成为改善孩子们日常生活质量的教育方式。在马修老师的心中，师者仁爱超越合唱技艺，他没有抛弃任何孩子。即使对于一个缺乏乐感、无法唱对音的孩子，他也没有把这个孩子赶出合唱团，而是让他担任翻歌谱的任务，每一次彩排时，马修老师还特意拍拍他的脑袋，肯定他的价值，让他感受到被老师关注。同时，对于有音乐天赋但性格放荡不羁的孩子，他也给予了足够的耐心和关怀，既肯定他的音乐才能，给予他独唱的机会，还主动与其家长交流，期待家长不要埋没孩子的才华。

总之，教师所能够做的，就是尽量不要阻止每个学生尽情表达自己的想法，而是尽可能多地创设机会鼓励学生展示自己的优点，并努力将他们自己的想法付诸实践。马修老师关注每一位学生，就是让学生清醒地认识自己的独特性，让每个人都为自己的成就而感到骄傲。

思考题

1. 教师如何对待有缺点且有个性的学生？
2. 在管理学生的过程中，教师如何把握严慈相济的分寸感？请结合具体案例说明。

推荐阅读书目

1. 商友敬．过去的教师［M］．北京：教育科学出版社，2007.
2. 亚米契斯．爱的教育［M］．2版．夏丏尊，译．南京：译林出版社，2011.
3. 夏丏尊．夏丏尊教育名篇［M］．北京：教育科学出版社，2007.
4. 吴式颖，等．马卡连柯教育文集：上卷［M］．2版．北京：人民教育出版社，2005.
5. 彼得斯．伦理学与教育［M］．朱镜人，译．北京：商务印书馆，2019.
6. 第斯多惠．德国教师培养指南［M］．袁一安，译．北京：人民教育出版社，2001.
7. 苏霍姆林斯基．给教师的建议［M］．杜殿坤，译．北京：教育科学出版社，1981.

第二章 教师的口碑：学生口口相传中的教师形象

内容提要

在孩子们的成长记忆中，老师不仅给予他们知识，更给予他们生活态度、处世方式等不同方面的深刻影响。一个学生遇到好老师是人生的幸运，一个学校拥有好老师是学校的光荣，一个民族源源不断地涌现出一批又一批好老师则是民族的希望。“好老师”不仅是一个职业道德概念，更是在学生们口口相传中诞生的教师专业伦理形象。本章重点关注学生们眼中的教师形象，亦即考察师德的直观样貌，通过具体案例呈现好教师的口碑，既为职前教师提供行动的参考样本，也为整个教师队伍的师德师风建设提供反思视域。

学习目标

1. 通过具体案例重新理解好老师的教育影响力。
2. 拥有在学校日常生活中实践好老师的行动力。

关键词

教师口碑　好老师　教育经验　师生关系

对于每一位孩子的成长来说，基础教育阶段（幼儿园和中小学）的生活是其人生旅途的重要阶段。孩子们在此生活期间，除家长之外，老师或许是陪伴他们时间最多的成年人。在孩子们的成长记忆中，老师不仅给予他们知识，更给予他们生活态度、处世方式等不同方面的影响。从教师的职业生涯来看，其教学风格与班级管理方式也在以潜移默化的方式影响着一批又一批学生们，教师形象正是通过学生们的口口相传而生动起来的。透过学生亲历的校园生活叙事，不同老师的职业形象跃然纸上。本章选取学生眼中三位不同形象的老师，来呈现这三位老师的口碑及影响。一方面，我们看到老师们在日常工作中的努力与敬业；另一方面，也有必要从教育学立场反思这些具体案例中存在的专业问题，以此探寻好老师的本质内涵，或许能够引导职前-职后教师们发现学生视角与教师视角对好老师理解的内在张力，进而帮助广大教师寻找成为真正好老师的可能路径。

第一节　在学生记忆中印象深刻的教师①

教师的日常工作是与学生们打交道。教师身边的学生是其职业道德修养成效的第一见证人。“好老师”不仅是一个职业道德概念，更是在学生们口口相传中诞生的教师专业伦理形象。本节三则案例均来自学生视角，真实呈现了好老师的口碑，既为职前教师提供了行动的参考样本，也为整个教师队伍的师德师风建设提供了反思视域。

案例 2－1

偏爱“罚抄”的老师

从小学到高中毕业，教过我的老师有很多，但是，对我触动最大的是初一年级的历史老师——杨老师。刚刚升入初中的我，对新学校、新老师充满着好奇和期待。当我看到课表上历史老师的名字后，我心里直犯嘀咕：这是不是哥哥老提到的那个杨老师呢？后来，跟哥哥一打听，果真是她。哥哥特别认真地跟我讲：“杨老师历史教得可好了，你可得好好学，不然挨罚。我们班同学都被罚怕了。”我更好奇了：“罚什么呢?”“罚抄呀，”哥哥补充说，“我现在还觉得害怕呢，只要是课堂上回答不上来提问的，罚抄；不认真听讲的，罚抄；默写不及格的，罚抄……”这还没上历史课，我已经隐约感受到了压力，只想着自己运气可别那么差——被罚抄啊。

我记得特别清楚，在第一堂历史课的前一天，杨老师发了份课前预习材料，说她会进行随堂提问。因为对内容不熟悉，我已经很努力地背诵了预习资料，但是效果仍然不好。初中的第一堂历史课，我成为第一个被杨老师点名提问的“幸运”之星。我惶恐地站起来却回答不上，杨老师很生气：“这都是将来要考试的内容，不好好背诵，怎么能有好成绩？不背，那就抄吧，把课前预习资料抄三遍。”我倒吸一口冷气，这节讲义内容满满两页 A4 纸，抄三遍，2 个小时都抄不完。我欲哭无泪，但只能认罚。我不记得那天抄了多长时间，但为完成抄写任务，字写得“龙飞凤舞”也全然不顾了。

杨老师还郑重地强调：在她的课堂上，不及格是以 90 分为线的，谁也别想蒙混过关；凡是历史默写不及格的，要抄写当天的默写内容；如果第二次默写还不及格，那么抄写量翻番。自杨老师公布罚抄规则后，大家在早读课和课间都疯狂地背诵历史课的内容，可她的提问和默写又难又刁钻，大家总是能“幸运”地领到罚抄作业，再加上其他的课程作

① 本节三则案例均来自课题组的访谈资料，收入本书时进行了适当删减。

业，我总是要做到很晚才能完成。

小学的时候，我特别喜欢历史，可初中这一年下来，我对历史已经没什么兴趣了，只记得有永远抄不完的作业。但是，每次考试排名，我们班的历史课平均成绩都在年级里数一数二。在我升入高中后，也每每听到有其他同学谈及杨老师，说她这么多年来无论带哪个班，历史成绩都是顶呱呱，不愧是好老师。可是，她真是个“好老师”吗？我至今都心存疑惑。

【点评】

在上述案例中，因为罚抄而被学生口口相传的杨老师，总是能将班级的历史成绩在年级里保持名列前茅。有的学生认为这就是好老师，也有学生表示质疑。同样一位老师，在学生们眼中的形象却存在鲜明反差，这本身就是一个值得讨论的教育学问题。

对杨老师而言，她重视课前预习与课堂提问，为了让学生们熟练掌握历史知识，她采取背诵记忆、“抄写三遍”这样的方式。从实际效果来看，杨老师的方法对提高考试成绩确实有效，历史考试的年级成绩排名也证明了这一点。对学生而言，为了答对杨老师的课堂提问或默写达到合格线，他们争先投入对历史知识的背诵活动中，只是为了避免“被罚抄”的命运，学习历史本身的乐趣却被忽视了。

杨老师的出发点无可厚非，从学生取得历史科高分的角度来看，杨老师也算得上学生眼中的好老师。但是，通过“抄写三遍”这种方式来强化学生的知识记忆，导致学生迫于“罚抄”压力而死记硬背，忽视了学生的历史学习体验，由此引发的后果值得从教育学立场进行反思：在“罚抄”措施之下，虽然有比较好的学科考试成绩，但是，原来喜欢历史的学生也对历史课不感兴趣了，这说明“罚抄”遮蔽了学生对历史学科本身的求知欲。从教育学视域看“教-学”本质关系，“教”是让“学”真正发生，因此，这样的老师不仅会对学生的学习产生消极影响，而且，似乎也算不上真正的好老师。

案例 2 - 2

“经验”丰富的班主任

刚刚升入高中的时候，我就从高年级同学那里得知班主任李老师是一位经验丰富的教师，他在开学第一课的自我介绍中也说到了自己教龄超过 20 年，且一直在担任班主任工作。我回家跟爸爸妈妈提及此事，他们都为我遇到这样的班主任而感到幸运。

初中与高中的知识难度差异大，加上崭新的人际关系等都让我如履薄冰、倍感压力，我尽自己所能适应新的学校生活，但是，依然有力不从心的感觉。当我跟父母交流时，他们都说这是正常的，还说有经验丰富的班主任，肯定能帮助我适应高中生活，并且嘱咐我一定要好好努力。

随着时间的推移，我渐渐感觉到李老师的做法有一些不对劲。李老师经常不征求我们的意见就决定做某一件事情，他的理由是“以前我的班都是这样的，你们按要求完成就行”。以前是这样的，现在就要一样吗？我不禁产生了疑惑。当时，我也跟妈妈聊过我的疑惑，妈妈却说：“你们老师当了这么多年班主任了，肯定知道怎么做，你们听着就行了。”在家长看来，李老师经验丰富，肯定不会错的。

一转眼到了期中，班级部分同学跟李老师的分歧逐渐显现出来。班里的郑爽（化名）是一位性格大大咧咧的女生，平时在班里也热心助人，她跟班里的一位男同学是好朋友，平时也会一起吃午饭。有一天，郑爽被李老师叫去办公室，回班后她趴在桌子上不说话。我在自习课后询问她，才得知事情原委。在李老师看来，郑爽与那位男生正在谈恋爱，让她跟该男生保持距离。郑爽解释说他们之间只是好朋友关系，但是，李老师却说："不用解释啦，你们这样的事儿，我见得多了。”郑爽心里感到委屈：一是李老师误会了他们两人的关系，二是老师不听她的解释。此后，郑爽对李老师的意见越来越大。

当然，班上不仅郑爽一个人对李老师有意见。不论是班级事务，还是对个别同学的评价，李老师经常会说，他自己吃的盐比我们吃的饭都多，对所有事情都了然于胸，让我们不用跟他耍心眼。李老师这种靠以往经验的处事方式让同学们屡屡不满。

听到班里同学不满意李老师做法的声音与日俱增，我认为有必要让他知道同学们的心声，改善一下班级氛围。一次课间，我走进了李老师的办公室，诚心诚意地反映了班级目前的情况，李老师也诚恳地表示会好好思考一下这个问题。当时，我觉得自己的意见被老师重视了，内心很受鼓舞；在回教室的路上，我突然想起来还有一些事情没跟老师说，于是，返回办公室，刚到门口，恰巧听见了李老师跟隔壁班班主任的对话："这样的学生，每一届都有，自己心眼儿小，还借口是同学不满，来告状，我当年带的一个学生……”后面的话，我没有听完，也不想再进办公室了。在回教室的路上，我心中一直困惑，李老师为什么如此误解我？还是我的做法确实有错？从那以后，我再也不找李老师反映问题了，毕竟，在众人眼里，李老师是一位经验丰富的班主任。

【点评】

案例中的李老师有着多年班主任工作经验，对于班级生活出现的问题，习惯于用自己熟悉的方式来处理，但是，李老师似乎忽视了两个方面的情况：一方面，每一位学生都是具有鲜明个性的独立个体，彼此之间的差异是不容忽视的；另一方面，社会发展日新月异，一代人有一代人的价值观念与生活方式，这无形中影响着青少年的思维方式与人际交往方式等。老师如果无视学生个体与群体的发展变化，单凭以往的“经验”对待当前班级生活中的各类问题，势必引发一些学生的反感，也妨碍班级良好氛围的形成。在这种情况下，出于改善班级氛围的良好愿望，“我”主动去找班主任李老师沟通，不仅未引起李老师的重视，反而加剧了师生之间的误解，甚至妨碍了“我”这样的学生对李老师的信任。

可见，李老师固守“经验”，选择按照以往的带班方式来面对新一届学生，甚至以武断的方式直接对现实状况下判断、贴标签，既忽视了当下学生的时代特点，也忽视了学生的个性特点，还直接伤害了“我”热爱班集体的初心。

对于李老师的专业形象来说，他似乎盲目依从自己原有的经验思维，所谓的“丰富经验”反而成为其专业成长路上的绊脚石。事实上，这也是教龄较长的教师群体容易出现的共性问题。教师工作面对的是生活中鲜活的学生群体，时代在发展，社会在进步，每一届学生的观念与行为也在悄然变化。因此，“苟日新，日日新，又日新”（《礼记·大学》）不仅是教师的进取态度，更应成为教师切实的教育行动，唯有如此才能真正适应学生、学校和社会的发展。

案例 2-3

重视“民主选举”的老师

刚升入初二时，我们班换了新的班主任——俞老师。在她接手我们班的第一次班会课上，她就表明自己做事讲究民主，并且在新学期第一周就以民主投票的方式改选了班干部。在平时的班级生活中，俞老师愿意让我们以投票的方式来决定班里的事情，因此我们班的师生关系比较融洽，其他班的同学都羡慕我们遇到了讲究民主的班主任。

有一天班会课上，俞老师说：“下周一学校国旗下讲话要轮到我们班了，我们班要选出一名代表在国旗下讲话，有没有自告奋勇的同学？”学校每周一都会有全校的早操晨会，每周安排一个班级代表在国旗下讲话。能在全校两千人面前展示自己，是多么荣耀的事情，我时常羡慕那些在晨会上慷慨激昂演讲的同学。我内心非常想去代表班级演讲，但是，胆小的我不敢举手表达。当时，没有同学现场报名，于是，俞老师说：那就采取民主选举吧，大家以无记名投票的方式推选一位同学去演讲。一会工夫，计票结果就出来了，我很幸运地高票当选，可能是因为学习成绩好吧。此时，我却发觉了俞老师欲言又止，眼神中还流露出一些失落。当时，我无比欣喜，满脑子都是兴奋点，没有去细想老师的神情变化。回家后，我第一时间就告诉了爸妈这个好消息。爸妈还鼓励我说：班主任和同学们这么信任你，一定不能让他们失望。

在那几天里，我把课余时间都花在写演讲稿上了，并且把稿子背得滚瓜烂熟，尤其是为了克服自己容易紧张害怕的毛病，我在家里对着镜子一遍遍地练习。为了这次演讲，我做了充分的准备，特别想在全校升旗仪式上证明自己！

转眼间就到了周五，正当我踌躇满志地准备迎接挑战的时候，俞老师把我叫到她办公室。我本以为她是关心我下周一的临场发挥，给我鼓励和支持，但是，她却跟我说：“张洁（化名），你平时讲话声音小，作为班干部也胆子小，不敢维持课堂纪律；下周一的国旗下演讲，你能驾驭好吗？”我一下子蒙了，心里想为自己争辩几句，却什么话也说不出来……俞老师接着说：“为了班级荣誉，我考虑再三，安排李颖（化名）调换你，你准备的演讲稿就直接给她吧，不要耽误时间。”

那天，我不知道自己是怎么从办公室回到教室的，我只知道我整个人都蔫了。我向来认为俞老师讲究民主，不同于以前的班主任，却没想到竟然用这样冠冕堂皇的理由把我调换下来。其实，我也不觉得李颖比我强在哪里。在周一升旗仪式上，同学们发现我被李颖取代后，议论纷纷，难道民主投票不算数吗？同学们当中还有传言说，李颖妈妈和俞老师是同学关系。总之，这件事改变了我们班同学对民主投票的看法，投票就是一个摆设，班主任可以找理由改变大家的投票结果。尽管给我投票的同学们都同情我的遭遇，但是大家也无力改变什么。后来，我的性格也变得更加内向和敏感了，对俞老师也产生了抗拒和排斥心理，对她任教的语文课，我也没兴趣听讲了，语文考试成绩下滑得厉害。

【点评】

班主任俞老师在日常班级管理中的民主作风赢得了学生们的认可，但是，“我”作为全班学生以民主投票方式推选出来的“国旗下演讲”活动的班级代表，却被班主任老师以“声音小、胆子小”为由否定了，并且老师未充分征求全班学生的意见，也没有认真考虑“我”的感受。一般来说，在班主任处理的班级事务中，这或许是一件稀松平常的小事，但是，在全班学生眼中，尤其在“我”的心中，这件事引发的波澜不可小觑。

从表面上看，俞老师否定民选发言人的初衷或许也是维护班级荣誉；但实质上，俞老师没有认真履行民主程序，引发了学生们的疑惑、猜测……更给“我”带来了心理打击。可见，班主任以个人独断的方式干预学生们的民选结果，妨碍了他们对民主程序的正确认识，进而妨碍了他们对民主制度内涵的准确理解，班主任在班级生活中的公信力与专业形象也被大打折扣。对于“我”来说，显性影响是产生对班主任老师的抵触心理，并直接影响课堂学习效果；隐性影响是造成“我”性格更趋于内向与敏感，进而影响“我”的自我认知与处事方式。

第二节　重新理解教师言行的教育影响力

从教育学视角来看，学生个体成长过程蕴含着个体社会化和个体个性化两个方面。作为学生个体成长过程中的重要他人，教师在日常工作中的言行对学生有着潜移默化的影响，也由此在学生们当中产生了不同的口碑。本章的三则案例虽是个别学生的学校生活叙事，却生动地呈现出学生眼中教师的真实样貌。教师能否成为学生心目中的好老师，是教师言行日积月累的结果。深度解读学生视角的教师言行，可以引发我们进一步思考教师专业形象的教育价值。

一、“严师”的教学影响力

学生的学习体验呈现出真实的课堂生活世界，也显现出教师之教学给学生带来的不同影响。在案例 2－1 中，学生们口口相传的历史学科教师（杨老师）以“罚抄”的形式来保证学生的历史学科成绩。一方面，学生真实看到了杨老师严格要求的实效性——“历史成绩都是顶呱呱”；另一方面，“我对历史学习已经没有兴趣了”。对照学生的历史学科成绩与历史学习兴趣，两者之间形成了鲜明的反差。对此，可以从以下两个方面对杨老师的历史教育观念与课堂教学方法进行专业反思。

1. 学科成绩与好老师并非直接因果联系

从学生的历史学科成绩来看，杨老师是学生口中认真负责的好老师。杨老师有着明确的教学目标——提高学生们的历史学科成绩。在具体教学过程中，她围绕学科考试内容精心准备预习资料，重视学生背诵和抄写，以此加强学生对历史知识的记忆。从这个角度来看，好成绩与好老师似乎构成直接因果联系。但是，从学生的学习感受来看，“小学时候，我特别喜欢历史，可初中这一年下来，我对历史已经没什么兴趣了，只记得有永远抄不完的作业”。学生的感受提醒我们关注杨老师严格要求带来的另一种教学结果——学生的学习兴趣黯淡。事实上，杨老师的主要教学方法是严格要求学生背诵知识点，尤其是通过抄写考试要点来巩固知识点。这种机械重复的学习方式，以成绩为本位，无视历史学科特点与学生认知特点之间的关系，直接影响学生对历史学科的学习兴趣。

雅斯贝尔斯认为："教育关注的是，如何调动并实现人的潜能，如何使内在灵性与可能性充分地生成，换言之，教育是人的灵魂的教育，而非理智知识和认识的堆集。"① 从这个意义上说，在课堂教学过程中，能够唤醒学生热爱学科的老师才是好老师。好老师能准确认识并处理好学科与学生的关系，及时把握教育契机，唤醒学生对学科、对人类文明的热爱，这或许就是教育的原初意义所在。

2. 关于历史老师的教育专业理解

在案例 2-1 中，杨老师把历史教育理解为考试内容的机械记忆，将考试成绩作为课程教学的目标，恰恰偏离了历史教育的初衷。中学历史作为基础教育中的一门学科，是中学生掌握历史知识的必要途径，也是塑造中学生世界观、人生观、价值观的重要学科。习近平总书记在致第二十二届国际历史科学大会的贺信中指出："重视历史、研究历史、借鉴历史，可以给人类带来很多了解昨天、把握今天、开创明天的智慧。所以说，历史是人类最好的老师。"因此，教师应摒弃功利化的倾向，把唤醒学生对历史的热爱作为教育目标，基于教材相关内容开启学生的好奇之旅和挖掘学生的热爱之源，这也是好老师的教育专业注解。

铺开中华民族五千多年的恢宏历史画卷，依稀能听到滚滚洪流的拍岸声、金戈铁马的踏蹄声、匹夫存亡的呐喊声……波澜壮阔的人类生产和生活实践都蕴藏在这画卷里熠熠生辉。面对历史洪流里的知识浪花，历史老师可以打开它概念化的间接经验，唤醒知识的原初意义，也就是"恢复到它所被抽象出来的原来的经验，变为直接和个人的经验"②，这样的"教"能够在学生与课程之间架起沟通的桥梁，教师通过这座桥梁带领学生走进历史画卷，领略色彩斑斓的人类文明世界。

历史老师就担负着这样的职责：把历史的生命力呈现给学生，用人类文明之光，照亮学生的心灵，这种发自内心的热爱将会萌生火种，点燃好奇心和酝酿期待。这些纵贯古今、横连中外的人类历史文明，在火种的照亮下，启迪学生汲取走向未来的智慧，帮助他们体会人类和谐共处的真谛，开阔视野，丰富阅历，少走弯路。民族的传承、文化的薪火也因此生生不息。

毋庸赘言，教师明晓教育的意义，处理好学生和学科的关系，通过教材和良好的教学手段在学生心中播种下种子，由此将打开学生的视域，使学生朝着人类经验建构的精神世界，沿着人类文明的阶梯，走向光明的未来。学生精神世界的一切都在无形中发生变化。

二、班主任经验的教育价值

在学校生活中，班主任无疑是学生们接触时间最多的老师。班主任管理班级的方式方法也随时随地影响着学生的为人处事态度与做事方式。事实上，班主任岗位是随着班级授课制形式逐步产生的。从教师资格认定制度来说，教师资格证书一般均标明持证者能够胜任的学段与学科，没有显示与班主任岗位有关的信息。至于教师从事班主任工作的能力，

---

① 雅斯贝尔斯．什么是教育［M］．童可依，译．北京：生活·读书·新知三联书店，2021：4.

② 杜威．学校与社会：明日之学校［M］．赵祥麟，任钟印，吴志宏，译．北京：人民教育出版社，2005：122.

则是在班级管理实践中逐渐形成的。在案例 2-2 中，班主任李老师从教超过 20 年，一直担任班主任工作，拥有比较丰富的经验，不仅他自己引以为荣，而且也得到了学生和家长们的一致认可。但是，该案例中存在的问题也不容忽视，即班主任经验与学生经验之间的冲突直接影响师生关系以及班级生活的和谐程度。

1. 班主任经验的局限性

一是如何理解男女同学之间的交往界限。在李老师的过往经验中，处于青春期的中学男生和女生在日常生活中交往比较密切，会很大程度表现出“早恋”迹象。为此，李老师对女生郑爽提出严肃批评。事实上，根据案例叙述者的描述，郑爽的性格开朗，与某男生一起吃午餐，仅是因为彼此是好朋友。或许，中学生之间的好感可能发展成为“早恋”，但是，班主任李老师处理此事的问题在于没有与当事人认真沟通，直接断言两位学生交往关系的性质。

二是对于反映班级问题的“我”，李老师表面上似乎听取了“我”的意见，实际上他与同事的话则反映了其内心的想法，即认为“我”“心眼小”，甚至，这番话无意中又被“我”听到。李老师将过往经验作为处理班级事务的参照，直接脱离当前学生的现实状况，由此引发了包括“我”在内的更多学生的不满。

诚然，班主任的班级管理经验确实取决于多年班级管理工作的积累，但是，班主任也应该看到每一届学生的时代特征和每一位学生的独特个性。事实上，学校日常生活并不是按照教师以往的“经验逻辑”展开的，而是师生在交往过程中共同建构的，教师和学生的学校公共生活体验由此充分而生动地展开。在此，有教育专业觉悟的教师应该对班级生活中的教育时机做到即时性觉察。这种教育专业意识并非空洞和虚无的，而是像雷达一样敏感地觉察周遭环境，当相应的教育情境出现之时，教师的意识即刻清晰起来，其教育意向立即朝向当下学生生活境遇中的诸多联系。教师只有做到即时地觉察到学生的当下状态，才能迅速做出适当的反应，及时回应学生的诉求和暗示。这样，班级里的教育生态环境才会变得充满朝气与活力。

2. 重新理解教师经验与学生经验的关系

参照美国哲学家杜威关于经验的相关理解，或许可以形成我们理解教师经验与学生经验的教育学视域。杜威认为，经验并不是一个静态的认知结果，恰恰相反，经验应该是“动态”的整体，这个整体包括两个层次：第一个层次是对所能认知的事物的原初的、直观的认识，这处于感性认识阶段，收集到了零散的感性认识资料，是思维发展的浅层次；第二个层次就是对原初经验的选择和整理，将零散的资料变成体系的理论架构，发展理性思维态度，这处于理性认识阶段，是思维发展的深层次。①

在此基础上，杜威提出：“系统知识对经验的改造具有不可取代的指导作用，而且经验改造的重要结果之一就是获取较系统的有逻辑性的知识而不是琐杂的感性印象，即系统知识既是经验改造的一个重要条件，又是经验改造要达到的一个结果。”② 这实际上阐明了杜威所赞同或者所推崇的经验改造是形成系统知识，学校教育本身就是对学生的直接

---

① 杜威．我们怎样思维·经验与教育［M］．姜文闵，译．北京，人民教育出版社，2005：16.

② 褚宏启．对杜威课程理论的再认识［J］．课程·教材·教法，2000（7）：51-55.

的、感性的、零散的经验改组、改造成系统化、理论化的知识，以期保留学生完整且立体的实际生活。

教师作为教育者，在学校生活过程中，不仅通过一切教育活动帮助学生改组、改造既往经验，而且，要自觉地改组、改造自己原有的工作经验。一方面，教师要主动摆脱过去原有的思维习惯，不能故步自封、止步不前，必须以一种崭新的眼光看待当前学生的各类问题；另一方面，教师要加强师生对话交流，充分感知学生视角，并主动促成教师视角与学生视角的融合，由此推进教师自我经验的更新。

三、班主任言行对学生参与民主生活的示范作用

在案例 2-3 中，班主任俞老师从接手一个新班级开始，就对建立班级民主生活氛围似乎有着明确的目标，通过民主投票的方式改选班干部，让学生们真实体验民主生活方式，赢得了学生们中的好口碑。但是，班级民主生活如果仅局限于民主投票，可能是一种误解。本案例的主要问题也纠结于此。从表面上看，俞老师只是影响了一次民主选举结果，实际上，此事不仅影响了全班学生对班主任的信任，也直接影响了学生个体“我”的学校生活质量。

1. 班主任以主观意志干预民选，妨碍学生形成真正的民主意识

在现代社会生活中，人们通过民主投票的方式推选代表，或许是人们在公共生活领域表达自己意愿、行使自己权利的常规方式。在案例 2-3 中，班主任俞老师引导全班学生以民主选举的方式改选新一届班干部，从中可以看到班主任的教育意图，即培养学生们以民主方式参与班级公共生活。但是，在全班同学已经适应用民主方式处理班级事务的情况下，班主任以其主观意志干预学生的民选结果，又没有给出明确的理由，班级生活中的“程序民主”受到了根本挑战，引发了学生们的不满，学生们甚至开始怀疑班主任的动机。这不仅影响班主任的教育者形象，也动摇了学生们对班级民主生活制度的信心，班级民主生活的意义与价值可能因此瓦解。

教师不尊重学生们的民主选举结果，在一定程度上反映出教师对民主生活内涵或实质的误解。教师只注重作为工具形式的民主选举活动，而忽略了班级民主生活的真正目标，即引导学生成为社会公共生活的积极成员，换言之，真正的民主生活似乎在教师的视域之外。在学校生活中，民主观念或民主的生活态度应是以尊重和保护学生个体的自由及权利为前提的。

2. 教师强制学生服从，伤害学生的自尊心与自信心

从学生个体的角度看，在案例 2-3 中，“我”被推选为“国旗下演讲”的班级代表后，全身心投入到写稿与演讲练习的准备工作中。但是，班主任俞老师并未充分了解“我”的辛苦努力过程，只是因其怀疑“我”的能力而找其他替代者，而且，俞老师没有征询“我”的意见，也没有在意“我”的内心感受。班主任以个人权威压制住了“我”的想法，也压垮了“我”的自信和尊严。

在学校日常生活中，教师和学生之间常常会形成一种“命令与服从关系”。一些班主任在管理班级的过程中往往忽视现代民主社会应有的人与人之间的平等关系，既没有做到平等地对待每一位学生，也没有做到认真倾听和理解每一位学生的诉求与意见。这种做法

的潜在影响是学生作为独立个体存在的社会价值可能被淹没。从教育专业角度来看，在处理班级事务的过程中，教师的任何一种单纯依靠强制力驱使学生服从的做法，都是不道德的，也是非正义的。如果学生们长期生活在强制性管理氛围之中，可能会逐渐丧失独立人格的成长契机。

事实上，作为班主任，俞老师或许尚未意识到师生有效对话也是班级民主生活的重要组成部分。试想一下，当俞老师对演讲学生的胜任力存在疑虑之时，她可以采取有效沟通的方式去解决，既让被推选的演讲者积极进行模拟练习，也提供学生们能够接受的备选方案，那么，事情就可能会呈现另一种结局了。

基于学校即社会的观点，学校生活本身的教育价值在于教师引导并示范学生参与社会公共生活。因此，教师不仅要引导班级集体形成民主生活的氛围，还要采取积极的行动，例如倾听每一位学生的声音，鼓励学生正确表达自己的观点等。如果教师朝着这个方向努力，就是在践行与示范真正的民主生活方式。这既是建立班级良好人际关系的前提，也是培养学生健全人格的有效途径。

第三节　教师拥有好口碑的建议

一般来说，学生与教师在学校生活中的直接交往体验是教师口碑产生的主要来源。从教育学视角来看，教师的好口碑关键是看教师言行给学生带来的积极影响。或者说，教师的言行如果有利于学生个体个性化与个体社会化成长，那么就能彰显其教育价值，否则，就可能产生反教育或反道德的不良影响。上述三则案例主要呈现了学生视角的师生交往叙事，旨在引导教师从教育学立场反思日常工作言行给学生带来的不同影响。基于上述案例的分析与探讨，即将开启职业生涯的新教师有必要借此反思和检视教师口碑的教育价值。这也是教师自主建构专业形象的前提性思考。如果为师者能够自觉省察日常言行对学生成长的意义，那么，教师口碑也能由此拥有教育学意蕴。基于对上述三个案例的重新解读，本书尝试提出一些改进教师行为的建议性意见。

一、课堂生活：教师以“教育学性教学”唤醒学生的“向学之心”

德国著名哲学家和教育学家赫尔巴特在《普通教育学》中从教育学角度界定了“教学”概念的双重维度，即教学是经验（认识）与交际（同情）的补充，换言之，培养“多方面兴趣”的教学是兼顾经验（认识）与交际（同情）的教学。同时，赫尔巴特又把这个独特视角作为推论教学步骤、教学材料、教学方式之间关系的逻辑前提。可见，教学只有兼顾学生的经验（拓展认识世界的视域）与交际（丰富社会化情感），才能算得上是“教育性教学”与“教学性教育”。[①] 在学生们的口口相传中，拥有好口碑的老师，不仅是能引发他们热爱这一学科的老师，而且能将他们带入人类文明世界，拓展认知视域，丰富社会情感体验。

---

① 陈桂生．历史的“教育学现象”透视：近代教育学史探索［M］．北京：人民教育出版社，1998：95.

1. 钻研课堂教学的教育意义，拥有教师之“教”的教育学立场

制度化的学校教育主要以学科教学的方式展开，基于学科内容的课堂教学构成学校生活的日常状态。教师要对课堂教学的教育意义有清醒的认识。从教育学史的视角看，赫尔巴特的“教育性教学”对我们理解课堂教学的教育意义有着重要的理论参考价值。

赫尔巴特指出，“教育学是教育者自身所需要的一门科学，但他们还应当掌握传授知识的科学。而在这里，我得立刻承认，不存在‘无教学的教育’这个概念，正如反过来，我不承认有任何‘无教育的教学’”①。看似简单的几句话，却是赫尔巴特“教育性教学”的经典概括。于此而言，课堂教学不仅要传授学科知识，更要将知识内化为人的智慧、意志与情感，从而获得真正的育人价值。但是，学科的教育性并非教师对知识的生搬硬套，它需要教师耐心挖掘知识特有的内涵，并结合学生认知特点精心组织教学活动，从而达到教学的“教育目的”——帮助学生成长为一个真正的人。

对于历史学科而言，教师要准确把握历史学科的教学使命，挖掘文明古国的历史底蕴，利用历史本身的丰富和多元，将古人的生活智慧与社会发展生动地呈现于课堂上，摆脱死记硬背的桎梏，唤醒学生探究先人生活世界的求知欲与好奇心，用这样的“教”拓展学生对于中国历史的视域，也培养学生对中华文明的认同感与归属感。教师之教能开启学生的心灵，这是一种精神力量的感召。这样的教学活动，不是历史知识的简单罗列，更不局限于人的认知领域，而是指向新一代中国青少年精神世界在历史文明基础上的建构，少年中国心由此生长。正如雅斯贝尔斯所说：“教育的原则是使人在一切现存的文化滋养中走向本源、真实与根基。”② 这种教，能触动学生的心灵，最大限度地发挥学生的潜力，激励学生迸发思考的火花，透过历史浩瀚烟尘驱散心中谜团，学生探索世界的眼光由此而深邃犀利，他们眼前的世界变得“敞亮”起来。

我国历史教育的传统源远流长。《周易》中记载“君子以多识前言往行，以畜其德”③，表明历史知识在人生修养方面起着重要的作用；清代思想家龚自珍提倡“以良史之忧忧天下”④ 来增强民族的忧患意识……历史的车轮滚滚向前，历史教育的初心历久弥坚，时至今日历史教育仍是重中之重，习近平总书记强调，“要把我国历史文化和国情教育摆在青少年教育的突出位置，让青少年更多领略中华文明的博大精深，更多感悟近代以来中华民族救亡图存、发愤图强的光辉历程，更多认识新中国走过的不平凡道路和取得的巨大成就，更多理解‘一国两制’与坚持和发展中国特色社会主义、实现中华民族伟大复兴中国梦的内在联系，从而牢牢把握澳门同祖国紧密相连的命运前程，加深民族自豪感和爱国爱澳情怀，增强投身‘一国两制’事业的责任感和使命感”⑤。

综上所述，中学历史教学的育人功能是不容置疑的，中学历史教学不但有助于今天的青少年理解过去人的生产和生活实践，以史为鉴，还有助于青少年理解人类未来生产生活

---

① 赫尔巴特．普通教育学［M］．李其龙，译．北京：人民教育出版社，2015：6.

② 雅斯贝尔斯．什么是教育［M］．童可依，译．北京：生活·读书·新知三联书店，2021：4.

③ 周易［M］．杨天才，张善文，译注．北京：中华书局，2018：243.

④ 龚自珍．龚自珍全集［M］．王佩净，校．上海：上海古籍出版社，1999：7.

⑤ 习近平主席在庆祝澳门回归祖国 15 周年大会暨澳门特别行政区第四届政府就职典礼上的讲话［EB/OL］．(2014-12-20)［2023-04-18］．http://www.gov.cn/xinwen/2014-12/20/content_2794531.htm.

展开的样态。历史学科教师需要向“教育学性教学”而努力，考虑如何通过教学帮助学生在精神上得到成长，做学生人格成长的指路人和引路人。这要求历史老师能透彻理解和掌握历史教育的内涵，做到用生动的教法去激活学生的学习意愿与求知方法，让学生爱上历史课，热爱中华文明。

2. 从人类经验角度理解学科内容，重视学生直接经验之改善

“知识本身就是经验，它们是种族的经验。它们体现了人类一代又一代的努力、斗争和成就而积累起来的结果。”① 历史教材中的知识蕴含着鲜活的、生动的人类生产和生活场景，更饱含着深邃的意义世界。所以，教学不能把教材当作单纯的形式和符号，而要用教材中的人类经验补充学生的直接经验，即通过历史中的人类社会生产与生活方式变化事例获取理解现实社会变革的钥匙。例如，中国历史中关于“隋朝开通京杭大运河”的史实，不仅是历史课本中的一个知识点，而且能让学生理解国家统一、交通方式与社会生产生活诸方面的联系，也让学生看到现代社会的交通工具变革对人们生产与生活方式的深刻影响等。总之，历史照亮现实，这是历史课堂教学魅力之所在。由此引申，中小学课堂教学是用人类文明之光照亮学生心灵，全面提升其心智能力，实现课程的育人价值。

以历史教科书（中国历史部分）为例，其中呈现着中华民族千百年来的历史脉络。教材中的每一章、每一节都是整个历史学科体系中的一个有机组成部分，更是人类文明的重要内容。教科书中的知识点由学科逻辑牵引，学科的教育价值在于改善学生的直接经验，这就要求教师从学科育人的高度全盘考虑且了然于胸，思考特定知识点在历史学科体系中的位置，以及知识内容本身的教育意义，即所学知识对改进学生直接经验的推动作用。教师要帮助学生理解知识的来龙去脉，引领学生逐渐接近知识的内在逻辑，由此培养学生的历史学科思维，进而改善其“三观”（世界观、人生观、价值观）。

对于学科内容的把握，教师得“吃”透教材，也就是要准确把握人类种族经验的特定文化符号和形式所承载的意义世界，及其学以成人的内涵价值。历史教学必须与人的直接经验发生关联，否则，教材“便是一种空洞的或纯粹的符号，是僵死的和贫乏的东西”②。考察案例 2-1 中的历史教学，老师过于关注学生掌握概念性知识的能力，这些知识如无根的浮萍一样容易飘散，失去了学生成长过程中的文化意义或社会价值，这种教学方式也遮蔽了历史知识产生之初与人类经验的直接联系。

毋庸置疑，学生身上能体现教师之“教”带来的成长，即体现在学生身上的教育意义。历史教育意义的实现，是教师能够充分理解学科教育的深义，清晰把握历史教材的间接经验与学生直接经验的联系，是唤醒学生心灵的前提性准备工作，即老师日常所说的“备教材、备学生”。在案例 2-1 中，学生没有回答出老师的提问，老师认为，学生没有掌握好知识点，于是，采取“罚抄”的方式强化知识点的默写。可见，这位老师对课本知识与学生直接经验的关系缺乏教育学立场的专业理解，只能选择传统的知识背诵方式。

历史学科教师应该先从自身的教学活动进行反思：历史经验对青少年来说意味着什

---

① 杜威．学校与社会：明日之学校［M］．赵祥麟，任钟印，吴志宏，译．北京：人民教育出版社，2005：116.

② 同①124.

么？历史课究竟要教给学生什么？今天的历史课和学生相遇的时候，学生有哪些困难是教师课前没有预料到的？教师不能直接把原因推给学生，即归因为学生不努力，甚至“罚学生抄写知识点”。事实上，默写历史知识只是机械的记忆，原本鲜活的人类历史经验变成了死气沉沉的符号，远离了学生的直接经验，更是无从落实新时代立德树人的根本任务。

二、师生对话：实现教师经验与学生经验的融通

从建设班级生活和谐氛围来看，班主任与学生彼此理解并达成共识是关键所在。对此，班主任作为班级生活的组织者与管理者，承担着引领与示范之责。从案例 2－2 的情况看，这位教师有着多年班主任工作经验，这是其工作的基础，也是其赢得学生和家长信任的前提，但是，在班级管理工作展开过程中，学生之间存在差异是客观情况，如果班主任仅凭过往经验处理当下问题，可能会出现新的矛盾。基于案例 2－2 中师生之间缺乏共识而产生的诸多矛盾，本书提出两点改进建议供老师们参考。

1. 班主任要学会以新眼光看待新学生，自觉超越传统经验视域

对于班主任工作来说，多年积累的工作经验或许有所帮助，但其价值是有限的。如果囿于以往经验，就可能出现一叶障目的局面。为此，建议班主任在接手一个新班级的时候，主动“悬置”已有经验，用一种新眼光面对学生。

事实上，每一位学生都是独特的生命个体，就像自然界没有两片相同的叶子一样，在学校生活中，也没有两个相同的学生，即使是双胞胎学生，两者也存在鲜明的个性差异。对此，班主任教师要保持清醒的教育者自觉意识，主动发现不同学生身上的差异性，发现学生行为问题的特殊性，因材施教。

在案例 2－2 中，班主任处理男女生的交往问题引发了学生本人的不满情绪。究其原因，一是班主任对两位学生的交往活动缺乏详细了解，二是没有认真听当事人的解释，仅凭以往经验——男女同学之间交往频繁就可能存在“早恋”倾向，对该女生提出批评。对此，合适的解决思路为：一是找班干部了解一下情况，同学视角可能提供一个旁观者视域，如果在同学们看来，两位同学（男女生）的关系是大家认可的同学关系，班主任可以再观察一段时间，不必着急下结论——早恋；二是在适当时机直接找当事人了解情况，与男生、女生分别谈话，在交流过程中，可以了解他们交往过程中的一些具体活动内容，并以学生能够接受的方式提醒双方保持适当的交往界限，以免引起旁人误解与非议。

学校生活对于学生来说，是体验社会化生活的重要场域。学生在家庭生活中体验到基于血缘的亲子关系、同胞关系等，在学校生活中体验到师生关系、同学关系，这是学生对社会公共生活中人与人交往的初步体验，因此，如何处理好师生交往、同学交往的分寸感变得十分重要，尤其需要班主任的正确引导。在此，班主任对于学生来说，既是导师，又是知心朋友。

诚然，班主任的班级管理工作在一定程度上需要经验，但是过于依赖经验可能妨碍老师了解学生的真实情况。因此，建议教师主动摆脱传统经验思维的束缚。当然这里并不是指让教师直接抛弃自身所拥有的全部可借鉴经验，是希望教师在面对新的教育问题时可以首先将新问题纳入原有的认知框架，在同化的基础上打破原有的认知框架，真正做到以全新思路面对现实问题。由此也需要教师不断加强教育理论学习，自觉超越经验视域的局

限，主动创新工作理念，尊重学生、理解学生，共同创设良好的学习、生活氛围。

2. 班主任要体验学生视角，主动创设师生对话契机

基于案例 2-2 的启示，教师如何用新眼光看待问题？一个解决思路为：班主任尝试从学生视角考虑问题，加强师生之间的真正的对话，努力了解学生的内心想法，尝试进入青少年的精神世界。

学生视角看到的世界是什么样子？这是老师首先需要关注的问题。

在案例 2-2 中，叙述者“我”看到班主任的工作风格与同学们的观念产生冲突，出于关心班级良好生活氛围的考虑，“我”主动跟班主任老师反映问题。当然，学生视角与老师视角的差异是客观存在的，也导致彼此对班级问题的理解不同。对此，班主任一要耐心听取学生“我”对班级问题的分析，进而深入了解班级现状，尤其关注班主任不在场时的班级生活状态；二要对学生展开深入交流，既体验学生视角的认知特点，又通过对话让学生理解班主任的教育意图，通过教育个别学生来教育班集体。通过教育学生集体来影响学生个体，或通过教育学生个体来影响学生集体，就是苏联著名教育家马卡连柯的“平行影响”原则。

事实上，教师的视野决定学生的世界，教师的意识又影响着学生的视域。当一个教师具有更广阔的视野时，将有助于拓展学生的生活世界。教师每天生活在相对封闭的校园里，习惯于盯着眼前的一亩三分地，要养成大局意识并非易事。教师需要加强自我观念更新，主动拓展自己的教育学眼界，自觉超越自己的经验局限，洞察班级生活，体验学生视角……使自己真正做到“传道授业解惑”，不仅要解学业之惑，更要解学生的成长之惑，并且对学生的可持续成长产生积极的影响。当然，教师的教育专业眼光不是一天练成的，需要教师在日常工作中保持教育学意义上的敏感性，即对教育情境有即时的觉察力与清晰的判断力。这种能力依赖于教师在阅读教育学经典著作中获得的专业思维变化，由此才能生长出教师的专业自觉——教育者的独到眼光。

三、班级生活：教师是践行班级民主的榜样

中学阶段是青少年成长的关键时期，一个人的世界观、人生观和价值观正是在其学校生活中逐步形成的。中学生在学校主要生活在班集体中，班主任加强对中学生民主意识的培养，既是落实立德树人根本任务的具体工作，也是促进个人社会化的需要。教师积极培养中学生参与班级民主生活的能力，不仅关系到中学生在学校的生活质量，而且关系到民族和国家的未来。教师要准确理解民主内涵，切实执行民主制度，让学生在民主生活中学习并积累参与民主社会生活的经验，有利于形成良好的师生关系，促进班级生活的和谐发展。从基础教育的奠基性来说，班级公共生活方式对学生个性成长与社会化过程有着重要影响。对于由未成年人构成的班级生活共同体来说，班主任的教育理念与管理风格时刻影响着共同体的生活品质。

1. 班主任以身作则实现民主生活方式

在案例 2-3 中，班主任俞老师作为班级的管理者、组织者，积极推行民主制度，创设民主生活环境，以投票选举的方式选举班干部。在此过程中，班主任培养学生参与班级公共事务的努力是有目共睹的，也赢得了学生的一致好评。但是，在后续处理班级公共事

务过程中，俞老师并未真正落实民主生活制度，她在学生中的口碑也出现了反转。针对案例 2－3 的情况，本书建议可通过以身示范和有效沟通等方式来落实班级的民主生活方式。

民主反映了人与人之间的关系。人生活于社会中不可能孤立地存在，必然与他人存在联系，对于未成年人的学校生活而言，班级共同体的建立离不开师生间的交往和沟通。诚如杜威所言："社会生活不仅和沟通完全相同，而且一切沟通都具有教育性。"① 师生交往中的沟通都有着教育学的意义，是师生关系建立和发展的必要条件。没有沟通就没有人际的互动，人与人之间的关系就会处于僵硬、隔阂的状态，出现误解的情况。

班级共同体生活是否民主，是否有凝聚力，师生之间、学生之间能否有效沟通是因素之一。沟通，可以让学生感觉到老师对自己的尊重和信任，从而产生极大的认同感和归属感。事实上，有效沟通还能化解矛盾、澄清疑虑、消除误会，增强班级的内部凝聚力。班主任在倡导民主生活的同时，需要适时地沟通和了解学生的具体情况，公平公正地对待每个学生，照顾到整个班级学生的情绪和状态，这有助于个人社会化的成长和发展，能帮助学生对"民主"的理解从抽象形态逐渐具化到个体的参与和建设中。班主任的公信力也在这样的民主氛围中逐渐增强。

同时，班级民主生活方式的形成也离不开班主任的示范作用。班主任在执行民主制度过程中的榜样力量是不可估量的，是激发学生向善向好的指向标。在案例 2－3 中，学生们对老师动机的怀疑，在一定程度上反映出他们对班级民主生活制度失去了信心。班主任是班级民主生活的主心骨，一言一行都有着示范效应，都能带来潜移默化的效果，所以，需要班主任以身作则来践行民主生活方式，即维护"程序民主"，与学生进行有效沟通，树立和维护教师本人在班级管理过程中的公信力形象，以民主的"言"（有效沟通）和"行"（以身作则）引导学生真正理解民主含义，进而引导他们积极创建和融入班级民主生活之中，这样的民主才有着名副其实的教育价值与社会意义。

2. 放低姿态蹲下身来，营造公正平等的班级环境

在案例 2－3 中，班主任干预了投票结果，并将个人意见强加给学生。或许，班主任是出于争得"班级荣誉"的考虑，但是，在学生看来，她采取的方式是用教师权力压制学生的诉求，这种做法在一定程度会出现"反教育"的效果。事实上，在案例 2－3 中，班主任的做法对学生"我"的消极影响十分明显。

民主不仅是一种政治概念，更是一种生活的态度和方式，"它首先是一种联合生活的方式，是一种共同交流经验的方式"②。在学校生活中，民主观念或民主的生活态度就是以尊重和保护学生个体的自由及权利为前提的。运用到班级管理工作中，教师只有摈弃浮于表面的工具形式，尝试蹲下身来倾听及理解每一位学生的诉求和意见，真正做到公平公正地对待每一位学生，班级民主生活制度才能真正建立，良好的师生关系与和谐的班级生活氛围才能有稳固的基础。

在案例 2－3 中，如果老师能够蹲下身来换位思考，细心体察一个胆小的学生从"不敢维持班级秩序"到尝试"国旗下讲话"的心路历程，肯定和鼓励学生准备稿件、练习演

---

① 杜威．民主主义与教育［M］．2 版．王承绪，译．北京：人民教育出版社，2001：10.

② 同①97.

讲的努力，与学生共情，培养和保护学生的自信心，也许将会看到一个竭力突破自我而在国旗下讲话中大放光彩的“我”，由此促成师生间的平等交流，打开学生的自信之门。

如果教师不能让学生体验到公平与公正，可能会在学生的心中埋下“不满”的种子。如果是群体化的不公正体验，学生们心中的“不满”就可能影响班级氛围的和谐，这是需要警惕的现象。如果教师能够蹲下身来，耐心倾听学生的心声，并能够结合学生的实际情况进行个性化引导，将给学生带来阳光般的温暖。面对有自卑感的学生、后进生等，尤其要慎重，教师不经意的语言和行为可能会对他们产生强烈的影响，导致他们走向封闭和对抗。

总之，教师的口碑来源于师生交往过程中形成的师生关系。师生关系直接影响着学生的学习和生活，影响着教育功能的实现。良好的师生关系会使学生获得学习的自信，学生如沐春风，轻松愉快，从而达到最好的学习效果。教师既是人类文明的传播者，又是学生参与公共生活的引导者。在教师的合理引导下，学生享受到师爱的温暖，感受到自己的价值，得到教师的支持、体谅和鼓励，学生在与教师的真诚相处中进行智慧和感情的交流，从而喜欢参与班集体生活，参与社会公共生活，对生活充满热爱，对人生充满希望，逐渐成长为拥有健全人格的社会公民。

思考题

1. 回忆你在中小学遇到的一位好老师，哪些影响至今还难以忘怀？
2. 学生眼中的教师与教师眼中的自己有何区别？

推荐阅读书目

1. 雅斯贝尔斯．什么是教育［M］．童可依，译．北京：生活·读书·新知三联书店，2021.

2. 杜威．学校与社会：明日之学校［M］．赵祥麟，任钟印，吴志宏，译．北京：人民教育出版社，2005.

3. 杜威．民主主义与教育［M］．2版．王承绪，译．北京：人民教育出版社，2001.

4. 范梅南，莱维林．儿童的秘密：秘密、隐私和自我的重新认识［M］．陈慧黠，曹赛先，译．北京：教育科学出版社，2022.

5. 范梅南．教学机智：教育智慧的意蕴［M］．李树英，译．北京：教育科学出版社，2001.

第三章 教师眼中的自己：课堂生活的自画像

内容提要

从师生交往的时间与空间来看，课堂生活占据主要部分。学生对教师的印象也基本上来源于教师在课堂教学活动过程中的一言一行。教师在课堂上的言行不仅传授知识，也潜移默化地影响着学生的情感、态度和价值观。对于处在未成年阶段的中小学生来说，教师不仅是知识的象征，更是他们愿意模仿的身边“榜样”。围绕课堂生活中的教师自画像，本章以三则案例呈现“‘让学生考出好成绩’的老师”、“对信息技术‘视而不见’的老师”和“‘追求新颖教学方法’的老师”三位教师的课堂形象。基于案例分析，从教育学视角讨论教师之“教”与为师之“道”的内在关系，期待为广大教师在课堂教学活动中真正落实立德树人的根本任务提供一些参考性建议。

学习目标

1. 基于教育原理审视教书与育人的关系。
2. 教师在课堂教学活动中落实立德树人的根本任务。

关键词

教师之“教”　为师之“道”　教书育人　立德树人

第一节　教师的课堂工作形象：源自教师的“独白”①

对于广大教师来说，其职业道德修炼过程不只是记住外在于自己的教师行为准则，还要将其内化于日常课堂教学活动中，形成专业自觉。本节的三则案例均是来自教师视角的自我叙事。通过三位教师的倾心讲述，一是试图原生态地呈现他们对课堂教学活动的不同理解，二是考察其教学行为对学生产生的影响。从教育专业角度来看，教师在课堂中的一言一行应该是一种有明确教育指向的专业行为，体现其教育信念与专业诉求。由于每位教师的教育专业修养不同，课堂教学活动对学生心智成长的影响力存在差异，其中，也不可避免地存在隐性课程对学生的影响。

案例 3－1

“让学生考出好成绩”的老师

我大学一毕业就来这所初中学校当数学教师了，至今已有 17 个年头。在我的教学生涯中，我一直秉持的教育信念就是“让学生考出好成绩”。为什么我会如此重视成绩呢？首先，我自己的求学经历、教师应聘等都是通过考试进行选拔的；其次，在现行招生制度下，学生的的确确是靠分数实现升学目标的。我认为，一名老师如果不能让学生考出高的分数，那就是没有尽到老师的责任。

我一向对学生的学习要求严格。我非常重视学生对知识的掌握情况，经常在课堂上进行小测验，以成绩来验证学生的学习结果。每次考试之后，我都会给出全班学生的成绩排名，不论周考、月考、期中考、期末考。凡是成绩不理想的学生，我都会约谈家长。

在我的严格管理下，我所带班级的数学成绩总是全年级最高的，学生们也凭着好成绩进入了梦寐以求的高中，家长们也特别感谢我。我先后被学校及市里评为“优秀教师”和“教学能手”。虽然我有时候也会反思成绩是否如此重要，但是在现行升学环境下，除了成绩，其他一切都显得那么苍白无力。我很喜欢教师这个职业，也热爱教学工作，并且，我坚持“好的教学就是出好成绩”的信念。只有学生的成绩好，我才对得起教师这份职业，也对得起学生和家长。

【点评】

在此案例中，这位数学教师为了提高学生的学习效果，非常重视过程性评价，对于学习成绩不达标的学生，及时找家长谈话。在其严格的教学管理之下，学生们获得高分，并因此升入理想的高中，学生和家长都很感谢他。从他获得的荣誉来看，他的工作也得到了学校和上级教育管理部门的肯定，这些评价也进一步强化了他的教学观或职业信念——严

---

①　本节三则案例均来自课题组的访谈资料，收入本书时进行了适当删减。

格要求学生的学业成绩。

上述叙事仅来自教师的个人视角，无法获得学生、家长等不同角度信息的佐证。从教育目标来看，我们要培养德智体美劳全面发展的社会主义建设者和接班人，考试成绩固然重要，但是学业成绩不能成为唯一的评价指标。在立德树人的时代背景下，如果教师片面强调“考试重要”或“分数至上”，不可避免地会存在一些问题。如果数学教师一味强调学生的应试技巧与考试成绩，忽视学生形成真正的数学思维，那么，数学学科素养终究还是会远离学生的头脑。

案例 3－2

对信息技术“视而不见”的老师

我是一个有着 21 年教龄的数学教师，非常热爱教师这个职业，平时工作也很敬业。但是，近几年，随着信息技术的发展以及新课程改革的要求，我确实感到十分焦虑。

多年来，我已经习惯于粉笔＋黑板的传统讲课模式。对于数学学科来说，我也认为，只有这种讲课方式才能将知识点讲清楚，并且只有让学生跟着我的讲课节奏，我才能按时完成教学进度。近些年来，教室配备了投影仪、计算机、交互电子白板等技术设备之后，学校要求老师们要学会运用信息化技术手段来教学。

信息技术对于年轻老师来说，挺容易使用的，但是，对于我这把年纪的老师来说，一切都得从头学起啊！这让我感觉非常焦虑，也多多少少产生了抗拒情绪。实话实说，我现在的教学方式虽然传统，但没有影响学生的考试成绩。我是数学课教师，又不是信息技术课教师，更何况，我已经快 50 岁了，很难有精力学习这些新技术，更不用说在课堂上灵活使用了，说不定我还会因为操作不当在课上闹笑话。因此，我内心比较排斥学校的新要求，对于教室里的技术设备，我基本上是保持“视而不见”或“冷眼旁观”的态度。

【点评】

在此案例中，对于有着 21 年教龄的数学老师来说，凭借传统的教学方式已经能够驾驭课堂节奏，也形成了自己的教学风格。但是，随着课程改革和信息技术的发展，学校对教师的教学能力也在不断提出新要求，即需要教师在课堂上使用现代技术设备。该教师的抵触情绪占先，固守旧习，不愿做出改变，并且以自己的年龄（教龄）为借口来拒绝使用信息化教学工具，一个不能与时俱进的老师，会给学生留下什么样的形象呢？

在现实学校生活中，这样的教师似乎不占少数，他们缺失了两方面的专业修养自觉：一方面是缺乏“活到老学到老”的终身学习意识；另一方面，忽视了当下的学生已经置身于信息社会的现实，或者说，学生们已经是信息技术社会的“原住民”了。作为中小学教师，如果仅出于自身对技术更新的畏难情绪而选择“无视”或“旁观”，势必给学生们造成一定程度的消极影响，其身教的示范作用会在无形中弱化。

案例 3-3

“追求新颖教学方法”的老师

我是一名小学语文教师，已经入职 5 年了。我认为，教学方法是上好语文课的关键。每节课上，我都尝试用多种教学方法来吸引学生，让他们有兴趣参与到课堂教学活动中来。例如，在教“会走路的树”这节课时，我会使用音乐、表演、绘画等多种手段展开教学活动。

在教学导入环节，我借用多媒体给学生们播放一段森林动画片短视频，包含鸟叫声、流水声的音乐，让学生瞬间沉浸在故事发生的森林里，并用幻灯片辅助展示了森林的画面。学生的兴趣立刻被调动起来，课堂气氛也活跃起来了，大家获得了一种轻松愉悦的艺术感受。随后，我让学生模拟表演小鸟和小驯鹿见面的情景，学生们非常喜欢表演，都表现得很积极、很投入。这个活动激发了他们的学习热情，大家参与到表演活动中，都很兴奋。在指导学生欣赏表演活动的过程中，我让大家把表演的小鸟和小驯鹿都画出来。在动手动脑的活动中，学生们更加形象地看到了小动物们相遇的情境，也加深了学生对整篇课文的理解。

总之，从整节课的教学效果看，学生们积极参与到我创设的教学情境中，主动地进行角色表演、欣赏与绘画等活动。尤其是平时上课无法集中注意力的几位学生，这节课也积极主动地参与表演、绘画等活动。可见，正是我运用了新颖的教学方法，才取得了如此好的课堂教学效果。

【点评】

在案例 3-3 中，这位小学语文老师拥有探索课堂教学方法的热情，她擅长运用多种艺术形式和多媒体技术开展教学活动，以此调动学生的学习热情。从课堂教学氛围和学生的参与度来看，这是一位充满活力和创造力的好老师。在课程改革和信息技术发展的背景下，教师积极运用多种艺术形式与技术手段开展教学活动，这是值得肯定的。从教师本人的叙述中看，教学形式丰富，学生们参与度高，本人也比较满意。

一切都似乎非常圆满，但是，问题也隐匿其中。如果从教育专业角度来看，这样的课还是语文课吗？在这节课里，我们看到了音乐、表演和绘画的综合运用，但是，语文的味道在哪里？或者说，这节课的语文教学目标是否达到？教师运用多种艺术形式开展课堂活动，是否有助于学生语文素养的提升？这是教育专业的问题。

教师虽然着力于通过音乐、表演与绘画等艺术形式让语文课堂“动”起来，学生们也确实参与表演、绘画等多种活动，但是，这一切又似乎远离了语言学习本身。如果艺术形式与技术手段的运用干扰了学科教育的应有之道，学生的学科素养如何得到有效提升呢？教师需要重新审视自身的职业道德修养方向。

第二节　教师之“教”与为师之“道”

本章呈现的三则案例是基于中小学教师对课堂教学形象的自我描述：一是重视考试成

绩的教师，二是无视信息技术的老教师，三是追求新颖教学方法的老师。在应试教育的长期影响之下，教师们在意考试成绩，本身也是工作负责的表现。但是，从教师职业道德修养的立场来看，如果教师追求“分数至上”，教师之“教”或许就偏离教育本有之道了；在信息技术广泛使用的时代，一些教师在课堂上不愿意使用新技术，其保守形象可能成为学生的“反面教材”；如果教师在课堂上偏爱运用多种教学手段带动课堂氛围，却忽视了方法与学科内容的本质联系，也可能给学生造成某种程度的误导。本节尝试从教育学立场分析三则案例存在的专业问题，期待以此让教师尽可能超越自我认知的局限，重新理解自己的课堂行为对学生学科素养提升的潜在影响。

一、偏重考试成绩的教师：可能迷失于分数

在案例 3－1 中，那位数学教师坚定地认为，“让学生考出好成绩”就是好老师。为此信念，他多年来持之以恒地盯紧大大小小的考试成绩，并且严格要求学生及家长。他的执着确实让学生升入了理想的高中，得到了家长和学校领导的认可，他也成为人们日常观念中的优秀教师，其言语中也流露出自信。在一般人看来，这样的老师算得上是一位称职的好老师。如果从教育专业角度来看，还需要认真审视教师的课堂教学工作与育人之间的内在关系。

1. 迷失于“教学—应试—升学”的“工具人”培养模式

毋庸置疑，应试教育在我国有着相当久远的历史，每位教师自己的受教育过程也无时无刻不在遭遇应试教育的浸染。在现阶段，考试成绩已经演变成社会评价教师、评价学校的风向标。无论教育主管部门怎样强调要取消成绩排名，甚至责令学校禁止张贴高考状元等喜报，但是，在家长眼中，判断一个学校的社会声望、判断一位教师的知名度，高考升学率似乎是唯一的硬指标。这是我国基础教育不可回避的现实境遇。为此，教师要对教学与应试、教育与培养人等关系形成专业的理解，这也是教师提升自身专业修养的必经之路。

在教师成长为专业教育者的过程中，如果他对教学与教育的关系缺乏清醒的专业理解，那么，在应试教育惯习的强大作用力之下，其课堂教学可能陷入“教学—应试—升学”的“工具人”培养模式，其教学行为也演变成培养“考试工具人”的流水线。在这些教师的视野中，“考试成绩”作为其教学工作成败的标准，也影响着他与学生和家长的交往内容，进而可能遮蔽课堂教学实现立德树人的根本任务。

教育的本质是使人向善，即帮助未成年人成长为拥有健全人格的社会成员，而非单纯的考试“工具人”。诚然，在我国当前的人才选拔制度之下，学业考试成绩无疑是一项很重要的指标。从这个角度看，这位数学老师坚持“分数至上”的观点似乎有一定的合理性。但是，从教育学视角看，分数仅仅是一个外在的评价指标，更值得关注的是课程的育人价值，即学生对课程内容本身的兴趣与热爱，如果一个学生仅仅出于考试拿高分而努力学习，与机器人又有何异？如果一位教师只在乎学生的考试成绩，而忽视学生作为人的精神内涵，这样的教师恐怕在不久的将来会被人工智能机器人所取代。

2. 应试取向可能遮蔽学生的学科素养

从学生学习数学学科的学科素养上看，2022 年颁布的《义务教育数学课程标准》提到，数学核心素养主要包括三个方面：会用数学的眼光观察现实世界，会用数学的思维思

考现实世界，会用数学的语言表达现实世界。具体到初中生来说，数学核心素养主要表现为：抽象能力、运算能力、几何直观、空间观念、推理能力、数据观念、模型观念、应用意识、创新意识。①

在案例 3－1 中，数学老师一味追求考试成绩，在一定程度上可能会忽视学生的数学学科素养。学生或许可以凭借数学的考试成绩进入高中，但是，学生也可能失去对数学本身的热情。在日常生活中，我们看到相当一部分学生谈学习而色变。对此，加拿大的著名教育学者克里夫·贝克（Clive Beck）曾作过尖锐的批判："对于一个教育机构而言，最矛盾的做法是在教孩子们学习时，教他们把学习看作是一件烦琐的事情。"②

从学习与人的本质联系来看，学习本是一切正常人与生俱来的能力，是人类个体成长过程中的天赋能力。从历史角度来看，在前学校教育时代，学习贯穿并弥漫于个体生活的方方面面。观察婴幼儿的日常生活，可以看到个体天赋的好奇心、学习能力与求知激情。可见，学习的原初意蕴与个体成长密不可分，学习即生长、学习即学会生存。以数学学科为例，教师在教学过程中需要培养学生的数学思维能力，让学生深刻理解数形变换之美，而非熟记数学公式去"刷题"，即便从数学应用角度来看，教师也要培养学生用数学思维去解决自己生活中的实际问题。总之，数学的价值不应该仅仅指向升学考试。对于教师来说，只有超越应试局限，课堂教学才不会偏离基础教育之本然方向。

"教育"，始终以"善"为题中应有之义，旨在使人有所改善，从而改善社会。③ 在此有必要重新讨论教育目的。习近平总书记在党的二十大报告中指出："育人的根本在于立德。全面贯彻党的教育方针，落实立德树人根本任务，培养德智体美劳全面发展的社会主义建设者和接班人。"④"德智体美全面发展"理应是"应然的"教育目的，而在案例 3－1 中，教师过分追求分数，或许是一部分教育工作者"实然的"教育目的。如果教师在日常工作中混淆"应然的"教育目的与"实然的"教育目的，持"自以为是"的工作态度，这种自欺欺人而又浑然不觉的状态，岂不更加令人遗憾？⑤

二、固守传统教法的教师：可能缺乏"好学之心"

在案例 3－2 中，有着 21 年教龄的数学老师能够轻松驾驭课堂教学生活，由于多年的工作积淀，他的教学思维与教学方法早已合为一体，并且内化于她的课堂教学行为习惯之中。这些教学行为习惯对教师本人来说，已经成为其职业生活的"第二本性"，并在一定程度上左右其教学方式与方法的选择。面对新技术，一些教师的抵触情绪是可以理解的，但是，随着互联网和数字时代的迅猛发展，学生的直接经验与以互联网为代表的新兴技术密不可分。如果教师无视教室里新兴技术设备的存在，一味固守传统教学手段，会给学生

---

① 中华人民共和国教育部．义务教育数学课程标准（2022 年版）[M]．北京：北京师范大学出版社，2022：5.

② 贝克．优化学校教育：一种价值的观点 [M]．戚万学，赵文静，唐汉卫，等译．上海：华东师范大学出版社，2003：30.

③ 陈桂生．学校教育原理 [M]．增订版．上海：华东师范大学出版社，2012：103.

④ 高举中国特色社会主义伟大旗帜 为全面建设社会主义现代化国家而团结奋斗：在中国共产党第二十次全国代表大会上的报告 [EB/OL]．(2022－10－16) [2023－04－18]．http://www.gov.cn/gongbao/content/2022/content_5722378.htm.

⑤ 同③104.

留下脱离时代的形象，其负面影响值得反思。

1. 教师给学生提供“反面示范”

在学校日常生活中，我们身边不乏这样的老师，他们的教案很少更新，用同样的教案教了几届学生。对于这样的教师，一方面表明其教学能力超越文本束缚，另一方面也要质疑他的工作态度。现阶段，无论是课程改革的逐步深入，还是学生认知发展的要求，都需要基础教育一线的教师不仅要更新教育观念，也要更新教学手段。对于数学学科来说，尽管教学内容是形而上的，但是，适当运用现代技术手段也能一定程度地改善传统课堂教学氛围，进而激发学生的学习热情以及调动学生的学习兴趣。

在案例 3 - 2 中，老师固守“粉笔＋黑板”的传统讲课方式，虽然短时间看，并未影响到学生们的考试成绩，但是，在一个充满现代化装备的教学环境里，电子白板、智能设备、计算机、投影仪等已成为教师课堂教学的常用工具，如果教师不愿意主动学习使用这些设备，并且无视新设备的存在，俨然成为一个局外人、一个旁观者。这样的教师，会留给学生一个什么样的专业形象呢？教师不仅要向学生传授书本知识，教师自身也应该成为对新兴事物充满好奇心并且热爱学习的榜样。一个拒绝学习新技术的教师，会成为一个好的学习示范者吗？

党的二十大报告强调：“建设全民终身学习的学习型社会、学习型大国。”努力形成全民学习、终身学习的学习型社会，促进人的全面发展，这是关系到实现中华民族可持续发展、实现中华民族伟大复兴的战略问题。对于中小学教师和学生来说，终身学习不是指向将来的愿景，而是志在当下的行动。为此，教师的示范作用极为重要。在日常教学活动中，如果教师不是一个好的终身学习示范者，又如何要求学生热爱学习、热爱求知呢？

2. 教师无视学生亲近信息技术的直接经验

在案例 3 - 2 中，教师固守传统教学手段，并以未影响到学生的考试成绩为由，忽略学生们已经置身于新技术装备的现实教学环境的事实，换言之，忽视了学生们的直接经验与信息技术手段密切相关。根据杜威的经验理论，教师的教学是帮助学生改善其直接经验和思维品质的过程。教师应该对学生的直接经验和学习环境保持清醒的专业意识，通过有效使用现代技术手段提高学生的课堂学习效果。

从这个意义上看，现阶段的学生从小就接触到以互联网为代表的信息技术环境，或者说，他们的认知经验与思维方式早已被信息技术所塑造，他们与生俱来地拥有对信息技术的亲切感。同时，基于信息技术环境创生的各种各样的数字化学习软件、多元共享的数字化学习资源平台等等，也在不同程度地改变着师生的教学互动方式。如果教师的教学视域中缺乏对现代技术手段的关注，课堂教学活动过程将在一定程度上失去时代意蕴。

当前，伴随着新一轮课程改革的步伐，教师的信息技术素养可能打乱课堂教学改革的节奏。其中的严重情形是，一些教师对学生使用信息技术的直接经验缺乏清醒的认识，不仅自己拒绝在课堂教学中运用新技术，甚至排斥学生运用新兴媒体进行学习，这类教学态度值得深刻检讨。既然学生们生长在信息技术快速发展的时代，他们是数字时代的“原住民”，他们的课堂学习环境已经被信息技术包围，那么，教师就没有理由回避新兴教学技术设备。在课堂上，如果教师一味排斥使用新技术手段，那么，在学生眼中，这样的教师可能是一个新时代的“落伍者”。

三、热衷新方法的教师：课堂教学可能偏离学科本身

教学是一项非常复杂的具有情境性的实践活动，教学方法可以被称为教学中的艺术体现。在案例 3－3 中，语文老师认为，上好语文课的关键在于教学方法的使用，并致力于采用多种教学手段吸引学生参与到语文课堂中来。从课堂氛围来看，老师重视教法具有一定的合理性，但是，值得关注的专业问题是：教学方法与教学内容如何实现完美统一？对于语文课来说，学生在新方法引导下参与热闹的课堂教学活动之后，是否能真正明白这节语文课的意义？对此，可以从教的原理和教学艺术两个层面进行反思。

1.“教什么”决定“如何教”

从教育学专业视角来看，教师在教之前要准确理解教的基本原理，即学科教育通过每一门学科的专业素养去改善学生的常识经验。一般来说，语文学科的教育价值在于教会中小学生正确使用国文母语，例如，教育部颁布的《义务教育语文课程标准（2022 年版）》将义务教育阶段语文学科的核心素养明确表述为“语言运用”“思维能力”“审美创造”“文化自信”四个方面。[①] 以此为参照，在帮助学生形成基本人文素养方面，语文学科承担着不同于信息技术、音乐、表演、绘画的特殊教育任务。

具体而言，语文学科教师在组织教学活动时一定要着力于培养学生在语文学科方面的核心素养，从这个角度出发，教师必须清楚教育方法的创新要服从并服务于教学内容的需要，或者说，教的内容决定教的方法。在案例 3－3 中，这位教师在语文课上致力于追求新颖的教学方法与教学形式，可能忽略了语文课学习内容和学生语言使用经验之间的关系，其课堂教学效果也会大打折扣。

长期以来，中小学教师按照教科书和考试需求展开教学活动，习惯于关注“如何教”，而对“教什么”则缺乏比较深入的专业理解。具体课堂可能出现下列状况：语文课有时被老师做成了音乐与诗画鉴赏课、技术操作课。这些老师对学科本质与学生素养的内在联系缺乏足够深刻的认识，往往在教学方法、教学形式等方面下了许多功夫。其实，课堂上那些所谓调动学生兴趣的教学方法，如果脱离学科本质，都可能成为无源之水、无本之木。从教的原理视角来深度解读追求教学方法的教师之“教”，可以引发我们进一步思考学科教育目标的有效达成。

2.“教学艺术”超越“教学方法”

在案例 3－3 中，教师在开展教学的过程中有意识地“引进”音乐、戏剧、美术等表现手法来增强教学的直观性与生动性，使学生在课堂上处于乐学的状态之中。从教师的视角来看，使用多种教学方法的课堂就是充满艺术感的课堂。

其实，这是对“教学艺术”的一种误解。如果从教育学视角来理解“教学艺术”，这样的课似乎算不上一堂好课。

艺术，在古希腊文中为“techne”，是“技艺”，原初意义是“精于此道”，指向操作、实践的“知识”观。[②] 由此推知，教学的“艺术性”是教师精于教学之道。夸美纽斯在

---

① 中华人民共和国教育部．义务教育语文课程标准（2022 年版）［M］．北京：北京师范大学出版社，2022：4.

② 孙周兴．人类世的哲学［M］．北京：商务印书馆，2020：61.

《大教学论》中提出："教学是把一切事物教给一切人类的全部艺术。"① 苏霍姆林斯基在《教育的艺术》一书中认为："教育的艺术在于能激发出学生心灵的感情，而且这种工作做得愈细致，愈有感情，从孩子心灵深处涌出的力量便愈大。"② 对于语文课的教学艺术来说，语文教师应适当运用教学手段与方法，引导学生深入理解语文课本身，即进入课文蕴含的语言表达之道，或者说，关键是提升学生的语文素养，而不是提升学生的音乐欣赏或表演等能力，后者仅是语文课教学效果的附加值。

第三节　在课堂上潜心教书育人

2021 年 7 月 24 日，中共中央办公厅、国务院办公厅印发《关于进一步减轻义务教育阶段学生作业负担和校外培训负担的意见》，简称"双减"。在此前提下，学校改革的关键是提高课堂教学质量，教师要努力创设适合学生参与的教学活动，着力培养学生学习的主动性与创造性，真正成为德智体美劳全面发展的社会主义建设者和接班人。基于以上案例分析，广大中小学教师要积极落实《新时代中小学教师职业行为十项准则》的相关要求，在课堂上潜心教书育人，遵循教育规律和学生成长规律，因材施教，教学相长。

一、超越应试取向，树立正确的教学观

在案例 3－1 中，那位数学教师重视过程性评价，通过平时测试了解学生的学习效果，并及时与家长沟通，这些做法在一定程度上能保证学生的考试成绩和升学目标的实现。但是，在现实生活中，相当多的学生有比较高的考试成绩，却缺乏理性判断能力和实践行动能力，或者说，在应试取向的影响下，一部分学生出现高分低能的情况。着眼于落实立德树人的根本任务，广大教师在课堂教学过程中需要超越单一的应试思维，树立正确的教育观念。

1. 平时考试：是教学反馈手段，不是给学生施压的工具

从教师行使专业自主权的角度来看，在日常课堂教学过程中，教师可以自主安排不同类型的过程性评价方法来获取教学反馈信息，但是，对于考试成绩不理想的学生，教师要具体问题具体分析：首先反思教师本人的教学行为，其次考虑学生的学习能力问题。

在案例 3－1 中，从学生的考试成绩看，这位数学教师或许是一位称职的老师。但是，如果从好老师的角度看，这位数学教师忽视了教学与育人之间的密切联系。事实上，考试是老师检测学生学习情况，以及帮助学生查漏补缺的重要手段，在此过程中，老师有针对性地帮助学生解决学习的难点问题，进而改善学生的学习经验。从这个意义上看，考试的功效并不是评价老师和学生，而是帮助教师之"教"和学生之"学"更为有效的手段。案例 3－1 中的老师片面地将"好成绩"与"好老师"等同起来，以此作为自身教学的评价和对学生的评价是不科学且不合理的。

---

① 夸美纽斯．大教学论［M］．傅任敢，译．北京：教育科学出版社，2014：37．

② 苏霍姆林斯基．教育的艺术［M］．肖勇，译．长沙：湖南教育出版社，1983：25．

从学生的学习角度看，通过学习学科知识，学生真正要形成的是学科素养，而非简单的应试能力。在案例 3-1 中，老师重点关注了考试成绩，却在一定程度上忽视了学生数学学科素养的形成。长此以往，学生被沦为名副其实的“考试机器”，失去了学习兴趣，也增加了学业压力，这与教书育人的本质是背道而驰的。另外，学生的成绩也与学生自身的学习能力、学习方法相关，教师不能仅关注成绩的高低，而应及时帮助成绩不理想的学生寻找问题的根源，帮助他们纠正不好的学习习惯，改善陈旧的学习方法。

因此，教师应正确理解“考试”的评价作用，要转变以分数论高低的工具理性思维。一是教师要正确理解平时考试作为过程性评价方式的诊断价值，即教师应该从知识理解与应用等多个维度对学生的学习能力做出适当的诊断，分析学生的学习困难具体表现在哪些方面。二是教师根据学生的学习困难及时寻找教与学的改进策略，既要改进学的方法，也要改进教的方法。

2. 教：让学生真正学会独立思考

学校教育的目的是培养人，《义务教育语文课程标准（2022 年版）》强调通过基础教育课程培养学生的学科素养。教师要思考“学科素养”在学生身上的具体表现是什么。在案例 3-1 中，教师强调“让学生考出好成绩”。对此，需要考虑“好成绩”与“学生学科素养”之间的联系，这或许是教学本质的核心指向。

德国著名哲学家海德格尔在《什么召唤思》中从哲学视域对教师的教学本质进行了分析，他认为：“教比学更难是因为，教意味着让人去学。真正的老师让人学习的东西只是学习，所以，这种老师往往给人造成这样一种印象，学生在他那里什么也没学到，因为人们把获取知识才看作是‘学习’。”① 同时，海德格尔强调：“真正的教师以身作则，向学生们表明他应学的东西比学生多，这就是让人去学。”② 从这个意义上看，教师真正的“教”是让学生的“思”发生，换言之，教师通过课堂教学启发学生的思维，引领学生对学科特定领域的问题进行深入思考，逐渐形成运用特定学科思维来解决相应问题的能力。

人生来就有思的能力，但是，学生的“思”能否真正发生，或者说，从日常经验之思进入专业理论之思，需要依赖教师的教育启迪。具体而言，教师通过有意识的教学设计来启发学生的思考，真正做到“教书”是“让学生思考的发生”。从这个意义上看，好老师并不是让学生经常取得好的考试成绩的老师，而是通过课堂教学活动促进学生的思维发生转变的老师，是让学生真正爱学乐思的老师。

二、以学促教，教学相长

在案例 3-2 中，教师一直回避在课堂上使用信息教学技术，似乎成了一个新时代的“落伍者”。教育者要先受教育，或者，如海德格尔所说：“教师必须比学生更能受教。”③ 从这个意义上说，教师不仅是知识的占有者和传授者，更是热爱真理、顺应时代变革的示范者。学无涯而生有涯，教师要保持积极进取的学习态度，对新生事物要保持高度的探索热情与求知兴趣。在信息技术与课堂教学融合方面，教师要坚持以学促教，教学相长。

---

①②③ 海德格尔．海德格尔选集［M］．上海：上海三联书店，1996：1217.

1. 教师要做终身学习的典范

在大数据时代，知识更新让人目不暇接，教师作为专业教育者，理应成为终身学习的示范者，时刻影响着学生的学习态度与学习行为。为此，教师要紧跟时代的步伐，把终身学习作为实践其专业发展的重要理念，不仅要更新教育观念，拓展专业视域，还要积极学习新兴教学技术，让课堂教学适应时代变革与学生发展的变化。

具体而言，教师首先要学习教育基本理论，形成其教育专业判断力，超越基于日常教学经验的感性之知。唯有如此，教师才能获得真正的教学反思能力。其次，教师要发现自身教学水平与新课标要求之间的差距，主动依托国家中小学智慧学习平台等网络资源加强专业素养，同时，积极提升个人的信息技术应用能力，让信息技术赋能课堂教学与课程评价，实现课堂教学的转型升级和提质增效。

2. 教师要主动向学生学习，实现教学相长

在信息技术时代，中小学生的认知经验与互联网信息联系密切，一些教师明显感到力不从心。在案例 3－2 中，教师一味固守传统教学经验，强调“黑板＋粉笔”的传统教学方式，拒绝将信息技术融入课堂教学。事实上，这位教师忽视了学生的直接经验，即他们已经是信息时代的“原住民”了，如果课堂教学没有顾及学生已经广泛使用信息技术的直接经验，依然使用传统教学手段，长此以往，学生的学习兴趣可能会被渐渐磨灭掉。

对于教师来说，古训有之：“学然后知不足，教然后知困。”（《礼记·学记》）因此，在教学改革过程中，教师要用全新的眼光看待信息时代的学生，主动向学生学习，改善教师自身的信息技术使用经验。具体而言，课前，教师要及时了解学生的原有学习经验以及对信息技术赋能自身学习的情况；课中，教师应尝试使用技术辅助自身课堂教学，敏锐地觉察赋有教育意义的时机，通过组织创新的教学活动直观地改善学生的直接经验，培养学生解决问题、合作探究等高阶能力和思维品质；课后，教师可采用多元评价方式，对学生的学习过程和学习结果进行客观评价。在此过程中，教师应积极与学生沟通交流，虚心向学生请教新技术、新设备的使用方法。唯有如此，以开放、积极的态度拥抱新的教育理念和教学方式，教师才能真正成为创新性教学的实践者和推动者，实现教学相长。

三、课堂教学：教的艺术与教的科学

在案例 3－3 中，教师积极探索教学方法的改革，确实为学生营造了愉快的课堂学习氛围，这或许是一些教师追求的教学艺术。但是，教学不仅是一门艺术，更是一门科学，教师必须从教育学立场出发考虑课堂教学本质，将学习内容转变为学生的素养（思想水平、思维能力与行动能力）。因此，教师必须考虑教学方法与教学内容的内在关联，即内容决定方法，这或许正是教师之“教”的科学。只有教学设计与教学过程始终坚持这一教育原理，教师方能更好地实现教书育人，即在教师的引导下，学生的身心素质获得整体提升。

1. 教的艺术：学生感受到思维成长的愉悦

事实上，一堂好课的确存在其艺术性的一面。夸美纽斯在《大教学论》中提出：“教学是一种教起来使人感到愉快的艺术，就是说，它不会使教师感到烦恼，或使学生感到厌

恶，它能使教师和学生全都得到最大的快乐；此外，它又是一种教得彻底，不浮浅、不铺张，却能使人获得真实的知识、高尚的行谊和最深刻的虔信的艺术。”“为了掌握智慧，激发它，愉快它，需要利用艺术。艺术部分来自教师的人文精神，部分来自教学方法的机智。”① 在夸美纽斯的时代（17 世纪），“教学艺术”是关乎教师如何教、学生如何学的一套原则-规则体系，接近于我们今天所说的教学规律，而非技术化的教学流程。

当然，就“艺术”一词的本义而言，“艺术”是和“自然”相对举的概念，相对于自然发生的事物，艺术是指对自然事物人为加工、改造的系列动作。② 这样的动作不是机械刻板的，而能体现人追求创新的自由精神。从人与自然的关系来看，顺其自然、尊重自然法则，这是人拥有自由体验的内在前提。对于教师之“教”来说，其艺术性是指在尊重教学规律的基础上的教学实践创新品质。如果脱离了教学自身规律或法则，一堂课或许看上去热闹非凡，教师运用多种艺术形式，并形成自己的教学风格，但也可能远离预定的教学目标。

在案例 3－3 中，该语文老师显然忽视了语文课的内容特点以及语言学习规律。叶圣陶先生曾解释说：“什么叫语文？语文就是语言，就是平常说的话。嘴里说的话叫口头语言，写在纸面上的叫书面语言。语就是口头语言，文就是书面语言。把口头语言和书面语言连在一起说，就叫语文。”③ 所以，学生学习语文就是在学习如何使用语言、如何理解和表达语言。语文教育就是要教会学生学习理解别人是如何表达思想和情感的，以及学习如何向别人表达自己的思想和情感。具体而言，教师应基于教学内容，使用适当的教学方式激发学生对语言文字本身的热爱，而非单纯指向课堂的热闹氛围。

即使从直观教学的角度来看，语文课的直观教学艺术也是指向学生对语言文字的直观，而非脱离语言文字本身的音乐与绘画等直观形象。语文学科的教育价值在于改善学生的语言使用经验，进而拓展其世界观与人文情怀。因此，要上好语文课，体现语文教学的本色，就应该用语文的手段解决语文的问题。最基本的语文的手段就是听、说、读、写。因此，上语文课，可以说就是要用听、说、读、写的手段，解决字、词、句、篇的问题。字、词、句、篇的问题解决了，情感、态度和价值观的熏陶也就自在其中了。④

2. 教的科学：儿童认知逻辑与学科逻辑完美结合

在案例 3－3 中，综观教师本人的叙述，教师比较在意教学形式的艺术性与方法的多样性，顾此失彼，却在一定程度上导致教学活动偏离了学科本身。为了帮助教师进一步厘清教学内容与教学形式的关系，有必要从教育学视角理解儿童与课程的内在关系。

美国哲学家杜威曾积极关注并参与基础教育实践，他从直接经验和间接经验的关系来理解儿童与课程的联系。在杜威看来，儿童的直接经验是日常生活的感性之知，间接经验是对感性之知的抽象、概括与直接反思。回到课堂教学中，学科知识（教科书）是被系统提炼整理后的人类文明成果，是相关领域专家按照学科逻辑顺序抽象的间接经验，在一定程度上脱离了儿童的直接经验。杜威提出解决“逻辑的”（课程或学科知识）与“心理的”

---

① 夸美纽斯．大教学论［M］．傅任敢，译．北京：教育科学出版社，2014：1.

② 陈桂生．普通教育学纲要［M］．上海：华东师范大学出版社，2009：192.

③ 叶圣陶，吕叔湘，王力，等．语文学习的基础［M］．北京：语文出版社，1992：1.

④ 支玉恒．语文课究竟是干什么的［J］．小学语文教学，2015（11）：1.

（儿童的直接经验）割裂的方法是教材心理化[①]，就是将抽象概括化的学科知识还原到被抽象之前的原初意义，以学生的直接经验为教学的起点和依据，把学科知识转化为与儿童直接经验相关的内容，从而与儿童的直接经验发生相互作用，建立起学科知识与儿童直接经验之间的桥梁，指导儿童的经验改善并引导其思的发生。

因此，唯有明晰儿童与课程的关系，教师才能清醒把握学科本质，进而培养学生的学科素养和提升自身的专业能力。由此重构案例 3－3 的课堂教学设计，教师要有意识地引导学生在观察、表演和绘画的过程中加强口头语言及书面语言的练习活动，改善其语言表达能力与逻辑思维能力等，这样的教学或许才回归了语文教育的应有道路。

综上所述，中小学课堂作为教师职业生活的第一现场，直接呈现出中小学教师的师德师风效应。如果教师缺乏教育专业视域，即使他是一位在课堂上努力工作的好老师，其教学效果也可能事倍功半。这样的好老师也存在相当大的局限性。事实上，教师只有主动加强自身的教育专业修养，才能真正落实教书即育人，课堂教学也将因此呈现崭新气象，学生才会走上爱学乐学之路。

思考题

1. 请结合具体教学案例阐述教师如何有效落实为师之道。
2. 请结合具体教学内容分析课堂教学与信息技术的融合度。

推荐阅读书目

1. 陈桂生．普通教育学纲要［M］．上海：华东师范大学出版社，2009.
2. 赫尔巴特．普通教育学·教育学讲授纲要［M］．李其龙，译．杭州：浙江教育出版社，2002.
3. 陈桂生．学校教育原理［M］．增订版．上海：华东师范大学出版社，2012.
4. 孙周兴．人类世的哲学［M］．北京：商务印书馆，2020.
5. 夸美纽斯．大教学论［M］．傅任敢，译．北京：教育科学出版社，2014.
6. 石中英．教育哲学［M］．北京：北京师范大学出版社，2007.

① 杜威．学校与社会：明日之学校［M］．赵祥麟，任钟印，吴志宏，译．北京：人民教育出版社，2005：116.

第四章 为人师表：在课外生活的细微之处

内容提要

在学校公共生活中，教师给学生的印象不仅存在于课堂教学活动过程中，也存在于课外师生交往过程中。事实上，教师在日常生活细微处的言行可能给学生留下更深的印象，换言之，教师对学生的“教育”不止体现在课堂的“教-学”活动之中，教师在哪里，教育就可能发生在哪里。本章重点关注教师在课外师生交往过程中若干细节给予学生的不同影响力，借此考察教师职业道德在课堂之外的具体表现形态。本章三则案例呈现了教师在日常生活中“为人师表”的相关细节，既为职前教师提供了学生眼中的教师形象以供参考，也为职后教师提升自身的职业道德修养提供了思考维度。

学习目标

1. 基于教育理论重新理解“言传”与“身教”的统一。
2. 善于把握教育细节的敏感性与行动力。

关键词

为人师表　言传身教　反教育性　教育惩戒

在儿童进入中小学校之后，教育的发生既体现为教师在课堂内的有言之教，也体现为教师在课堂之外的无言之教。综观师生交往过程中的诸多细节，只要教师出现在学生的视线范围之内，其一言一行无形之中都对学生的成长产生影响。因此，从学生视角反思教师的职业形象，或许能够看到教师在日常生活中的真实面貌。本章选取学生眼中三位老师在课外生活中的不同形象，以呈现教师言行细节给学生带来的潜在影响。对这些案例展开分析可以检讨教师行为的反教育性质，以引导广大教师充分意识到自身言行不慎导致的后果，进而提醒教师在日常生活中加强自身的道德修为。

第一节　教师日常言行引发学生的“不满”①

谈及教师职业道德，其第一现场或许存在于师生直接交往的生活世界中。在多数学生的认知中，他们正是在与教师日常的交往之中直观感受教师的职业风貌。通过学生们的体验式言说，本章尝试还原教师的专业形象。下面讲述的故事是学生回忆教师身教对自己的影响。

案例 4－1

学校升旗仪式上“违规”的老师

我读初中时，班主任王老师负责我们班的“道德与法治”课程，她上课很有吸引力。但是，王老师在一次升旗仪式上的表现让我对她的印象彻底改变。

在课堂上，王老师分享的“江姐绣红旗”的故事让我震撼。她总结道：“同学们，国家当前的繁荣发展是不少共产党人抛头颅、洒热血，用生命换来的结果，而我们国家的五星红旗就是这一拼搏精神的最好象征。在这里，我呼吁：在每周一的升旗仪式上，我们所有人都务必要做到严肃认真，以示对国家的尊重和真诚！”那一刻，王老师坚定的眼神和铿锵有力的声音使得我感到无比激动，眼中也噙满了泪水，并暗自下决心：一定认真对待升旗仪式。

学校在周一早晨举行升旗仪式，我在队列中奋力挺直自己的背，双手紧贴在裤缝处，安静地期待着升旗仪式的各项活动。此时，我们班队尾传来的笑声打破了这份宁静而庄严的氛围，我心中不由一颤：“是谁这么不守纪律，老师的课白上了吧！一点觉悟都没有！”我压抑住心中的些许愤怒，转头看去，没料到居然是王老师在队尾和同事聊得甚欢。

“你看咱们老师多开心”，“马上就要升旗了，咋唠没完了？”同学们不停地往队尾瞄，非常不解，“王老师不是在上周课上还呼吁咱们要一起认真对待升旗仪式吗？”大家纷纷议论王老师的行为。王老师听到了我们班队伍中的躁动，瞬间严肃起来，向我们走来：“上课怎么教你们的！升旗仪式不要说话，快站好了！”听到王老师对我们“遵守规则”的严格要求，我忿忿不平地说：“老师您自己刚才不是也在说话吗？现在却来批评我们……”没等我说完，王老师便打断我说：“你是你，我是我，管好你自己就行了！”虽然王老师不给我质疑的机会，但是这件事让我内心久久不能平静。在课堂上，她呼吁我们要遵守升旗仪式规范；在课下，她却不遵守升旗纪律。真的很难相信，这竟然是同

① 本节三则案例均来自课题组的访谈资料，收入本书时进行了适当删减。

一位王老师啊！

【点评】

在案例4-1中，王老师通过“道德与法治”课的教学活动使学生深刻感知“遵守规则”的重要性，这样的教学达到了很好的教育效果。但是，在学校升旗仪式上，王老师不注意自己言行的示范作用，而且，在学生发现并指出其行为异常之时，她还粗暴地对待学生，没有一丝自责与反省的态度。当学生对王老师的不当行为产生质疑之时，她反而以强硬的态度制止学生发声。教师这样做的结果是，让学生以为似乎教师可以凌驾于规则之上，其行为的反教育性质更为严重。更为严重的后果是，教师的课内外言行呈现巨大的反差，不仅让学生对“道德与法治”课的教学内容产生强烈的怀疑，也深刻冲击着学生对教师的尊重与信任。

案例4-2

一份“偏爱”味道的早餐

初三中考前夕，需要体检，由于有抽血项目，按规定不能吃早餐。放学前，班主任张老师叮嘱我们要带早餐，可我还是忘了此事。完成体检之后，我们便坐到指定位置上等待乘车回校，此时，很多同学们从书包里拿出早点吃，空气中弥漫着的香味加剧了我的饥饿感，我只好转移目光，注视着体检中心的大门口，让自己好受些。这时，班主任张老师的身影缓缓地出现在我的视线里，她拿着两个包子径直向我走来，我心里顿时洋溢起有饭吃的快乐，也惊喜于老师的关心。正当我满怀期待之时，老师的身影从我身边飘过，她直接将这两个包子塞到了顾颖（化名）的手里，“来！顾颖，你没有带早餐吧，给你的，别饿着”。即使张老师温柔地说话，但我听着却有些刺耳。看着张老师的背影，坐在顾颖旁边的几位同学也满脸不可思议，面面相觑。张老师貌似并没有意识到我们的惊讶……

坐车回学校的路上，我们几个同学便小声议论起这件事情。有人说，顾颖是张老师亲戚家的；有人说，因为顾颖成绩好；还有人直接抱怨：张老师太偏心啦……

【点评】

在案例4-2中，教师已经明确提醒过学生要提前准备早餐，而且，从学校组织体检工作来说，并没有明文规定教师要给学生购买早餐。在此前提下，班主任张老师主动给未吃早饭的学生买早餐，行为本身似乎没有过错，但是，张老师仅仅给其中一位学生提供早餐，尚未顾及此行为对其他同学的影响。事实上，这件事当即引发了一些学生的困惑与不满。班级是师生共同生活的集体，教师与任何一位学生的相处，都可能被班里其他学生看在眼里。在当事人“我”的心中，这件事依然被牢记多年，说明教师行为给学生造成的伤害比较严重。对于正在成长期的初中生来说，他们在学校生活中较为依赖老师，都希望得到老师的关注与关爱。倘若老师在无意或者有意间对一部分同学表现出特殊的关爱，而对另一部分同学缺乏应有的关心，那么对两类学生都可能产生不同程度的消极影响。

案例 4－3

爱“检讨”的班主任

回忆中小学时候的老师，我对小学六年级班主任的印象比较深。那时候的我课间闲不住，翻过校园的围墙，上过房顶，会在班里或者楼道的玻璃上画画……这些事情，当时的我觉得都非常有趣。在班主任李老师眼里，我是不让她省心的孩子，她总会盯着我，并借此对我进行批评教育。有一次课间休息，我正在走廊的玻璃上画画，她发现以后，就要求我在全班同学面前进行检讨。李老师让我写检讨书时，也没有提出具体要求，所以，我只好上网查，从网上抄下一段，并用严肃认真的语气在全班朗读。说实话，小学时的我总是管不住自己的行为，所以，写检讨书对我来说是家常便饭啦。日子就那么一天天地过去了，至于我错在哪里，我也没明白。

当然，李老师也并非盯着我一个人，班里其他同学犯错误，老师也采取同样的办法——写检讨书、读检讨书。每周五天之内，班里有很多同学被李老师要求检讨。同学们认为，李老师没完没了用检讨书来惩罚我们，好像上瘾了。为了应付做检讨，一些同学会分享经验，或者干脆将网上抄来的内容背熟。总之，只要读的时候态度认真，李老师都会放我们一马。日子久了，一些同学几乎能够背诵检讨书的内容，但是，在我们心里，大家都盼着学校换一位班主任，早点结束写检讨书、背检讨书的无聊活动！

【点评】

在案例 4－3 中，写检讨书是学生记忆犹新的惩罚措施。对于班主任李老师来说，针对学生翻围墙、爬房顶和乱画画等违规行为，立即制止，这是恰当的教育管理行为。但是，对学生上述错误行为，李老师一贯采用写检讨书、读检讨书的惩罚方式，却不关注学生本人是否真正认识到了其错误行为的危害，由此给学生的误导是“为了检讨而检讨”。这种做法可能给学生带来两个方面的消极影响：一是学生渐渐学会应付老师的管理要求，并没有真正认识到自己违规行为的真正错误；二是无节制地让犯错学生写检讨书，可能导致更多学生对老师的做法产生反感情绪。总之，教师缺乏明确教育指向的惩罚措施，对学生个体或集体来说，都可能在无形中走向教育的反面。

第二节　反思教师日常言行的消极影响

在学校公共生活中，教师给学生的印象不仅存在于课堂教学活动过程中，也广泛存在于课外师生交往活动之中。事实上，教师在日常生活细微处的言行可能会给学生留下深刻的印象，换言之，教师对学生的“教育”不只体现在课堂的“教-学”活动之中，教师在哪里，教育就可能发生在哪里。在课外活动中，教师的一言一行可能会给学生留下更深的印象。或者说，教师的“身教”在日常生活中会表现出更大的随机性和偶发性。本章的三个案例呈现的事件虽然具有偶发性质，却真实地反映了理想教师形象与现实教师形象的对立。孔子有言，“其身正，不令而行。其身不正，虽令不从”（《论语·子路》），为师之道彰显于“言”与“行”的统一之中。习近平总书记2022年4月在中国人民大学考察时强调，教师要“既精通专业知识、做好‘经师’，又涵养德行、成为‘人师’，努力做精于‘传道授业解惑’的‘经师’和‘人师’的统一者”。因此，有必要从教育专业立场反思教师言传与身教的关系以及对学生成长的不同影响。

一、身教与言教相互矛盾的负面影响

在案例4-1中，学生们对王老师讲授的“道德与法治”课非常认可，王老师不仅使学生理解了规则的原初意义，而且唤醒了学生对规则的尊重。但是，当教师在课下不遵守规则，甚至以教师权威凌驾于规则之上时，学生对教师的行为产生疑惑，对教师失去信任，甚至对教师所教规则等内容的正确性产生质疑，至此，教师的言教效果荡然无存。教师之所以缺乏“身教”的自觉意识，可以从教育学角度展开讨论。

1. 教师的课内与课外言行不一，直接妨碍学生的规则意识养成

从“道德与法治”课程的学科价值看，这门课旨在通过教师之教启迪学生对道德意识和法治精神原初意义的理解。在案例4-1中，王老师通过故事呈现课程内容，是以有效的直观教学活动唤醒学生的爱国意识，激发学生从遵守规则角度来实践爱国的行动。由此可见，王老师的课堂教学效果良好。但是，教师在“升旗仪式上”的违规“示范”导致课堂教学彻底失效。

教师在升旗仪式上的失范行为给学生的爱国认知造成消极影响。在学生看来，教师课堂上的侃侃而谈只是一种说教，教师自己都没有真正从遵守规则的角度来表现其爱国行动。在此，学生们对教师课内所言与课外所行不一致的现象产生困惑甚至质疑。如此造成的严重后果是，学生对教师课堂所言失去信任，“道德与法治”课程失去存在价值。该课程的教师必须充分认识到该课程的特殊性，即教师的个人言行随时可能成为教学内容的一部分，教师言行稍有不慎，随时可以造成学科价值丧失。所谓“故安其学而亲其师，乐其友而信其道”（《礼记·学记》），一旦学生眼中的教师不可亲了，教师所言之道似乎也失去存在的意义。

2. 教师的特权意识严重，妨碍学生建立正确的规则观

在升旗仪式上，教师把自己当成旁观者，“放纵”自己的言行，直接给学生呈现不遵守规则的“榜样”，同时，当学生表现困惑与不满情绪之时，教师却从权威者的角度来压制学生。对于中小学生而言，教师的权威不仅体现在他对学生群体的规则讲解中，学生选择“信服”；更体现在他对学生的行为示范过程中，学生选择“心服”。

彼得斯认为：“教师是具有两种意思的权威，他在权威的岗位为社会做特定的工作，工作时他需要维持学校中的社会控制。同时，他也必须是他奉命传递的社会文化某个方面的权威，在某种程度上，人们期待他是儿童行为和发展方面的专家，是儿童的权威，掌握教育儿童的方法。”① 但是，这里的王老师却沉浸于教师“绝对权威”的自负中，责令学生遵守纪律，甚至用“你是你，我是我”来强调教师的“特权”，把教师的权威凌驾于学

---

① 彼得斯．伦理学与教育［M］．朱镜人，译．北京：商务印书馆，2019：294.

校生活规则之上，这种行为直接对学生产生了负面影响。

从职业伦理角度看，教师职业伦理被限定在学校生活区域之内[①]，教师的“特权”意识也误导其自身行为超越职业伦理界限。在学校生活中，教师应该成为遵守规则的示范或表率，这是其职业义务所在。在学校生活中，规则面前师生平等，教师不可以自行其是，教师的权威在于保证规则的实施。在学校升旗仪式上，教师将自己置身事外，直接提供“身教”的反面教材，也抵消了教师权威的积极作用。

二、教师“偏爱”对师生关系的消极影响

从伦理学的角度看，关怀意味着我们积极回应他人的需要。[②] 对于从家庭生活走进学校生活的儿童来说，在师生交往过程中，他们基于亲子关系的关怀体验，自然期待教师对自己多一份关怀（或关心）。但是，在班集体生活中，一位教师每天都要对几十位学生，教师在师生交往过程中难免顾此失彼，一些学生可能被冷落而出现烦恼。在案例 4 - 2 中，班主任张老师在一次体检活动中只为班里一位学生买了早餐，从其他学生的不满中可以看出教师这种行为的非教育性影响。在此，可从以下两个方面展开讨论。

1. 教师缺乏“公职”意识，妨碍正常的师生交往

学校是公共教育机构，教师是公职人员。教师和学生之间的关系，是教师在履行公职过程中建立的教育者与受教育者之间的关系，不同于其他社会角色之间的关系[③]，即不同于医生与病人、商家与顾客之间这种不确定的社会关系。教师与学生形成的是一种相对稳定的人际关系，这种稳定的人际关系是基于学校教育这种公共事业而建立的，教师承担着一份公共职业——代表社会培养未成年人。教师的行为要遵守职业规范的约束，日常生活中的师生交往方式也要符合其公职身份。

事实上，教师与学生在朝夕相处中建立的自然感情对彼此双方都具有积极意义。教师在学生身上倾注情感，学生因为被“关心”而学会去关心他人；学生感受到教师的关爱，也会给予教师更多的爱戴与尊敬。教师归根结底是一种公职，这就要求教师要关心身边每一位学生，努力实现师生关系的平衡状态。一旦教师关心学生的行为出现偏颇，给一部分学生造成被冷落的感受，教师行为就可能丧失其应有的教育意义。

在现实的班集体生活中，一位教师在同一时间面对几十位学生，因为学生的个性、外貌、品行各有不同，教师可能对一些学生比较亲近，也是人之常情。对此，教师必须从公职身份出发，对个人情感偏好保持高度的警觉。如果教师被个人情感偏好所干扰，对个别学生表现出超越平常水平的关心，可能破坏师生交往的教育属性，则不免有违于教师的职业伦理规范。德国哲学家赫尔巴特指出：“教育者如要驾驭学生，就应当放弃随心所欲地在学生面前表现自己情绪的这种自由。”[④] 同时，他也指出，假如教师总是持着冷漠的态度，也不可能把美好的智力活动赋予儿童，而没有这种活动，“儿童就不可能有强烈的

① 涂尔干．职业伦理与公民道德［M］．渠东，付德根，译．上海：上海人民出版社，2001：9.
② 诺丁斯．始于家庭：关怀与社会政策［M］．侯晶晶，译．北京：教育科学出版社，2006：33.
③ 陈桂生．德育引论［M］．上海：华东师范大学出版社，2018：93.
④ 赫尔巴特．普通教育学［M］．李其龙，译．北京：人民教育出版社，2015：24.

同情心，不可能有真正的鉴赏力，甚至也不可能有真正的、敏锐的理解力与观察的智慧”[①]。这就对教师这一职业提出了专业性要求：一方面，教师应当能够管理控制自身的某种情绪冲动；另一方面，教师又不能过于收敛自身的情感表达。面对学生的时候，教师始终不能忘记自己作为公职人员的专业属性。如果教师对自身的公职身份缺乏职业敏感性，在日常师生交往过程中可能出现情感表达的失误，不利于师生关系的良性发展。

2. 师爱偏向妨碍学生形成正确的自我认知

师生之间的情感交流是基于同心同德、同舟共济的属性来展开的。[②] 教师之爱倘若不建立在对每一位学生关注的基础之上，可能会使师爱失去其应有之义。面对众多学生的时候，如果教师关怀的目光仅朝向一部分学生，则意味着对另一部分学生的疏离，那么对这两类学生的自我认知都可能产生不同程度的消极影响。

在学校日常生活中，一些学生确实因为学业成绩优秀而得到班主任老师或某位任课老师的额外关照，她/他也可能因此而自以为与众不同，成为班集体生活中的特殊类型。但还可能出现另一种情形，这些学生的学习动机被老师因素所左右，反而遮蔽了他们内在的学习兴趣。或者说，他们只是出于教师的关注而努力学习，一旦换了学习环境，失去了教师的关注，他们的学习动力就可能不足。长此以往，教师关怀的意义和价值可能会因此走向消极的一面。

与此同时，那些被教师冷落的学生也可能出现另一种后果，即学生们感受不到教师的关怀，因不被教师关注而出现自我认知偏差，甚至对师生交往产生逆反心理。在案例 4－2 中，张老师只给一位同学买早餐的行为，直接引起了相关同学的不满，他们甚至猜测张老师的行为动机，也破坏了教师在学生心目中的教育者形象。正如马克斯·范梅南和李树英在《教育的情调》一书中强调的，每个孩子都需要被“看到”。[③] 事实上，教师对学生的关怀行为是否得当，需要从专业伦理角度来审视。一旦教师出现“偏爱”行为，那些被教师忽视的学生就可能因此失去自信。教师如果能够尊重学生们的差异性和独特性，并均以教育者的理智与善意来对待他们，那么，所有学生就能够感受到教师言行中的真诚态度，师生们也将以此为契机建设和谐共融的班集体。

三、班主任惩戒方式失当的负面影响

自 1949 年中华人民共和国成立伊始，参照苏联的经验以及民国时期的“级任制”和“导师制”，教育部在 1952 年确定了班主任的设置。[④] 时至今日，班主任制度在我国已经实行 70 多年了。教育部在 2009 年发布的《中小学班主任工作规定》中明确指出，班主任是中小学日常思想道德教育和学生管理工作的主要实施者，是中小学生健康成长的引领者，班主任要努力成为中小学生的人生导师。在实际工作中，尤其小学的班主任，既承担本班

---

① 赫尔巴特．普通教育学［M］．李其龙，译．北京：人民教育出版社，2015：24.
② 朱晓宏，王帆．重构家校生活让儿童体验人类命运共同体的道德情感［J］．人民教育，2020（15）：62－64.
③ 范梅南，李树英．教育的情调［M］．李树英，译．北京：教育科学出版社，2019：41.
④ 陈桂生．聚焦班主任：“班主任制”透视［M］．北京：教育科学出版社，2012：10.

全体学生的德育，又代替学生组织包办班务①，成为学生行为管理的主要负责人。在案例4-3中，班主任李老师及时发现“我”的违规行为并进行惩戒，体现了班主任认真负责的态度。在此，需要反思之处在于：单纯依赖“检讨书”这种惩罚方式，对学生的教育效果毕竟有限，而且可能带来非教育或反教育的负面影响。

1. 纪律与儿童心智成长的关系

在中小学阶段，学生为什么会容易“犯错”，这是未成年人心智不成熟的表现，或者说，他们的意识难以有效控制自己的行为。班主任如果能够充分理解青少年的心智成长特点，就不难理解学生犯错的根本原因，也许会更容易通过教育实现“纠错”，让他们意识到出现错误的原因与后果，进而提升其自律意识。

法国著名社会学家涂尔干在对纪律精神的论述中提出，没有任何一种社会要素能完整保留在儿童的意识中，这其中当然包括纪律以及与纪律有关的种种要素。② 纪律精神首先是对生存的常规性偏好，社会的道德秩序就取决于这种常规。众所周知，如果人类不在规定的时间以规定的方式去完成或执行他的工作，那么集体生活将不能运行，因此，社会需要这种常规。事与愿违的是，儿童行为则完全不具备常规性的特点。儿童作为未成年人，其心智水平时刻处在变化之中，他可能受某种因素影响而很快转移自己的情绪与注意力，并且不会感受到任何不适。这种不稳定性既有优点也有缺点：一方面，这种特质是儿童比成年人拥有更强好奇心的原因所在；另一方面，也增加了集体制度或规定实施的难度。儿童对成年人世界的自然法则（纪律精神）是无意识的，而且，他的心智水平还无法有效控制自己的欲望。在儿童看来，周围生活的一切都由着他的性情使然，放纵是儿童的自然倾向。③

就儿童（未成年人）的天性来说，在日常生活中，他多是出于“好奇的体验”的心理与周遭世界打交道的。在学校生活中，教师出于维护集体生活秩序的需要，用纪律约束儿童的天性。例如，在案例4-3中，小学生“我”认为，“翻过校园的围墙，上过房顶，会在班里或者楼道的玻璃上画画……”这些事情非常有趣，而在班主任李老师眼里“我是不让她省心的孩子”。可见，儿童的天性与社会的规范之间存在冲突。教师作为社会代言人，维护校纪（雏形的社会规范）是其工作职责所在。其中的关键问题是：教师如何理解并有效解决学校纪律与儿童心智不成熟之间的矛盾。

2. 关于惩戒方式的教育性反思

在案例4-3中，针对小学生频繁犯错的行为，班主任除了让学生们不停地写检讨书外，似乎也找不到更合适的惩戒方式。事实上，写检讨书既没有实现对学生“错误行为”的有效教育，而且，学生还养成了上网“抄袭”的陋习，以此来应付教师的惩罚。如此惩戒不仅失去了应有的教育效果，还在一定程度上衍生出学生群体应付教师的不良风气。

教育部2020年颁布《中小学教育惩戒规则（试行）》，明确了教育惩戒的内涵，即学校、教师基于教育目的，对违规违纪学生进行管理、训导或者以规定方式予以矫治，促使

① 陈桂生．普通教育学纲要［M］．上海：华东师范大学出版社，2009：294.

②③ 涂尔干．道德教育［M］．陈光金，沈杰，朱谐汉，译．上海：上海人民出版社，2005：178-179.

学生引以为戒、认识和改正错误的教育行为。由此可见，教育惩戒的目的在于借助适度责罚戒除、矫正学生不合规范的行为，帮助学生逐步实现个体社会化。①

从表面上看，惩戒与惩罚，仅有一字之差，其本义却大不相同，惩戒以当事人产生羞耻体验为直接目标，而惩罚则以当事人产生恐惧体验为直接目标。受罚必定会让人产生痛苦：由惩罚带来的痛苦，是发生外部作用的效用痛苦，而由惩戒带来的痛苦则为激起内部意识的意义痛苦。② 育人为本是教育惩戒的本质所在，教师在对违纪学生进行惩戒的过程中，本意是唤醒学生的反思与觉悟，育人思想贯穿始终。从惩戒的教育性来理解，形式上注重惩戒的合理合法性，内容上注重培育学生的道德与法治意识，育人价值才能够得以显现。

惩戒的教育性不仅是对当事人有用，它所形成的舆论对其他“旁观”学生同样具有警示价值。如果惩戒本身没有得到舆论的认同，那么，这种惩戒不利于塑造良好的“纪律文化”，还可能造成师生之间的隔阂。此外，如果班级舆论对惩戒尚未达成广泛的认同，对被惩戒的当事人而言，这也可能消解他的羞耻感，因为其羞耻感实际上主要是在与同伴交往中得到的感受。③

在案例 4－3 中，班主任要求违规学生写检讨书，并责令该生在全班同学面前读检讨书，或许其本意是以儆效尤。但事实上，过度使用这种方式不仅没有触发被惩戒者的内疚感与羞耻感，也未引起全班学生的警醒，甚至引发了更多学生的应付心理与厌倦情绪。如果班主任坚持育人为本的目的，教育惩戒一定是其深思熟虑并冷静判断的结果。在实施惩戒手段之前，教师必须使学生深刻意识到其违规行为的错误，才可能实现有温度、有尺度的惩戒教育，取得事半功倍的教育效果。

第三节　师者之常态：一言一行，为师为范

一般来说，“教书育人”是人们公认的教师职业特点，的确，教师的主要工作体现为课堂教学活动。事实上，绚丽多彩的学校生活表明，教师不仅用有字的书来教学生，也无时不在用“无字之书”（真实的生活）影响着学生的“三观”。本章三则案例表明，师生日常交往过程中的点滴小事随时会对学生产生影响，或许，教育领域的隐性课程就在此发生。在学生面前，无论教师本人是否意识到，其言行举止或情感态度倾向都会不可避免地影响到学生。若要保证教师日常言行的育人效果，教师要对自己的一言一行拥有高度的教育专业自觉，或者说，教师要对身边的小事具有职业敏感性，尽可能地慎思慎行。下面结合上述三个案例提出一些改进建议。

一、教师言行：课内与课外相统一

在现实生活中，教师言行对学生的作用力，有时是不以教师个人的主观意志为转移

①② 劳凯声，蔡春，寇彧，等．教育惩戒：价值、边界与规制（笔谈）［J］．教育科学，2019，35（4）：1－10．
③ 陈桂生．德育引论［M］．上海：华东师范大学出版社，2018：105．

的，换言之，不管教师主观上是否意识到其言行的效果，这种影响都会在客观上作用于学生的观念。在案例4-1中，一方面，王老师在课堂上唤醒了学生从遵守规则的角度来理解爱国；另一方面，王老师自己不遵守升旗仪式的规则，还以“教师权威”压制学生的意见。针对教师课堂内外言行矛盾的问题，在此提出两点改进建议。

1. 坚持反省慎独，行不言之教

对于教师来说，如何保持课堂内外言行的一致性？关键是在日常生活中保持教育者的身份自觉，充分意识到不言之教的重要意义，时时严格要求自己。在案例4-1中，王老师以感人故事呈现国旗的价值，学生从故事中生长出对国旗的情感体验，并意识到遵守升旗仪式规则就是对国旗的尊重，这充分表明了课堂教学目标的达成。在学生眼中，升旗仪式当然是尊重国旗教育的延续，教师更应该以此为契机，严肃对待升旗仪式，主动示范对国旗的尊重。

事实上，教师言行的示范作用不仅体现在升旗仪式上，更体现在学校一切生活中，而且体现在一切社会生活中，教师要始终保持为人师表的意识与行动自觉，这也是教师职业道德修养的内在要求。就“修养”的实践路径来说，教师在平日里要从“反省”和“慎独”两个方面来下功夫。反省即内省、自省，这不是一般意义上的回顾，而是反思自己言行的必要性与合理性。教师必须立足于教育立场考虑自己言行的教育价值，凡是存在负面影响的事，要坚决抵制，这其中也包括抵制教师个人的不良行为习惯。

2. 真正的教师权威源于教师的专业声望

在案例4-1中，王老师在升旗仪式上大声喧哗属于不守规矩的行为，当学生质疑时，她不但未及时纠正自己的失当言行，反而以“你是你，我是我”来压制学生，无疑呈现了教师在学校生活中的“特殊形象”，由此消解了学生对教师的尊重与信任。事实上，教师之所以被学生尊重或爱戴，使学生“听其言，效其行”，主要源于教师在工作过程中正确行使其专业职能。

学校教育是以培养未成年人为目的之社会公共教育，学校固有职能即引导未成年人学会过有价值的社会生活。自制度化学校教育诞生之日起，教师从业资格就已经在客观上确立了其专业权威，教师专业职能就是把青少年培养成社会需要的合格成员。但是，教师是否能成为学生心目中“权威”的所在，一方面受教师“技能的影响”①，因为教师是受到委派去训练准备走向社会的人，同时，在一定程度上，教师还肩负着为社会选拔人才的任务，不论是训练还是选拔，都需要教师拥有专业的技能②；另一方面，还受到其对待学生的态度的影响，尽管中小学教师具有专业性，但是能否享受学生的爱戴，更多取决于教师能否在日常生活小事中赢得学生的信任与尊重。不可否认，当教师和学生之间产生认同感时，学生才会接受教师的价值观。认同的构建，首先就在于认同的对象言行一致，经得起“推敲”。

其实，在学校生活中，教师只要忠于职守，恰当地行使自己的职业权力，就能在一定程度上表现特有的权威，学生就会不得不服从。但是，“真正的教师权威，是指教师在学

① 彼得斯．伦理学与教育［M］．朱镜人，译．北京：商务印书馆，2019：309.

② 同①313.

生心目中的威望，而学生从这种威望中油然而生敬畏之心”①。教师只有在学识修养、专业能力修养和道德修养方面均表现出一定的水平，才能具有真正的权威。因此，教师要时刻提醒自己作为专业教育者的使命与担当，尤其在师生交往过程中，要始终保持言行一致，只有这样才能得到学生发自内心的信任与爱戴。

二、师生和谐相处：教育活动顺利开展的前提

一般来说，师生和谐相处有助于教与学的有序运作和顺利开展；反之，师生冲突也会给双方带来难以逃脱的烦恼。② 因此，维持良好的师生关系是教育活动有效开展的必要前提。师生关系的维系，需要情感与理性共同融合做支撑。教师的理性过度或情感过分，以及教师的态度过硬或者过软等，都妨碍师生关系的融洽发展，更不利于学生健全人格的养成。从案例 4－2 的情况看，教师能够注意到学生没带早餐，体现了她关怀学生之心，但是，教师的爱心仅朝向其中一位学生，这就是引发其他学生不满的客观原因。在师生交往过程中，如果班主任仅凭个人情感行事，缺乏教育专业角度的考虑，可能导致师生关系出现不和谐的情况。基于案例 4－2 中存在的相关问题，本书提出两点改进建议。

1. 教师要有清晰的公职意识，重视每位学生的情感体验

现代学校属于社会公共教育机构，师生交往是教师在履行公职过程中与其学生之间的教育关系。作为公共教育机构的学校，有别于作为“私人生活领域”的家庭③，教师作为公职人员，不应像父母对待子女那样从自身的个人情感出发，而应该平等地朝向身边每一位学生。在人与人的社会交往过程中，师生交往不同于亲子或朋友等私人之间的交往，前者属于学校公共生活领域的教育关系，教师作为教育者，其行为必须承受职业规范的应有约束。

自班级授课制普及以来，一位教师要同时面对几十个学生，而学生的品行、样貌、性格等各有特质，与教师的交往也有近有远。事实上，教师在日常工作中似乎很难顾及每个学生。正如美国课程专家古得莱得所说，“想象所有的老师都爱孩子是一件美好的事情”④，但是，今天的学校，师生之间指导与被指导的关系不再那么“名副其实”。在难得的师生交往情境中，作为公职人员的教师，有必要特别珍视自己的出场方式。因此，在一师多生的现实面前，教师更要关注每一次的师生交往带给学生的情感体验。即使对于行为表现差的学生、有意疏远教师的学生，教师也应该从善意出发；而对于同自己亲近的学生或者自己想要亲近的学生，教师也没有理由偏爱。对于教师来说，或许其个人有着这样那样的个性和情感爱好，但是，教师在履行公职时，从情感表达的正当性来看，只能以是否有助于教育学生和不妨碍对学生的教育来进行专业考量。⑤

2. 师爱：关怀学生与尊重学生同在

基于案例 4－2 的教师行为的不当问题，还可以从关怀学生与尊重学生的角度给出一

① 陈桂生．普通教育学纲要［M］．上海：华东师范大学出版社，2009：300.
② 同①295.
③ 同①307.
④ 古得莱得．一个称作学校的地方［M］．苏智欣，胡玲，陈建华，译．上海：华东师范大学出版社，2006：185.
⑤ 同①308.

些建议。真正的师爱是关怀与尊重同在，教师不再是出于个人目的而照顾个别学生，而是关注到每一位学生的内心感受。“爱是对价值对象的直接的反应方式，并且无论如何与关于对象及其价值的判断没有任何关系。”① 师爱作为一种专业情感，就在于教师尽心、尽性、尽力，而不在于实际好处的大小。若从根本上做到这一点，实际上需要教师拥有“心向孩子”的意识品质。②

具体而言，教师在关怀学生的同时，既要考虑学生的实际需求，又要尊重学生的人格和自由。教育的最终目的是培养人，因此，教师便要做到目中有“人”，将学生作为独立的“人”来看待，当作有尊严、有个性的主体来看待，充分尊重他们，只有这样师生双方才可能获得愉悦的交往体验。在案例 4－2 中，合适的解决思路为：一是教师主动询问是否有忘记带早餐的同学，并记下具体人数，再去落实购买早餐的工作，如此才能照顾到每一位学生；二是参照“自然后果”③ 原则，既然事先已经提示早餐，如果个别学生忘记了，也要让他们自己承担行为后果；三是倡导同学们互相帮助，带早餐的学生主动与没带早餐的学生一起分享，体现同学友爱。总之，在全班同学面前，教师不能仅关怀个别同学。倘若教师不注意自身言行问题，学生的负面情绪就会不断累加，为了维持正常的师生关系，教师也可能会耗费更多的精力。

三、教育惩戒：有效管理的育人手段

在人类社会生活中，存在于家庭、学校中的惩戒最初源于习惯，是经过长期积淀而形成的一种为人们认可和维护的常规性做法，是独立于法律之外，具有一定强制性的行为规范。④ 对于学生来说，学校是一种超越家庭生活的更广泛的社会生活形式。班级是学校生活的基本组织单位，学生在此逐步养成人与人之间共同生活的行为习惯，他们也因此形成对班集体和学校生活的归属感与依恋感。学校通过适当的教育管理措施培养学生养成适应社会生活的规范意识与行为方式，教师运用教育惩戒或许可以帮助学生准确理解社会规范的强制性与约束性。从教育学视角看，惩戒不同于惩罚，前者着重于学生如何有效改正其失范行为，而非仅仅让儿童付出代价。一些学生比较调皮好动，可能在校园生活中需要老师多加关注，及时规训学生的行为举止，究其根本是在引导其养成学校公共生活期待的规范意识。

1. 避免情绪化的教育惩戒，引导学生树立正确的规则意识

教育惩戒的关键是教育效果，惩戒教育必须考虑受教育者的年龄特征、人格特点、性别差异，惩戒的具体方式不能越界。⑤ 在案例 4－3 中，班主任多次要求违纪学生写检讨书并在全班读检讨书，这让学生们感到无聊。事实表明，这种惩戒方式并没有让学生们真正

---

① 弗林斯．舍勒思想评述［M］．王芃，译．北京：华夏出版社，2003：46.

② 朱晓宏．重新理解教师之爱：基于舍勒的情感现象学视域［J］．教育研究，2009，30（11）：53－57.

③ “自然后果”法是 18 世纪法国启蒙思想家及教育家卢梭提出的。他的基本主张是，在 2～12 岁这个时期的儿童犯了错误，不要对他们“进行任何种类的口头教训，应该使他们从经验中去取得教训；也不要对他们施加任何种类的惩罚”。

④ 劳凯声．教育惩戒的合法性及其在教育中的适用［J］．人民教育，2019（23）：13－17.

⑤ 劳凯声，蔡春，寇彧，等．教育惩戒：价值、边界与规制（笔谈）［J］．教育科学，2019，35（4）：1－10.

改正违纪行为，班主任似乎也没有找到更有效的教育管理措施。对此，合适的解决思路为：一是教师面对屡教不改的学生要先稳定自身的情绪，可以先找相关学生了解一下具体情况，再根据学生的具体行为特点采取更有针对性的教育办法；二是单独与当事人交流沟通，以学生本人能够接受的方式进行适当的教育，让学生对自身违纪行为有更加清醒的认识；三是通过教育学生集体来影响学生个体，即苏联教育家马卡连柯倡导的“平行影响原则”，也就是调动当事人所在小组学生们的积极性，通过学生集体共同帮助违纪学生克服缺点。

一般来说，教师比较关注学生在课程方面的学习结果以及在成绩上取得的成功，而容易忽视学生行为习惯的养成、性格的塑造以及兴趣的开发等。① 其实，教育惩戒的初衷是对违规违纪学生进行管理、训导或者以规定的方式予以矫治，促使学生引以为戒，认识和改正错误的教育行为。实际上，在教育惩戒的过程中，教师对惩戒过程的掌控，尤其是规则与法治意识的传递，本身就是教育的过程。惩戒的目的不是惩罚，更不是教师以权威者自居肆无忌惮地处置学生。因此，教师要清晰地意识到自己在学校工作当中所承担的教育者角色，以理智代替情绪，不能把自己的情绪当作专业行为的依据。教师要善于发现学生问题行为背后的动因，充分了解学生的个性特点与违规行为的缘由，制定惩戒措施也要因人而异，充分体现惩戒的教育价值。

2. 收敛惩戒的惩罚性力量，激发学生形成共同体精神

基于案例 4 - 3 的经验教训，当个别学生的违纪行为演变为多数人的不良行为之时，教师应当意识到，检讨书的警示作用已经相当有限了。为了惩罚而惩罚，显然没有达到教师的预定目标。实际上，老师让学生在全班面前做检讨，本意或许是通过调动班集体的监督作用来促使该学生的行为得到改善，即用班集体的力量来约束个人的不当行为。但是，如果全班学生没有真正形成正确的集体认知，结果可能事与愿违。

教育惩戒的效力何在？关键是教师激发并调动学生的集体意识和共同体精神。人是生活在你-我关系中的社会存在。人类共同体的发展与传承正是存在于人与人的生活交往过程之中，没有生活共同体，你-我关系的社会就不能存在。② 培养儿童的共同体道德情感，让其成为有情怀、有担当的共同体成员是所有教师都应思考的。共同体意识的培养能激发学生团结友爱的情感，也能够增加学生彼此间的责任感与紧密度，并培养学生共同维护集体利益的思维逻辑，进而能够减少学生违纪行为的发生。

如果学生拥有共同体意识，那么在被教育惩戒的过程中，就更能意识到自身行为对他人利益的侵害和对集体规则的破坏，从而反省自身行为的合规、合理性。基于此，班级作为成员组织本身也可以成为一个合议庭，共同裁决集体成员的不当行为。在教育惩戒中，如果教师一个人实施裁决，没有学生集体给予支持作保证，那么惩戒的行为就不会成为公众谴责的行为，教育惩戒的结果也缺乏权威与影响力。对此，教师有必要把学生群体培养成为学生集体或学生共同体，让学生们意识到共同体生活“法规”是班集体经验的浓缩式总结，作为共同生活的一员如果破坏了这种“法规”，那么个人就必须对集体负有责任。

---

① 杜威．我们怎样思维・经验与教育 [M]．姜文闵，译．北京：人民教育出版社，2005：57 - 58.

② 朱晓宏，王帆．重构家校生活让儿童体验人类命运共同体的道德情感 [J]．人民教育，2020 (15)：62 - 64.

总之，需要明确指出，教师务必谨慎而细心地运用教育惩戒，真正唤起更多学生对共同体生活规则的认同与尊重，并由此谴责行为失范的个别学生。教育惩戒的目的不是给学生贴标签或将功补过，也不是对犯错学生进行压制，其教育意义是让相关学生真正认识到错误行为对己对人的危害，从而培养自律意识，有能力过良好的社会生活。

思考题

1. 作为一名中小学教师，你如何理解言教与身教之间的关系？
2. 结合具体案例，谈谈教师如何恰当行使教育惩戒。

推荐阅读书目

1. 杜威．我们怎样思维·经验与教育［M］．姜文闵，译．北京：人民教育出版社，2005.

2. 陈桂生．德育引论［M］．上海：华东师范大学出版社，2018.

3. 涂尔干．道德教育［M］．陈光金，沈杰，朱谐汉，译．上海：上海人民出版社，2005.

4. 福柯．规训与惩罚［M］．刘北成，杨远婴，译．北京：生活·读书·新知三联书店，2019.

第五章 同事与同伴：专业共同体中的教师形象

内容提要

习近平总书记在党的二十大报告中强调，中国始终致力于推动构建人类命运共同体。学校作为社会公共教育机构，培养未成年人的人类命运共同体意识势在必行。通过学校生活引导未成年人体验社会共同体生活价值也是学校教育的应有之义。作为专业教育者，广大教师必须拥有共同体的视域，才能够在教育实践过程中真正形成教育合力。本章通过三则案例从不同侧面呈现教师专业共同体意识缺失的现象：新老教师之间缺乏有效协同、班主任与科任教师之间的互相推诿、教师之间上下级关系的不和谐等。基于案例分析与研讨，尝试找出问题原因，并为形成良好的教师专业共同体给出一些参考性建议。

学习目标

1. 基于教师专业共同体视域来反思教师之间的同事关系。
2. 在同事交往过程中逐步培养自己的协商能力和合作能力。

关键词

教师专业共同体　同事关系　同伴关系

从世界范围看，随着各国推行普及教育，教育逐步成为“国家事务”或“社会事务”，学校从“为教育而教育”的教育机构开始被看作在社会中，由社会所设置，为社会而设置的“社会机构”①，中小学教师也成为国家公职人员，代表国家履行合格社会公民的教育职责。本章重点关注教师专业共同体存在的异化现象：新老教师之间、班主任与科任教师之间、上下级教师之间的不和谐声音等，以此呈现中小学教师在同事交往过程中的诸多问题，并在尝试分析问题的基础上，为形成良好的教师专业共同体给出一些参考性建议。

第一节 教育专业共同体的异化②

本节的三则案例源自多位教师的职业生活体验叙事，分别呈现了教师日常职业生活的三种情形：新教师与老教师之间有效协作的缺乏、班主任与科任教师之间的互相推诿、教师上下级交往过程中的不和谐声音等，重点是引导教师聚焦同事交往过程中的矛盾以及可能对学生产生的消极影响，期待以此唤醒广大教师的教育学专业敏感性。

案例 5-1

办公室里的同事交往

记得我刚入职那年，就担任了六年级（1）班和四年级（2）班的语文教学，同时，还是六年级（1）班的班主任。我这样的新手同时忙两个年级的语文教学，还要管理一个毕业班，一开学我便觉得焦头烂额。“新”教师遇到“老”学生，六年级学生很调皮，我每日都要整顿班风班纪、处理学生日常琐事，非常忙碌，也很疲惫。

当时，我被安排在四年级的教师办公室，与四年级（1）班的语文李老师相对而坐。在日常工作时间，除了上课，就是忙于管理班级，没有时间参与四年级的组内教研活动。我与李老师在办公室里基本碰不上面，偶尔碰面也是简短地寒暄一下。那年，我是学校语文学科组唯一新入职的老师，学校也没有配备有经验的老教师带教我，所以，我平常的教学活动都是自己摸索着做的。

开学一个月左右，学校领导通知我说，四年级（2）班的几位家长集体投诉我。这些家长认为，我和李老师的教学进度不一致，并且两个班的课外学习材料也不一致。具体地说，家长们称赞李老师会在班级群里分享很多学习材料，而我却没有做类似工作。

得知此事后，我感到很委屈。作为新入职的教师，我既要备课、教学，又要处理学生之间的突发状况，有的时候真感觉分身乏术。况且，平时备课、准备资料或者布置作业的时候，我都会主动请教李老师，而李老师每次都会表扬我的教学设计有新意、有亮点等等，但是并没有给出具体修改建议啊！投诉风波尚未平息，在一次组内教研活动中，当着学校领导的面，李老师直接点名批评我的教学准备不足，我顿感震惊与伤心。

根据家长们的建议，我也主动给学生增加了课外学习资料。有一次，我将选择好的课外学习资料拿给李老师看，并主动问李老师，我去学校文印室复印这些材料时，是否需要

---

① 陈桂生．普通教育学纲要［M］．上海：华东师范大学出版社，2009：73.

② 本节三则案例均来自课题组的访谈资料，收入本书时进行了适当删减。

也给他的班级复印一些，李老师明确拒绝。但是，我在学校文印室却发现李老师早已给自己班级准备好了课外学习材料……那以后，我逐渐疏远李老师，不再向他请教教学设计了，给学生印学习资料的时候也不跟他沟通了。

【点评】

在本案例中，作为新教师的“我”，一入职就被安排了两个班级的语文学科教学工作，还担任一个班的班主任工作，其忙碌程度可想而知。对于新手教师来说，一切工作都在摸索中前行。家长投诉反映出一个问题，即平行班的语文教学缺乏一致性。从表面上看，是两位教师的教学步调不一致；但实际上，是两位教师在教学方面缺乏有效协同。同一个办公室，同一个学科，任课教师之间应该在教学工作上展开一定程度的合作。事实上，两位教师在教学准备过程中明显存在沟通不足的现象。本案例的焦点在于老教师对新教师的态度：一方面冷眼旁观，一方面当众批评，老教师缺乏应有的友善与合作。由此给新教师带来的潜在影响是：同事之间的合作似乎演变成“对手”之间的“竞争”。如此异化的同事关系任其延续，或许真正受影响的还是学生们。

案例 5－2

班主任与任课教师的交往

谈及同事关系，我作为班主任，与我们班英语课教师（周老师）的交往还是值得说道一下的。我现在担任初二（1）班的班主任，兼语文科教学工作。周老师负责我们班的英语教学，她刚入职两年多，虽然没当班主任，但是，教初二年级两个班的英语课，平时也是比较忙的。

作为班主任，我没课的时候就去班上看看自习课。周老师经常让我帮她收作业、发作业，或者组织同学们听写英语单词。我是班主任，在班级里的时间多，帮她做这些工作也是顺手的事，只要她提出来，我都乐意做。可是，我们班的学生好像也没有让周老师省心，她总是跟我抱怨学生上课不听讲、随便说话。每次英语课堂测试结果出来后，我也发现学生的成绩并不理想。因此，我下定决心帮助学生们提高英语。我找学生谈心谈话，联系他们的家长，并提供课外学习建议。在自习课的时候，我还带领全班学生读英语单词。一段时间下来，尽管我绞尽脑汁地想办法帮助学生们学习英语，但是英语学习成绩仍未见提高。

于是，我在没课的时候也会坐到班级后面与学生一起上英语课，希望以此督促学生认真听讲，并借此找到学生英语学不好的症结。观察了两节课后，我确实发现了一些问题：周老师的讲课声音较小，且课堂上很少与学生互动，导致一些学生听课跟不上老师的节奏，也不积极回答问题；在课堂上，有个别学生在底下说话，周老师要么不予理睬，要么大声呵斥，但是，学生上课不听讲的情况愈加严重。

课后，我曾委婉地向周老师反映上述问题，她却说：“我就是这样的风格，全是因为你们班太乱，学生得适应老师，哪有老师适应学生的道理。”这些话一下子就让我僵在原地，不知如何应对。对我而言，不仅我以往的努力全部被击溃，而且，我也感到委屈又伤心。根据我的了解，我们班学生跟平行班比较，就是在英语学习方面出现了问题。周老师不认真反思自己的问题，倒怪起学生不配合，实在难以理解！

自那之后，我也不愿管周老师的事了，她还是经常向我抱怨学生们在英语课堂的表现，我也听之任之。当然，我也明显感觉到学生们的英语学习效果确实越来越不好了……

【点评】

此案例真实呈现了班主任与任课老师之间的交往活动及其给学生造成的影响。一般来说，班主任与任课老师共同构成一个班级的教育者集体，理应共同努力帮助学生成长。从案例叙事看来，班主任“我”对协助任课老师（周老师）的教学工作有一定的主动性，班主任随班听英语课，也体现了其工作责任感强，但是，周老师并没有认真听取班主任提出的积极建议，片面强调学生要适应教师的教学风格。

案例源自班主任的讲述，无法呈现其他教师的视角。从现有信息来看，本案例的严重问题为：英语学科教师一直在抱怨学生的行为，班主任直接放弃与之沟通。两位教师之间没有形成真正的教育共同体，直接影响到学生的英语学习效果，班里更多学生可能会对英语学习失去信心。谁又该为此事负责？

案例 5－3

教师上下级之间的交往

我是一名刚入职的新教师，平时担任高一年级两个班的语文教学工作，还兼任一个班的班主任。虽然工作比较忙，但是我热爱教师职业，总是忙且快乐着。与我同一个年级的刘老师平时除了教两个班的地理课之外，还担任我们高一年级主任的工作，是我的直接领导。刘老师似乎认为我的文笔不错，经常找我帮她写一些年级组的工作材料。虽然我平时工作也比较忙，但是想到这是领导对我的信任，我都是加班加点地按时完成刘老师交代的任务。看到刘老师对我写的材料很满意，我心中也比较欢喜。

有一次，为了迎接国庆节，学校举办了“我和我的祖国”微课展示活动，教师们以年级组为单位提交课件，被评为优秀课件的教师将在全校师生大会上展示。我用心准备了两个星期，刘主任在看了我的课件后，连声夸赞，自己的努力得到了领导的肯定，我心里美美的。可是，在真正面向全校教师的汇报展示过程中，我惊讶地发现在我的微课作品上制作人的署名是刘老师本人。她汇报结束时，台下师生热烈鼓掌，我第一次感觉掌声有些刺耳。

会后，我生气地找刘主任“理论”，她却拍着我的肩膀说：“你刚进入社会，还不懂规矩，这个事儿，我就不跟你计较了。”我眼里含着泪水离开了刘主任的办公室。此事之后，每次在校园里见到刘主任，我都躲着她走，她却依旧对我很热情，“有事儿随时找我啊”这句话经常被她挂在嘴边。我心里有些打鼓，觉得好像确实是自己太小气了，同时，也说服自己，跟着身边领导做事总差不了，又恢复了脸上的笑脸。刘主任还是像往常那样来找我，安排我做年级组里的各种事务性工作，我经常熬夜写她交代的工作材料，但是，在学校汇报时都是刘主任发言。

有一天，校长找到我去办公室谈话，大意是校领导们商定安排我做学校德育处副主任。当时，我第一个念头是感恩刘老师能够向校领导们举荐我。可是，自从我去德育处办公室工作之后，每当我在教学楼里见到刘主任，她都没有了往日的热情，而是扭头就走，即使我主动上前跟她打招呼，她也不冷不热地应付一下。

我从年级组调到德育处工作之后，一次偶然的机会，跟原来年级组的同事闲聊，方才得知刘老师背地里对我被提拔为德育处副主任颇有微词，而且，她经常在年级组里批评我在学校德育管理工作中的问题。闻听此言，我内心十分不解，原来我们之间是上下级关系的时候，相处很愉快啊，现在为何变成这个样子呢？为了缓和关系，在今年的除夕夜，我鼓起勇气给刘主任发拜年微信，这才发现，我已经不是她的微信好友了，她在微信里早已将我“除名”了。

【点评】

本案例呈现了教师职业生活的复杂性。在学校日常工作中，年级组负责人找本组年轻教师协助处理一些组内的事务性工作，可以从两个方面来理解：一是领导信任年轻教师，愿意给年轻人锻炼的机会；二是年轻教师乐意为集体奉献。如果双方都愿意积极投入，就可能构成比较良好的上下级关系。

本案例的事态发展出现异常：在年轻教师被提拔至学校中层管理岗位之后，原来的上下级关系被打破。在学校现行科层管理体系中，德育处是学校主要管理部门之一，年级组是基层部门。从年级组长角度来看，昔日年轻助手成为今天的德育处领导，其内心难以适应角色的转变。两位教师之间的交流也因此出现障碍，但是对于年轻教师来说，一下子被抛入复杂的人际关系之中，何以相处？这似乎超出了其原有的人生体验。

第二节　中小学校同事关系问题探析

上述三则案例从不同侧面反映了学校生活中同事交往的复杂程度。教师身处教育工作岗位，不仅要应对课堂教学与班级管理工作，与同事相处的和谐程度也影响到其职业生活的品质。一般来说，教育学关注点是未成年人的健康成长，教师作为成年人，作为专业教育者，似乎已经具备了社会人应有的理性交往能力。上述三则案例反映的教师职业生活表明：教师个体的社会化水平以及教师共同体的构建过程还需要教师本人的不断自我觉悟、自我更新。本节重点是从教育学立场检讨教师群体中正常同事交往出现异化的内在原因，以此唤醒教师个体朝向专业共同体生活的自觉意识。

一、办公室的同事关系：是“合作伙伴”而非“竞争对手”

在案例5-1中，新教师“我”遭遇家长投诉的原因是平行班教学进度不一致。从表面上看，或许是两位教师教学步调的差异问题，但是，从老教师面对新教师虚心请教时所表现出的敷衍隐瞒来看，平行班教学进度不同的根本原因为两位教师间缺乏有效的协同互助。身处同一个办公室，同一个学科的任课教师之间的相处现状为何如此？有必要关注新老教师双方的视角差异，由此寻觅其行为根源。

1. 平行班的教学效果存在客观比较，造成老教师的保守心态

在案例 5－1 中，从表面上看，新教师得到家长投诉的直接原因是新老教师之间没有就教学内容进行有效的沟通。但是，深层次原因在于平行班的教学效果本身存在的客观比较样态，造成老教师的心态趋于保守，于是他把同事从“合作伙伴”变成了“竞争对手”，可以从以下几方面来分析他的这种行为。

一是老教师要守住自己的教学资源。李老师明确拒绝不需要打印课外学习材料后，却被“我”发现他已经给自己的班级打印好了学习材料。从这个角度看，这是李老师对自己所编撰的学习材料的不共享。

二是老教师要守住自己的教学优势。李老师面对“我”私下主动请教他备课、准备资料或者布置作业的建议时，不会提具体的修改建议，只会一味地给予“我”充分的表扬与鼓励，但在组内教研的活动中，却当着校领导的面，针对“我”的教学不足点名批评。

一般情况下，教师在学校中大多是自己来往于班级与办公室之间，除组内开会外，三两教师聚在一起，很少直接谈论与教育教学相关的内容。即使像案例 5－1 中新教师“我”直接向老教师李老师虚心请教，李老师也没有认真地对待，仅用表扬敷衍了事，对教学资料和教学方法却避而不谈。这不免会引起疑问，造成这种情况的原因究竟是什么。也许是升学压力转嫁至教师身上，进而可能造成教师之间的竞争。在面对新教师的请教时，老教师非但不乐意将自身多年来的教学经验倾囊相授，甚至在新教师还牵绊于家长投诉风波的状态下继续加码，在组内开会时当众揭露她的问题。其根源即在于，老教师身处平行班，教学效果存在客观比较，在此前提背景下教师产生了保守心态，从而完全视“我”为对手，而忘记了“我”本身同他是一个年级组，理应彼此互帮互助。

人是社会性的动物，“人的本质不是单个人所固有的抽象物，在其现实性上，它是一切社会关系的总和”[①]。人类社会发展至今所经历的各种实践，也多因合作而成。哈罗德·斯佩里奇曾言：“工作上，人人需要合作；如果我们不能使每个人都朝着同一目标去努力，我们将一事无成。”[②] 同样，在教育活动中，教师作为向学生传递人类文明并把他们培养成为社会所需要的人才的专业人员，更应主动发挥合作精神，构建良性同事关系。在这一过程中，关键在于教师对合作竞争关系的理解，尤其要坚持良性竞争，摒弃恶性竞争。教师之间既是天然的“合作者”，又是潜在的“竞争者”。[③] 简单来说，教师之间要在合作中不失竞争意识，在竞争中不失合作意识。这不同于经济学意义上的“优胜劣汰”或“奖优罚劣”的单向度竞争规律，而讲究妥善处理个人与团队之间的双向度关系。一方面，承认教师个体具有的差异性；另一方面，注重团队精神的培养，最终达到“和而不同”。这正如案例 5－1 中所显示的那样，新入职的“我”为了工作早出晚归，积极请教老教师，在完成新教师的基本职责的基础上，还明显体现了自我提升的自主意识，可见教师的相对独立无法被合作完全取代。但同时，合作能达到的团队效应，即通过沟通互学实现“1＋

---

① 中共中央马克思恩格斯列宁斯大林著作编译局．马克思恩格斯选集：第 1 卷［M］．2 版．北京：人民出版社，1995：18.

② 约翰逊，约翰逊．领导合作型学校［M］．唐宗清，等译．上海：上海教育出版社，2003：75.

③ 张传红，高朋兄．谈教师间竞争［J］．山东教育科研，2002（1）：62.

1>2”的效果也不容忽视。良好团队精神具备鲜明的目的性、高度的内聚性、强烈的互补性、潜在的影响性等突出表征①，既有助于教师队伍整体能力和素质的提高，也可以拉动教师个体的发展。

2. 新教师的日常工作：忙碌的节奏，被动的状态

在案例5-1中，学校并没有给“我”安排带教老师，一切的活动都是“我”自己在不断摸索，好在“我”并没有因此松懈，而是在工作过程中认真努力并且积极请教李老师。一方面，这位新教师在工作方面表现出较强的自主意识和上进心；另一方面，新老师缺乏带教老师的引领，在真实的教育场域中会面临很多问题。正如“我”的工作状态所反映出的那样，对于教学与班级管理，只是疲于忙碌，仅仅着眼于整顿班风班纪、处理学生日常冲突等琐事，对教育教学活动的本质逻辑缺乏深层次、根本性的钻研和领悟，而这种自觉意识的短缺，又具体体现在以下两个方面：

一是不主动对比平行班教学差异。开学一个月左右，“我”即遭遇四年级（2）班几位家长的集体投诉。原因是这些家长认为“我”和李老师的教学进度不一致，并且两个班的课外学习材料也不一致。家长们称赞李老师会在班级群里分享很多学习材料，而“我”却没有做类似工作。由此我们可以看出，“我”作为新教师，前期工作的努力方向是有偏差的，仅将精力置于备课、教学、处理学生之间突发状况等事务性工作中，这不但使自己陷入了分身乏术的困窘境地，也丧失了抓牢教育教学活动根本行动逻辑的主动权。事实上，相对于教育教学这一职业行动而言，新教师的专业行为不能仅凭其参与教育实习时所获得的“学徒式”工作经验来采取行动，而更应基于对特定领域原理的把握来采取相应行动，即应从教育学的专业视角看待自己的学科教学和个体发展。因此，如果案例5-1中的“我”在开展具体教育教学活动之时，能够准确理解学科教育的根本原理和实践教学的基本要素，就更易通过对比平行班教学进度和材料差异，从容地把握住教育教学节奏，在日常工作中获得更多自主性和主动权。

二是缺乏与家长的交流。“我”与家长的沟通还处于表层的阶段，导致家长对平行班的教学进度和课外学习材料不一致等情况产生不满情绪。家长直接投诉到学校，学校通知后“我”才得知其中原委。这一现象表明：“我”并未在教师和家长之间建立起高效畅通的沟通路径。此外，“我”在遭遇家长投诉后，第一反应并非与家长取得联系，尝试了解全面情况，在倾听家长具体诉求的基础上扭转局面、解决问题；而是认为自己作为新入职的教师，事多且杂，难以分身，家长既没能了解自己前期在工作上的努力投入，也无法理解自己所面临的实际困境，从而感到沮丧挫败。可见，“我”尚未深刻把握家校共育的理念核心，家校共育的关键，即创建一个共同体，努力使各方形成合力，其最终目的皆为让孩子通过参与教育生活，形成人生体验，推动个体系统的全面发展。

二、班主任与科任教师的工作关系：“各司其职”抑或“各行其是”

在案例5-2中，起初，班主任“我”确实与英语课老师（周老师）建立了一定程度的合作关系，但是，双方对自身的身份定位无时无刻不在影响着事件的最终走向。在理想

① 高丽丽. 以“和”的思想改进教师人际关系研究［D］. 上海：华东师范大学，2007.

状态下，教师专业共同体的形成往往体现为一个持续性的过程，反之，合作关系短暂化的背后一定存在着亟待解决的问题。针对案例 5－2 存在的问题，可尝试从教师的自我定位偏差入手，厘清班主任与科任教师的工作关系的内在实质。

1. 班主任的角色定位模糊，放弃其专业职责

在案例 5－2 中，作为班主任的“我”，看到英语周老师应接不暇时，有着明显且主动的协助意愿，并切实在行动上给予了支持，双方关系相对和谐。但是，当班主任的努力没有得到科任教师积极回应的时候，双方误解加深：一方面，科任教师认为，班主任没有管好自己班的学生，没有尽到一个班主任的职责；另一方面，班主任则认为，周老师没有管理好自己的课堂，也不是一个尽职的英语老师。在两位教师的互相抱怨和推诿中，学生们无疑成为受害者——英语成绩一落千丈。

事实上，班主任平时不仅主动为英语学科的周老师做一些教学辅助工作，为全面掌握本班学生们的英语学习状况，还主动进入英语课堂观察，这些做法都是值得肯定的。但是，班主任这些工作仅是基于人与人之间的日常交往体验，而非专业考量，所以，遇到不配合的科任教师，应对措施也显得十分无力。

从教育专业立场来看，班主任要清楚自己的角色功能，即先明白“班主任是谁”，再去考虑做什么以及如何做，这样才能实现班级管理工作有的放矢。

从班主任与科任教师的关系来看，班主任是全班各科教师共同体的核心与纽带。班主任在处理与各科教师的关系时，不能充当简单的教学助手。在班级管理工作中，班主任更应充分发挥自身的核心力量，自觉做好班级开展活动和维护教学秩序的基础性保障工作。在真实的教育实践活动中，有些班主任并不能准确定位自身角色、认识自身职责，常常会简单地认为，组织课堂教学完全是科任教师的事情，与班主任无关，在教学中遇到或者发生问题时，应该由科任教师自己去解决。一些班主任会袖手旁观，结果导致全班学生纪律涣散，进而影响良好班风和学风的建设。在这种情况下，班主任往往会消极地对待学生和科任教师之间的矛盾，或有意回避，一推了事；或认为科任教师在找碴儿而偏袒学生，认为科任教师提出的意见或建议无足轻重。其实，如果班主任呈现一种漠不关心、听之任之的消极态度，不仅会影响班主任和科任教师之间的关系，也会对全班学生的学习效果产生负面影响。

2. 科任教师存在身份认知误区，出现重教学、轻管理的倾向

在学校现实工作境域中，班主任基本上处于全权管理班级事务的状态，一些科任教师可能对自身定位也存在一些误区，即科任教师的主要责任就是教书，学生的学习态度、课堂风气等课堂管理则是班主任的工作。在案例 5－2 中，周老师将教学效果不佳归因于学生，直接妨碍了她与班主任的沟通与合作。类似的观念误区存在于部分非班主任教师（科任教师）的头脑中，他们也因此丧失了课堂管理、道德教育和行为规范的教育意识。

中小学生是未成年人，其自律程度相当有限，他们的行为很容易受到外界的诱惑。鉴于此，中小学教师在课堂教学过程中，必须花一部分精力来维持课堂教学秩序，以保证教学活动的顺利展开。从这个意义上说，忽视学生课堂行为管理的教师，没有真正履行教育之职。在实际工作中，如果一位科任教师偏重教学行为，忽视对学生的行为规范的有效干预，那么无形中就增加了班主任工作的负荷。久而久之，班主任不免会因强烈的职业倦

怠，而将科任教师置于“孤立无援”的境地。

事实上，学校是公共教育机构，虽然在具体工作过程中的教师劳动是以个体方式进行的，但是，教师的劳动成果具有充分的社会公共属性，或者说，教师的劳动方式是个体的，而劳动成果却是集体创造的。学校要培养德智体美劳全面发展的学生，离不开学校内各部门教师之间的协调一致与共同努力。如果把学校日常工作视为一个复杂运作的系统，那么每位教师的工作只承担系统运用的部分功能。“教师职务实际上是一个整体。”“教师中每一个成员都是一条大锁链上的一环。”①

联合国教科文组织在《教育——财富蕴藏其中》的报告中就曾指出：“教师职业基本上是孤立的活动，但是为了改进教育质量并使其更好地适应各个班级或各类学生的具体特点，集体工作仍是必不可少的，尤其是在中级阶段。”② 因此，对于广大教师来说，以培养人为目标的各项具体教育工作都不是简单意义上的个体劳动，而是教师集体协同履职的社会性劳动。

三、审视上下级关系异化的观念误区

在案例 5－3 中，高一年级主任刘老师找组内年轻教师分担一些具体工作，这是中小学校教师职业生活的常态。但是，随着两位老师工作交往活动的加深，双方分歧加剧。问题焦点是双方的态度：一是年轻教师“我”认为，年级组主任刘老师将年轻老师“我”当作雇佣工人来使用，随意侵占“我”的劳动成果；二是刘主任在安排年轻教师工作的同时，忽视了劳动成果的知识产权归属，引发了年轻人的误解。对此，有必要从教师职业伦理角度反思双方的立场。

1. 老教师的观念误区：培养年轻人不能等同于侵占其劳动力

近些年来，随着学校规模逐步扩大，学校的各个年级组负责人被赋予了一定程度的自主管理权力。在现行学校管理体制框架内，年级组负责人（年级组长或年级主任）多从优秀教师当中选拔出来，他们既要完成所在学科的教学工作，还要负责统筹协调本年级组内的教育教学工作，常常面临教学工作与管理工作的冲突。为此，有经验的年级主任都会将工作分配给一些年轻教师来做。

从案例 5－3 叙述的事实来看，年级主任刘老师在给年轻教师分配工作的时候，并非为了培养年轻人，而是擅自使用年轻人的智力成果，这是双方关系僵化的根本原因。从刘老师对待年轻教师“我”的态度来看，她并未充分认识到，培养年轻人是整个年级组良性发展的基石。事实上，作为年级组负责人，她仅出于一己之私念，强行使用年轻教师的脑力劳动成果，而且，还以所谓的“社会规矩”来诱导年轻教师顺从。这种行为既违背社会伦理，也违背教师职业道德的相关要求。

从现代社会伦理原则出发，人与人和谐相处的基本前提是彼此态度上的尊重与人格上的平等。具体来说，在人际交往过程中，一个人不能把他人作为实现自己目标的工具，如德国哲学家康德所说，人是目的不是手段。这一伦理原则同样适应于学校教师群体生活。

① 第斯多惠．德国教师培养指南［M］．袁一安，译．北京：人民教育出版社，1990：28.

② 教育：财富蕴藏其中［M］．联合国教科文组织总部中文科，译．北京：教育科学出版社，1996：147.

在案例 5－3 中，刘老师的头脑中沿袭着传统社会的长幼尊卑观念，还以此陈规陋习为圭臬，堂而皇之地占用“下属”的智力劳动成果。由此可见，刘老师试图用所谓的“规矩”“懂事儿”等职场旧习禁锢年轻老师的思想，这已经违背了现代社会伦理原则，更是对教师职业伦理的挑衅与亵渎。《新时代中小学教师职业行为十项准则》中的第八项提出“秉持公平诚信”，做事要坚持原则、处事公道、光明磊落、为人正直等。

2. 新教师初入职场的观念误区：认真工作不等于简单服从

在案例 5－3 中，“我”作为年轻教师，从认真完成年级组负责人刘老师的工作，到质疑刘老师对其劳动成果的侵占，这种态度转变在一定程度上表明新教师初入职场的诸多不适应。因此，有必要重新审视一下年轻教师“我”对待上下级交往的态度与方式。对于新老师来说，入职后面临的挑战是身份转型带来的工作态度与工作方式的转型。同事中的上下级交往关系，不同于学生时代的师生交往关系。对于新入职的年轻教师来说，原有处理师生交往的认知方式似乎不能直接被挪用。

从学生身份转型为教师身份，新教师有必要在其观念系统中重构上下级交往的思维方式。一方面，要准确理解助手的工作性质。一般来说，助手协助领导参与所在团队的工作，成果署名多为团队负责人，这确实是职业生活中约定成俗的“规矩”。如果新教师过于纠结个人劳动成果不被认可，那么这不仅会引发其心理的不平衡，也会影响其与团队负责人在工作中的正常交往。另一方面，从中小学教师的工作特点看，每位教师的教学或班级管理工作是以个体形式完成的，年级组的公共事务性工作是以集体形式完成的。年级组教师之间的上下级交往，从关系性质来看，既不同于师生交往，也不同于公司或公务员系统里的上下级关系。如果观念不清，后续工作可能处于被动地位。

一般来说，新教师入职初期，首先要做好本职工作，再考虑以适当方式参与本部门的一些公共事务。在案例 5－3 中，起初，新教师“我”与年级主任刘老师的相处方式似乎比较简单，只想着“跟着身边领导做事，总差不了”，却忽视了各自工作的特点，尤其不清楚个人的专业发展定位。作为新教师的“我”，应该清醒地认识到，在学校场域的上下级关系中，认真工作绝不等同于简单服从。从新教师的专业发展来说，工作分清主次，上下级交往把握分寸，不仅能够更好地在同事眼中树立自己的专业形象，也可以在一定程度上有效避免上下级交往中的冲突。

第三节　构建教师专业成长之共同体文化

事实上，一所学校的教师文化特色不仅体现在师生交往活动中，更直接显现于同事之间的交往过程之中。教师之间的和谐相处是构成教师专业共同体建设的核心要素。众所周知，学校是教育机构，身处其中的每位教师都是教育工作者。本章三则案例则呈现了一个严峻的现实：在教师与教师的相处过程中，不同教师之间的道德修养不同。因此，构建教师专业成长共同体文化，倡导广大教师之间共谋发展、协同育人，成为提升教师职业道德修养水平的主要途径。教师们在工作过程中齐心协力和相互学习，其本质是不断认识自我、重塑自我的过程。从这个意义上说，广大教师必须理解工作中的“利他”与“利己”

的关系。针对上述案例中存在的问题，着眼于构建适应教师专业成长共同体文化，本节尝试提供一些对策性建议。

一、新老教师接力前行，成人达己

在一所学校的教师群体中，依据入职年限及资历不同，一般可分为新教师与老教师两个类别。从学校教育事业可持续发展来看，新教师与老教师的有效协作就像体育比赛中的接力赛。在此过程中，新教师要尽快适应特定学校的教师文化，同时，老教师也要积极帮助新教师融入学校集体。目前，一些学校比较成功的经验是通过师徒制的形式实现学校育人文化的代际传承，关键还是要教师本人充分发挥主观能动性，以实际行动投入到共同体文化建设中来。

1. 探索师徒制模式，助力教师文化建设

学校是典型的集体生活场域，但是，从教师工作特质来说，教师多数情况下处于个体劳动状态，或者说，教师个体常处于比较孤立的、封闭的和保守的工作环境中。“学校的教室像装鸡蛋的板条箱一样一间隔着一间，教师很难跨出教室与同伴进行交流、展开合作。如此一来，教师就不得不独自面对很多困难，逐渐形成了个人主义、互不干涉的文化。”① 从学校教师文化现状来看，教师彼此之间的教学工作仿佛是相互之间可见的，但是，在教室之内，作为个体的教师仍旧处于独立工作状态。有学者为此感叹：“在教学中，如此多的人在如此狭小的空间和紧凑的时间内完成如此一致的使命，但它却是在自我迫使和职业认同的孤立之中进行的，这可能是个最大的讽刺，同时也是教学的最大悲剧。”②因此，从立德树人的角度来说，广大教师必须主动追求相互之间有交流、有分享、有协作的教师文化。这也应该成为教师专业发展的重要维度，或者说，没有和谐共融的教师文化，就不可能实现真正的教师专业发展。

当然，从学校角度看，建设教师文化也要以教师自主和自愿为前提。其中，师徒模式是一些学校常用的带教方式，新教师通过对资深教师教学实践的观察、模仿和资深教师的具体指导，逐渐地体悟教师职业的习得性经验，不断地形成个体的教学技艺。在此过程中，新教师从带教老师身上能够清晰直观地看到一名优秀教师在教育岗位上奋斗多年而凝练出来的智慧，并追随榜样的足迹。如此新教师可以少走弯路，减少尝试错误的时间，迅速融入学校教育工作。具体而言，在案例 5－1 中，学校可以探索师徒制模式，为新教师的专业成长保驾护航。大量事实表明，师徒制能够帮助新教师尽快适应真实的教学环境，在一定程度上避免其教学与班级管理方面的低效摸索；与此同时，对于老教师来说，带教新教师的过程也是实现教学相长的过程，能促进其自我反思水平与专业能力的提升。总之，从积极层面来说，师徒制可以有效推进学校优秀教师文化的传承与再生产。③

2. 树立良性的竞争意识，营造成人达己的文化氛围

达尔文在《进化论》中创新性地提出万事万物都是遵循“物竞天择、适者生存”这一

---

① DAN C. LORTIE. School teacher：a socialogical study [M]. Chicago：University of Chicago Press，1975.

② ANN LIEBERMAN，LYNNE MILLER. Revisiting the social realities of teaching [J]. The teachers college record，1978，80 (1).

③ 佐藤学．课程与教师 [M]. 钟启泉，译．北京：教育科学出版社，2003：255.

自然规律而运转的。它肯定了事物之间一直处于相互竞争的状态，但是它并没有将竞争的最终目的归为某一方获得绝对的胜利，从其著作的标题也可以看出，这一自然规律的最终走向是“共同进化”。从人类社会发展的角度来看，人类相互竞争的目的也不应当在于竞争本身，而应在于人类社会的进步。同理，在教师群体里，教师与教师之间的良性竞争应当是一种相互学习、相互促进、共同进步的和谐生态。教师应该在良性竞争的环境中不断挖掘自我潜能，学习他人长处，不断超越自我。

诚然，从培育教师文化角度出发，学校管理的体制机制也要致力于营造良性竞争氛围。为此，学校制度旨在引导广大教师树立正确的竞争意识，坚守同事工作交往过程中的职业伦理底线，即同事在工作中的竞争不是打压别人抬高自己。从学校管理角度来说，要客观公正地评价教师，杜绝按关系亲疏定成绩，形成良好的道德和竞争氛围，避免激化同事矛盾。从教师个人角度来说，要坚持自我反思，正如我国古代哲人王阳明所说，“无善无恶心之体，有善有恶意之动”，一旦内心萌生不正当的竞争念头，便要立即安静下来，重新审视自身，及时调整心态，以避免案例 5－1 中李老师的做法，即内心被狭隘的竞争意识所左右，忘记教师职业之初心。

二、教师集体齐心协力，共育中国好少年

教育家苏霍姆林斯基曾经说过：“每一位教师不仅是教书者，而且是教育者。”① 从这个意义上说，班主任与科任教师共同构成一个班级的教育者群体，如果每一位教师都能够准确把握自己的教育者责任，那么他们将汇聚成一股重要的教育力量。班级管理不再是班主任一位教师的责任，每一位科任教师不仅担负着教学的任务，同时也承担着课堂管理的职责。“谁的课堂谁负责”的教育工作理念，要融入每位教师的职业操守之中。

1. 重塑科任教师的课堂管理意识与协同管理能力

科任教师在教学的同时，要切实履行班级管理的职责。具体工作建议如下：

其一，抓好教书育人的分内工作。对于科任教师来说，高质量地完成所在学科的课堂教学工作，责无旁贷。当科任教师在教育教学过程中发现学生的问题或者与学生发生矛盾时，不要简单地把问题甩给班主任，或者以“受害者”的身份到班主任那里投诉告状，而是要敢于管理，善于管理。科任教师要在实践中摸索出管理课堂的有效方法。当然，对于科任教师来说，首先要炼好教学基本功，从教学设计到教学过程，要关注教学内容与学生兴趣之间的联系，要想方设法吸引学生的注意力，让学生喜欢上自己的课堂，努力提高课堂教学内容本身对学生的吸引力。

其二，做好班主任的“参谋”和“助手”。科任教师要主动与班主任保持联系，把自己当作班级共同体的一员。一是主动向班主任谈教学工作计划和提升学生学习成绩的具体打算，以取得班主任的支持，可以和班主任共同分析所授学科学生成绩高低的原因，征求班主任对自己改进教学的意见，从而共同寻求较好的教学方法。二是主动向班主任反映班级学生的思想动向、作业情况等，以便班主任及时了解本班学生的真实情况，进而更有针对性地采取措施及手段去教育和引导，矫正学生的观念误区与行为偏差。三是积极为班级管理建言

---

① 苏霍姆林斯基．给教师的建议［M］．2 版．杜殿坤，译．北京：教育科学出版社，1984：433.

献策。在充分了解班级学生优势和不足的基础上，针对班级存在的具体问题，提出合理化的建议和整改措施，帮班主任及时消除班级管理中的隐患。四是具有“补位”的意识，当班主任不在时，能及时上前补缺。在力所能及的范围内主动帮助班主任化解班级管理工作中的一些困难和矛盾，以减少班主任的工作负担，进而形成班主任和科任教师之间的教育合力。

2. 重塑班主任的主体责任意识

班主任是中小学日常思想道德教育和学生管理工作的主要实施者，不但自己要做好班级常规管理事务，做学生的人生导师，还必须和任课教师积极沟通及交流，与他们和睦相处，齐心协力做好班级管理育人工作。

首先，班主任要主动与科任教师保持沟通，及时发生本班学生在课堂教学活动中存在的问题，以便任课教师及时调整教学方法，避免师生矛盾。一般来说，科任教师能够在课堂上及时解决个别学生行为失范的问题。如果班主任与科任教师在共同工作中建立了相互信任关系，那么可以随时掌握全班学生的学习情况，防止学生偏科、厌学等现象的出现，这样班主任与科任教师的关系也会日趋密切，班级工作中的配合也会日趋默契，最终形成齐抓共管的良好局面。同时，在班级管理过程中，班主任还要与科任教师协调一致，统一要求。若班级在某一阶段工作中新立起了一些规定或新采取了一些措施，班主任要主动地告知各位科任教师。这样，班主任可以有效统筹各位科任教师的教育力量，在课堂上统一要求，形成一个有条不紊的班级规范体系，从而增强班级建设的实效性。

其次，班主任还要帮助科任教师树立威信。班主任切忌在学生中间抬高自己而贬低其他科任教师的专业形象。当学生提出某个科任教师在教学中的不足时，班主任要注意维护该教师的专业地位，再引导学生关注该教师的优点；同时，还要以适当的方式将学生的意见反馈给相关教师，期待其改进课堂教学方式以及与学生相处的方式。这样，既树立了科任教师在学生面前的积极形象，又能促进该教师改进教学质量，最终提升全班学生的学习效果；反之，可能妨碍科任教师与本班学生之间的和谐关系。如果班主任善于处理科任教师与学生的关系，就会在师生当中形成凝聚力，让教师集体与学生集体心往一处想、劲往一处使，有效推动学风和班风的健康发展。

三、教师间的上下级交往：平等相处，和谐共生

作为公共教育机构，学校虽然在管理工作运行方面呈现现代社会科层化的特点，但是，基于教师的工作性质，学校教育工作还要充分尊重每位教师的专业自主权。事实上，教师个体具有相当大的自主空间，学校各级领导很少直接干预具体的教学与班级管理工作。在此前提下，教师间的上下级交往应该遵循平等相处、和谐共生的原则。

1. 倡导以平等为原则的交往理性

在现代社会中，德国哲学家康德关于“人是目的不是手段”的主张已经成为处理人际交往的基本准则。从根本上看，中国先贤孔子提倡的“己所不欲勿施于人”与“人是目的”有着本质上的共通之处。在此基础上，平等相处已然构成现代人际交往的理性原则，即强调人与人在语言交往中形成的精神沟通、道德同情、主体的相互“理解”和“共识”。

哲学家们对主体性的相关阐释可以拓展我们理解平等交往的视域。人与人之间的平等

关系即强调“主体-主体”之间的链接，亦即交互主体性或主体间性，这里的交互二字，恰恰能够体现出主体与主体之间的关系。德国哲学家胡塞尔认为：“在意识生活领域之内，我所经验到的这个世界连同他人在内，按照经验的意义，可以说，并不是我个人综合的产物，而只是一个外在于我的世界，一个交互主体性的世界，是为每个人在此存在着的世界。”① 深受胡塞尔影响的法国哲学家梅洛-庞蒂也指出：“主体性和主体间性是不可分离的，它们通过我过去的体验在我现在的体验中的再现、他人的体验在我的体验中的再现形成它们的统一性。”②

现代社会的平等交往理性同样适用于学校公共生活。在学校具体的教育教学实践活动中，教师之间的沟通同样是主体与主体之间的沟通，双方都是主体，那么沟通与交往就应该追求平等，不是一方压制，也不是盲目追求“我”的主体性而忽视“他人”的主体性寻求。强调教师们沟通中的平等原则，意味着教师不能因为任何身份、地位、年龄、认识的差异等将某一主体凌驾于其他主体之上。具体而言，学校各级管理者不能从其职权出发，将自己的意志强压在普通教职工身上，造成剥夺其主体意志的不道德事实。如果某些学校领导滥用职权，可能妨碍教师尤其是刚入职的青年教师的主体人格构建，进而妨碍后者在学校工作中的心理健康，最终受影响的还是学生群体。

2. 构建和谐共生的教师文化

事实上，每所学校所拥有的特定的历史积淀与文化特质，无不体现在教师之间的人际交往细节当中。对于刚入职的新教师来说，主要提出两点建议：

一是入乡随俗，体会教师群体生存规则。认真观察，体会所在年级组或教研组的工作文化，尤其观察同事交往过程中的细节，这样才能把握好同事交往中的分寸感。例如，与不同岗位、不同阅历的老教师如何相处，以及无论听从哪位领导的工作安排，还是拒绝哪位老教师的要求，都需要仔细斟酌。一旦处理不当，将引发误会，并陷入人际交往中的被动局面。

二是寻找身边的榜样，向优秀教师学习。一所学校的文化特质与历史传统都体现在每一位教师的具体工作行为中，新教师要主动发现身边的优秀教师，他们才是青年教师专业成长的领路人。对新教师来说，无论学校是否指定带教的老教师，年轻人都要主动向身边的老教师学习，尤其要发现身边那些默默奉献、有真才实学的教师，或许他们身上没有“优秀教师”的荣誉作为标签，但是，这些优秀教师是我国学校教育的基石。年轻人主动与这些老教师交往，他们的宝贵经验直接构成青年教师成长的专业资源，也构成学校教师文化繁荣的内在力量。

总之，人与人交往的实质是共生关系，即德国哲学家马丁·布伯提倡的“我与你”的关系。在他看来，人与人之间是一种共生关系，这种共生关系构成人与人之间的精神家园。③ 为此，学校管理者也通过制度推进教师教学文化建设，协调各方面的关系，形成和谐的人际关系和融洽的心理气氛，形成积极健康的集体舆论，激发广大教师的工作热情和

① 胡塞尔．笛卡尔沉思与巴黎讲演［M］．张宪，译．北京：人民出版社，2008：278.
② 梅洛-庞蒂．知觉现象学［M］．姜志辉，译．北京：商务印书馆，2001：17.
③ 布伯．我与你［M］．陈维纲，译．北京：生活·读书·新知三联书店，2002：11.

积极性。唯有如此，教师们才可能从内心生长出爱同事与爱自己的职业情感，并在情感共通中汇聚成爱学生、爱事业的力量，照亮前行的为师之路。

思考题

1. 请描述一位好同事的形象。
2. 分析影响教师之间交往的关键因素。
3. 教师之间的交往与其他领域同事之间的交往有何不同?

推荐阅读书目

1. 布伯．我与你 [M]. 陈维纲，译，北京：生活·读书·新知三联书店，2002.
2. 佐藤学．课程与教师 [M]. 钟启泉，译．北京：教育科学出版社，2003.
3. 梅洛-庞蒂．知觉现象学 [M]. 姜志辉，译．北京：商务印书馆，2001.

第六章 家校协同育人中的教师形象

内容提要

习近平总书记在2018年全国教育大会上指出，“家庭是人生的第一所学校，家长是孩子的第一任老师，要给孩子讲好‘人生第一课’，帮助扣好人生第一粒扣子”。孩子从家庭进入学校之后，教师和家长共同构成培养社会主义接班人的重要教育力量。在促进未成年人身心健康成长的全过程中，基于育人理念与教育方式等方面的差异，教师和家长所承担的教育职责及其表现形式也不尽相同。教师作为专业教育工作者，有必要立足于培养社会主义国家公民的高度，与家长进行有效沟通，真正形成教育合力。正是在家校协同育人的过程中，教师的专业伦理形象才进一步得到确立。本章通过三个案例呈现教师与家长双方之间存在的若干分歧，并尝试从教育学专业视角分析其中的问题，为教师从专业视角加强与家长的有效沟通提供相关建议。

学习目标

1. 基于家校协同视域反思亲子关系和师生关系。
2. 教师从教育专业视角加强与家长的有效沟通。

关键词

家校协同　教师替代父母角色　亲子关系　师生关系

习近平总书记在2018年全国教育大会上指出，“家庭是人生的第一所学校，家长是孩子的第一任老师，要给孩子讲好‘人生第一课’，帮助扣好人生第一粒扣子”。孩子从家庭进入学校之后，教师和家长共同构成培养社会主义接班人的重要教育力量。在家庭生活中，家长对孩子的关爱基于天然的血缘亲情；在学校生活中，教师对学生的关心则出自培养社会公民的职业责任。亲子关系与师生关系之间的不同是家长与教师在育人理念和方式等方面出现差异的重要原因。着眼于培养身心健康的社会主义建设者和接班人，教师作为专业教育工作者，有必要与家长进行有效沟通，通过家校协同真正形成教育合力。正是在家校协同育人的过程中，教师的专业伦理形象才进一步得到确立。本章通过三个案例呈现教师与家长双方之间存在的若干分歧，并尝试从教育学专业视角分析其中的问题，为教师从专业视角加强与家长的有效沟通提供相关建议。

第一节　教师与家长之间的不和谐声音①

本节的三则案例源自家校协同育人视域中教师的职业生活体验叙事，主要聚焦教师与家长之间的不和谐声音：家长与班主任对家校沟通的不同理解，家长和教师有关学生处分的分歧，家长与教师对学习观念的不同认知。本章尝试从教育学专业视角关注问题的后果，即对学生成长造成的不良影响。

案例 6－1

家校沟通方式的分歧：来自家长视角

我的女儿今年上高中，那是一所她心仪的寄宿制学校。在她很小的时候，我与孩子爸爸就离异了，我全部的心血都在这个孩子身上。女儿的班主任张老师是一位刚毕业不久的年轻人，我担心他缺乏管理班级的经验，对我女儿照顾不到。因此，我要求她每天回到宿舍后立即发微信给我报平安。实际上，她没有认真按照我的要求做，周末女儿回家后，我就会追问她在校一周的生活情况，但是，我多问两句，她就跟我急，我俩经常为此“吵架”。原来乖巧听话的孩子，上高中后一下子就变得脾气暴躁，而且不听话，她可能是青春期逆反心理吧。作为单亲家长，我内心也很无助……

一天，我突然接到女儿的班主任张老师打来的电话，他好像发现我女儿正在吃抗抑郁的药。一听此话，我就被吓坏了。据张老师说，我女儿最近显得心事重重，上课时经常走神，课间也会在座位上发呆，放学后也不跟其他同学一起回宿舍，自己在教室里磨磨蹭蹭地，常常独来独往。张老师还说，我女儿出现上述状况似乎有一段时间了，但是，他也以为孩子处于青春期，就没有太在意此事，同时，也怕家长担心，就未跟家长提及此事。

听完张老师的这番话，我心里是很不满意的。哪有家长不关心自己孩子的，孩子都是家长的心头肉啊。但是，我担心对班主任直接表达不满会影响他对我女儿的态度，于是我只能压抑心中的不满，耐心叮嘱班主任，如果发现我孩子再有异常举动，一定要第一时间跟我联系。当时，班主任也表达了歉意，说自己经验不足，并表示后续一定加强沟通。

---

① 本节三则案例均来自课题组的访谈资料，编入本书时进行了适当删减。

此事之后，我一直心有余悸，隔三岔五就主动给班主任发个信息，询问孩子的情况。从张老师的信息反馈看，他似乎有点不耐烦，好像是我打扰了他的正常工作。他说，每天上两个班的数学课，要备课、批改作业等，还有班主任工作、教研组活动工作等，无法天天照看我女儿。但是，我女儿不愿跟我交流，如果我不及时从班主任那里获得孩子在校生活状况，又该如何呢？

【点评】

此案例是来自家长视角的叙事。在家长看来，女儿是住校生，她在学校的一切异常变化，班主任都要及时反馈给家长，而不是直至出现“吃药”现象时才跟家长说。对此，家长对教师的不满意是有理由的，只是担心班主任对待自家孩子的态度，家长才未直接对教师表达不满，从此改为“主动”联系班主任，却引发了班主任的不适感，家长似乎无所适从。从教师角度来看，他每天的教学与管理工作要面对众多学生，确实无法关照到每一位学生在校生活的细微变化，面对家长的问询，也很无奈。

针对学生“吃药”的问题，班主任未及时与家长沟通，确实有不妥之处。如果班主任平时疏于与家长交流，一旦出现问题才说，可能会错失教育时机，并增加后续工作负担。由此引发的思考是：教师应该如何把握与家长的沟通时机？教师又应该如何把握与家长沟通的尺度？教师应该如何理解学校教育和家庭教育的关系？在师生交往过程中教师应该充当什么样的角色？

案例 6－2

家长与教师关于学生处分的分歧：来自教师视角

我现在担任高三（1）班的班主任，有一次，我们班的一位男生李某考试时作弊，被监考老师当场抓了现形。当时，我正在其他班级监考，不清楚具体情况。据说，那位监考老师十分气愤，那场考试还未结束就带着学生和作弊时用的手机直接到了校长办公室。这种情况在我们学校是很少见的，我也纳闷监考老师的反应为何如此强烈。

在监考老师看来，学校的考试纪律明文规定：学生不允许携带手机进入考场。她亲眼看到学生李某在考试时看手机，这明显就是作弊行为。但是，李某拒不承认，并且辩解说，他只是从衣服兜里掏卫生纸，不小心把手机带出来了，仅是拿手机看了一眼时间，却被监考老师说成作弊，是老师冤枉了他。

根据考试纪律以及监考老师的陈述，校长决定给学生李某如下处分：考试成绩按零分计，还把他的姓名、处分决定等信息均公示在学校的电子屏幕上。李某当天看到学校的处理结果，情绪非常激动，没有参加后续科目的考试，背着书包直接回家了。

当晚，该生家长打电话跟我说，孩子回家就哭，感到非常委屈。在家长看来，学校的处分决定过于严重。无论我跟家长如何解释，家长似乎都听不进去，一直强调自己的孩子被监考老师冤枉了。

事实上，作为班主任，我对这位学生的平时表现还是有所了解的，他带手机进入考场，而且考试期间还拿出手机看，不可避免地存在些许侥幸心理。但是，家长完全听信该生的一面之词，而且，还在家长群里说监考老师“事儿多、管得严”等牢骚话……总之，以我多年做班主任的经验看，一些家长过于偏爱自家孩子，一旦孩子被校纪处分，家长第一反应是质疑学校的处理过于严重，而不是提醒孩子反思错误行为。面对如此“强势”的家长，学校还能不能处分学生了？学生犯错，老师还能不能批评？

【点评】

在本案例中，考场纪律是师生共知的，学校依据规定对出现考试违纪行为的学生做出其考试科目零分的处分，且在全校范围内公示处分的决定。该生却对此表示强烈不满。问题的焦点是：学生及其家长与学校领导和教师们的立场存在分歧。校方依据监考老师的现场观察与判断，认定该生存在明显违纪行为；家长则从自家孩子的利益出发，认为学校的“处分”过于严重，并且在家长群散布舆论。

可见，教师和家长在处分学生方面尚未达成教育共识，对学生本人、家长及家长群都存在不确定性影响，甚至在一定程度上存在隐患。作为专业教育工作者，教师必须从协同育人的立场对此事给予高度重视。虽然处理考试违纪问题是学校日常工作内容之一，但是，针对未成年人的教育工作无小事，一个孩子牵动一个家庭，家长群又引出学校工作的社会影响面。

案例 6－3

家长与教师在学习观方面的分歧：来自教师视角

我刚入职两年，在一所城乡接合部的中学工作，担任高一（3）班的班主任。秋季开学后，全校对新高一年级进行过一次摸底考试，我对本班成绩排名比较靠后的学生格外关注，一对一找他们谈话，希望帮助他们找到各自学习方面落后的具体原因，充分挖掘他们的学习潜力，以便帮助他们有针对性地提高学业成绩，更为高中三年的学习打好基础，到高考的时候不留遗憾。

在与几位后进生交流的过程中，我发现其中一位男生的生活观与学习观与众不同。从他的讲述中得知，他家是当地的拆迁户，根据拆迁政策分到5套房，而且，还有数目不小的拆迁补偿款；他是家中的独子，平时穿的衣服、鞋、手表等都是名牌，父母能够满足他的一切生活消费需求。他说：“我爸妈说了，我不用参加高考，上学不必死读书，开心就好，以后，只要能把房租算明白就行了。”

这位男生的观念着实冲击了我的已有认知。于是，我专门约他父亲来学校进行了沟通。这位家长说：“现在的大学生研究生毕业后拼命工作，买车买房，我们现在已经有了好车好房，靠房租就过上好生活了，孩子考不考大学都无所谓了。”原来，有其父必有其子啊，孩子观念的根源问题在家长这里。

虽然我不能认同他们的观念，但是也无法说服这对父子。在后续的班级管理过程中，我基本上不再过问他的学习状况，只是要求他遵守课堂纪律，不要影响其他同学的正常学习。后续，我在与同事们的交流中发现，这类家长在我们这样的学校里不是少数，学校周边小区居民有相当一部分是城中村改造的受益者。对比我自己的受教育过程中，老师们鼓励学生好好学习的理由多是“知识改变命运”。现在看来，以往的教育观念对现在一些小富即安的家长缺乏说服力啊。

【点评】

在案例 6-3 中，受惠于拆迁政策的家长的生活态度时刻影响着孩子的学习生活态度，导致学校教师出现一定程度的“失语”现象。班主任既不能认同这类家长的生活观，也无法说服家长和学生，于是，只能采取一些消极措施。教师这种行为的潜在影响有两个方面：一是对该生来说，学习活动本身的意义感缺失，他的学校生活似乎也只为了“开心”；二是对全班学生来说，这类特殊学生群体似乎成为刻苦学习者的“旁观者”，妨碍班集体形成积极进取的班风。从学校与家庭协同育人来看，教师作为专业教育者，应该考虑如何有效引导家长调整教育立场，让家庭与学校形成育人合力而非阻力，或者说，在面对家长多元价值观的时候，教师应该如何坚守教育理想与人生信念。

第二节 教师在家校协同育人中的现实省思

上述案例从不同侧面反映出当前学校与家庭在协同育人方面存在的若干问题。从教育学角度看，教师是专业人士，家长是非专业人士，教师应该以教育专业思维引导家长的日常教育行为，才可能促进家校之间形成育人合力。在此，有必要从教育专业角度对教师行为进行系统梳理与反思，以便有效推进家校协同育人，也能够更好地树立教师的专业伦理形象。

一、教师与家长沟通不畅：教育观念的差异

在案例 6-1 中，家长在讲述中明确表达出对教师的不满。作为寄宿制学校的班主任，教师没有及时关注孩子精神状态的变化，发现孩子出现“吃药”问题了才来联系家长。事后，家长主动联系教师，经常给教师发信息询问自家孩子的情况，却又引起了班主任的反感。

1. 教师偏重教学取向，忽视学生身心成长的细节

从历史视角看，教育从家庭私事变成社会-国家公务，不失为人类教育历史的一大进步。[①] 在应然层面，学校教育职能更多指向未成年人个体社会化与个体个性化。在实然层面，教师可能比较关注学生的学业，家长更多关注孩子的健康。对于如何平衡好学校的公共教育职能与家庭的养护职能之间的关系，作为个体的教师似乎缺乏系统思考。

就案例 6-1 所反映的问题而言，从表面上看，班主任在管理寄宿制学生方面似乎缺乏一定的教育经验，平时与家长缺乏交流，直至某学生出现“吃药”问题，才联系家长。从实质上看，这位班主任的观念受到了学校既有生活的影响与干扰。长期以来，学校教师倾向于关注学生的学习成绩，如果学生的学习成绩正常，班主任不会主动联系家长。一般来说，即使发现个别学生的行为出现一些小的“异常”，只要不对班级其他学生或班级荣

① 陈桂生．普通教育学纲要［M］．上海：华东师范大学出版社，2009：70.

誉构成影响，班主任不会急于联系家长的。

长期以来，“理应由学校承担教育任务”“家庭配合学校”等教育理念也被广泛认可，很多人认为，把孩子交给学校了，应由学校全盘负责，家长听老师的就行。一方面，家长工作繁忙，一天下来与孩子的相处时间寥寥无几，对孩子不甚了解，久而久之便认为只要老师不找家长，孩子就没有问题。家长这样的想法和做法，自然而然地将更多育人的工作“让渡”给了学校。另一方面，职前或职后教师教育的相关主题多涉及师生交往，较少谈及教师与家长应如何互动。或者说，家校协同育人的思想并未构成广大教师的专业意识。

综上所述，学校教育与家庭教育的职能不同，关注点存在差异，这是客观现实。教师作为专业教育者，在家校合作方面要成为家长的专业顾问，主动与家长沟通，并对家长给予适当的指导。一旦学生出现问题了，再去找家长就可能比较被动了，也会导致沟通成本增加。

2. 家长忽视家庭养育与学校教育的差异

在人类历史长河中，家庭是个体生命的诞生与安居之所，也是一个孩子与世界相遇的起始之处。在家庭生活中，对于未成年人的成长来说，父母的首要职能是养育，“育，养子使作善也”（《说文解字》），家庭教育是最为持久的一种教育形式。[①] 家庭教育方式主要有言传身教、榜样示范，教育活动发生在家庭生活场域，知识来源于家长的个体经验，家庭教育的特色是集抚育、养育、监护和教育功能于一体的，如衣食住行的安排、亲子关系的建立、本体安全感的形成、生活习惯的养成、道德品质的发展、学习兴趣的培养等都是在家庭生活中实现的。[②] 苏霍姆林斯基曾言：“若只有学校而没有家庭，或只有家庭而没有学校，都不能单独地承担起塑造人的细致、复杂的任务。”[③] 从这个意义上说，家长和教师在教育孩子的问题上是一种共同体的关系，需要互相配合、及时沟通、协同育人。

在案例 6-1 中，从父母的养育职能视角来看，教师没有及时和家长沟通孩子在校的身心健康状态，直到发现孩子“吃药”时才想起来和家长沟通。家长似乎无法理解教师对孩子身体健康的忽视。事实上，家长频繁询问孩子的状况，又因打扰班主任的日常工作而引发其不悦。对比教师和家长的态度，不难发现其中分歧的根源：家长与教师立场不同，造成了对彼此的误解。从家长的角度来说，一是在观念上要清楚“家庭养育”与“学校教育”的职能不同，二是要充分理解学校教育的特点是一位班主任要兼顾 40 多位学生。为此，家长要主动培养自己孩子的独立生活能力与人际交往能力，让孩子尽快适应新集体生活，积极参与集体生活，找到合适的学习伙伴等；同时，也要考虑到班主任的工作特点，班主任每天对着几十个学生，确实难以关照到每位学生在身体和情绪方面的细微变化。

二、学生违纪的“成本”：教师的严格与家长的宽容

在案例 6-2 中，学校对学生的违纪处理导致了学生及家长的不满。双方矛盾的焦点为：一方面，监考老师认为，对待考试违纪学生应依规作出相应处分；另一方面，家长及

---

① 奥格本．社会变迁：关于文化和先天的本质［M］．王晓毅，陈育国，译．杭州：浙江人民出版社，1989：69.

② 康丽颖．家校共育：相同的责任与一致的行动［J］．中国教育学刊，2019（11）：45-49.

③ 苏霍姆林斯基．家长教育学［M］．杜志英，吴福生，张渭城，等译．北京：中国妇女出版社，1982：50.

其孩子都认为，监考老师“武断”地判定学生违纪，打击了学生的学习热情。教师“严”与家长“宽”，双方各执一词。从教育专业角度来说，需要重视审视双方立场的教育价值，即是否真正有利于未成年人的健康成长。

1. 教师“严格”执行纪律：维护秩序超越关心学生

一般来说，考试的功能表现为微观与宏观两个方面。从微观上看，考试作为学校教育工作的重要组成部分，承担着过程性评价与终结性评价的功能。从宏观上看，考试作为一种评价手段，承担着国家人才选拔的重要职能，也是社会公平和教育平等的重要体现形式。基于此，考试的严肃性与严格性是众所周知的，国家级的考试纪律受制于法律规约，各级各类学校内部也制定并执行相应的考场纪律。从学校教育角度来说，坚持考场纪律本身也是帮助学生树立正确价值观的重要举措。

在案例 6-2 中，监考老师认真履行其职责，严格执行考场纪律，学校领导根据监考老师提供的信息，既没有调取考场录像，也没有听取考生本人的解释，直接决定给该学生相应的处分，并在全校公示处分信息，这说明学校偏重维护考场纪律的立场，忽视处分决定带给学生的心理影响。可见，学校领导和教师的立场是维护考试纪律的权威性。由此引发的专业思考是：纪律权威与学生心理健康，孰轻孰重。

如果学校教师一味强调纪律的严肃性与惩罚的必要性，忽视学生的身心健康，可能学校纪律教育的初衷并不会实现。学校纪律的本义是引导学生学会公共生活规范，在引导学生适应纪律规范的过程中，教师是管理者、监督者，更是教育者，因此，教师更要从促进学生身心健康发展与品德形成的角度来解释纪律存在的必要性。具体来说，教师作为专业教育者，有必要对学生在考试过程中的违纪行为进行教育批评，让学生真正意识到违纪的危害；也有必要与家长进行沟通、解释，让家长能理解学校执行纪律的必要性。

2. 家长宽容孩子：溺爱超越教育

在案例 6-2 中，从孩子的讲述中，家长得知其在学校被处分——蒙受不明冤屈，本能地萌生“偏爱孩子”的情感，导致其失去一定的理智和判断力，直接质疑学校的处理决定，并在家长群里发牢骚，这直接反映出“父母之爱”的片面性。父母爱护子女，固然是其本分；但是，如果因爱而袒护子女的过失，可能错过教育时机。案例 6-2 中的家长确实值得进行教育专业的反思。

孩子作为未成年人，自然具有和成年人不同的特性。孩子作为一个独立的个体，有他特有的看法、想法和感情。法国著名思想家让-雅克·卢梭认为，正是因为儿童和成年人有很大的不同，对儿童的教育要想富有成效，一定要基于对儿童的研究。他以医生给人看病作类比，说：“聪明的医生绝不会看着病人就糊里糊涂地下药，他首先要研究病人的体质，之后才开药方；他虽然晚一些时候才开始治疗病人，但可以把病人治好；反之，操之过急的医生是会把病人医死的。”① 因此，教育儿童，也要基于对儿童特征的了解，一定要从儿童本身的需要和特点出发，在此基础上选择适当的教育方法。

孩子作为不成熟的个体，在其成长过程中，不可能不犯错。从教育专业的眼光来看，家长宽容孩子，要基于正确理解儿童的认知发展特点和身心发展能力。案例 6-2 中的学

① 卢梭．爱弥儿：论教育：上卷［M］．李平沤，译．北京：商务印书馆，2012：108-109.

生已经在读高三，他肯定知道考试作弊这种行为是不正确的，但是，他仍然选择“冒险一试”，这种侥幸心理可能是其考场出现不当行为的根源。家长不仅没有认识到该生带手机进考场的问题所在，反而一味地偏爱、宽容，这无疑是家长失职的表现。“为人父母者无不爱护自己的孩子的，但是，如果理性不是极为严密的监视这种自然的爱，就容易流于溺爱。”① 对于溺爱子女的父母来说，他们对子女的违规行为不去及时纠正，而是一味原谅，并认为那是无关紧要的小事，一旦形成不良习惯，就可能酿成大错。

基于家校协同育人视域，在尊重并理解青少年身心发展特点的基础上，家长首先不要偏爱自己的孩子，而是要让孩子真正认识到自己的错误；同时，也不要去抱怨和指责孩子，和孩子一起冷静地分析原因、处理问题，进而让孩子受到教育，成为一个身心健康、品行端正的人。在现实生活中，多数家长都是非教育工作者，如何让家长拥有教育眼光呢？这或许还需要给予适时的专业引导。

三、学生的学校生活品质：家长与教师的教育观分歧

在案例 6－3 中，家长和教师对“树立正确的学习观”产生了分歧。家长认为，孩子在校读书开心就好，上不上大学无所谓；教师认为，高中努力读书，考上大学，人生才不留遗憾。那么，上学为何？家长与教师的观点已经出现了显著差异，直接影响了学生的学习状态，这确实有必要深刻反思。

1. 学习观：内在价值与外在价值

从教育哲学视角看，教育是一种价值实践，人类对教育总是充满了价值期盼。同时，教育也是一个价值纷争的实践领域。在教育有什么价值的问题上，历史上不同的人却有着不同的甚至是大相径庭的看法。有的人强调教育的实用价值，有的人强调教育的文化价值，有的人强调教育的知识价值，有的人强调教育的社会效率价值，还有的人强调教育的道德陶冶和性格训练的价值，彼此之间争论不已。②

在案例 6－3 中，家长对教育价值的理解还停留在外在价值（功用性价值）上，认为学习就是学会计算房租，忽视了教育对人发展的内在价值。就价值比较而言，教育的内在价值是高于外在价值的，如果颠倒顺序，内在价值的优先性没有体现出来，就会造成“价值失序”。③

在案例 6－3 中，家长和学生认为，“家里有房”就可以“躺平”，读点书，能算账即可。这类观点明显受到了世俗功利思想的影响。对比另一类读书观，即接受教育就是为了获得一个好的回报——“找好工作”“挣大钱”“当大官”“出人头地”“改变命运”等，两者在本质上相同，都是对教育外在价值或工具价值的追求。由此，上学读书基本上成为教育者获取外在价值的工具。

从教育的内在价值来说，教育的主题是人，教育的最终目的是实现人的发展、人格的完善。因此，教育应从根本上关注人性，始终将人的成长、发展放在核心地位，任何其他外在价值都不应成为学校教育的中心。正如杜威所说，教育过程在它自身以外没有目的，

---

① 洛克．教育漫话［M］．杨汉麟，译．北京：人民教育出版社，2006：30．

②③ 石中英．杜威的价值理论及其当代教育意义［J］．教育研究，2019，40（12）：36－44．

它就是它自己的目的。对于教师来说，一要正确理解教育的内在价值，二要以适当的方式改变学生的学习观，让学生体验到学习思考本身的快乐与愉悦，或许可以帮助学生突破其原生家庭生活的局限。如果教师没有真正理解教育的内在价值，也就不可能说服学生和家长转变观念。

当前，工具理性影响下的学习观不仅影响家长，也影响教师，导致今天的课堂学习在一定程度上也背离了教育的内在价值诉求，学习活动对学生的吸引力相当有限。从人的长远发展来看，如果家长只注重学生学习实用知识与技能，教师只关注以升学为目标的应试能力，无视其思维发展、审美体验与人格完善等，那么，在家校协同育人方面还需要相当长的摸索阶段。

2. 人生观：家长与教师的理解各有局限

长期以来，中小学教师在很大程度上承担着传承知识的责任，教师们已经习惯于教知识，其自身的创新思维能力逐渐弱化。在学习与生活的直接关联方面，多数教师的视域依旧局限于高考，对于不再以升学为取向的家长和学生来说，教师似乎也无法提供更有说服力的解释。在案例 6-3 中，该家长的人生观——躺在家数钱，直接影响到学生的在校生活状态。如果学生听从自己家长的说法，从表面上看，或许衣食无忧；但从实质上看，他可能因此缺乏独立生存的本领以及适应生活变化的能力。这些家长受限于教育程度和生活阅历，确实看不到学校教育对其孩子未来成长的深远影响。与此同时，教师关于学习与人生关系的理解，也并没有让学生和家长看到学习可以开启新思维、新世界、新人生。

关于教育对人生观的塑造，重温经典，可以为教师提供一个自我反思的教育学视域。捷克著名教育家夸美纽斯在其名著《大教学论》中说："假如要形成一个人，就必须由教育去形成。富人没有智慧岂不等于吃饱了糠麸的猪仔；贫人不懂事岂不等于负重的驴子；美貌无知的人岂不只是一只具有羽毛之美的鹦鹉，或一把藏着钝刀的金鞘。我们由此可以知道，凡是生而为人的人都有受教育的必要，因为他们既然是人，他们就不应当成为无理性的兽类，不应当变成死板的木头。由此可见，一个人愈是多受教导，他便愈能按照准确的比例胜过别人。因此，凡是生而为人的人都有受教育的必要。"① 英国哲学家与教育家洛克曾告诫他的朋友："我敢说我们所见的人中，他们之所以或好或坏，或有用或无用，十之八九都是他们的教育所决定的。人类之所以千差万别，便是教育之故。"② 法国著名思想家卢梭也曾高度肯定教育的作用："我们生而柔弱，所以需要增强；无所依靠，所以需要帮助；愚昧无知，所以需要理智。所有我们生而缺乏而到成年时所必需的东西，都由教育所赐予。"③

综上所述，教师要知道教育对人生的重要意义，并引导学生和家长树立正确的人生观。如果教师的人生观存在局限，无法劝导学生，也无法说服家长，那么，我们只能看到一些青少年错过成长的关键期，他的一生可能一直处于被习俗之见封闭的"洞穴"之中，如何成为朝向新时代的社会主义接班人呢？

---

① 夸美纽斯．大教学论［M］．傅任敢，译．北京：教育科学出版社，1999.

② 洛克．教育漫话［M］．杨汉麟，译．北京：人民教育出版社，2006：7.

③ 卢梭．爱弥儿：论教育：上卷［M］．李平沤，译．北京：商务印书馆，2012：8.

第三节 教育与教养相互助力，教师与家长携手育人

苏联著名教育家苏霍姆林斯基曾说过，最完美的教育是学校和家庭的结合。① 基于上述案例分析可见，学校和家庭作为学生接受教育的两个主要生活领域，分别承担着教育和养育的任务，教育与养育相互助力才能促进学生更好的发展。教师和家长作为教育共同体，应该加强沟通、携手育人，培养出德智体美劳全面发展的社会主义合格公民。以下将结合本章三个案例中存在的相关问题，提出一些改进建议。

一、替代父母②：教师拥有帮助学生成长的使命

基于案例 6-1 存在的问题，建议教师从“替代父母”的视角来重新定位教师与家长的关系，进而探索学校与家庭协同育人的新方法。从“替代父母”的角度出发，教师作为专业教育者，必须尽可能协助儿童的父母完成育人责任。换言之，在父母的这一主要责任之外，教师被赋予“替代父母”的教育职责。基于此，教师有必要从亲子关系中获取丰富师生关系内涵的滋养，尽可能超越现有学校生活的局限。例如，在现行班集体生活环境中，师生交往常常是“一对多”的交往形式，教师似乎难以关注到每一位学生的日常状态。对比亲子交往“一对一”的状态，家长能够时刻关注自己孩子的变化。因此，教师要尝试克服学校集体生活的不足，尤其对每一级新生、来自特殊家庭环境的学生等给予更多关爱。

1. 教师应以“替代父母”的情感对待学生

纵观儿童的成长过程，孩子与父母、教师构成的亲子关系、师生关系恰恰是其精神成长过程中的独特之处。家庭是孩子生命展开的第一处所，孩子在亲子关系中获得自我意识，在亲子关系中体验同情，这是以血缘为基础的家庭生活共同体所独有的。学校是一个雏形社会，当孩子进入制度化的学校后，师生关系是一种有意或刻意建立的人际关系。无论孩子是否愿意，他的生活都必须和教师建立关联。尽管学校和家庭存在差异，但学校生活中的师生关系是以家庭生活中的亲子关系为前提的。

家庭关系的亲和力是学校教育关系的原初形态，也就是“育”的原初形态。那么，对于学校教育中的教师而言，成年人和孩子在一起形成的关系首先是“养育”，其次才是“教”，或者说两者本来就是一体两面，不可分离。所以，我们要探讨教育就要从“育”到“教”，以“回到事情本身”的现象学态度，寻求教育的“源头活水”。

随着社会的发展以及学校的出现，孩子从家庭走进学校，父母不可能对孩子的呼唤作出及时的回应，最可能的替代者就是教师。教师除了教授学生知识，还应该关心学生的身心发展，让每一位家长放心地把孩子交给学校，教师要像父母一样真心地爱每一位学生。对教师来说，他不可能选择自己的学生，“世界本身以一个学校班级的形式被派来，在他

---

① 苏霍姆林斯基．给教师的建议［M］．武汉：长江文艺出版社，2014：539.

② “替代父母”是加拿大教育学家范梅南提出的一个重要概念，在他看来，教师的含义就是他们必须不断地提醒自己与孩子之间的“替代父母”的关系。范梅南．教学机智：教育智慧的意蕴［M］．李树英，译．北京：教育科学出版社，2001：8.

的人生道路上作为他的命运与他相会；他的人生意义就在这命运当中”①。

那么，教师该如何以“替代父母”的情感对待学生呢？马克斯·范梅南认为，教学的本质与做父母有着深层次的联系。我们人为地将教育（主要指在学校中所进行的教学过程）与抚养儿童（通常认为是在家或家庭周围所进行的父母对孩子的培育过程）隔离。事实上，教育要关注孩子的道德、智力、身体和精神的整体发展。由此可见，教师的职责不仅仅在于教给学生课程内容，教师应该尽可能地协助儿童的父母完成教育儿童的责任，为儿童营造一种师生交往亲密无间的安全感、责任感。

第一，教师必须像父母一样始终怀有一颗向着孩子的爱心。教师必须从多方面去理解学生，理解是师生建立亲密关系的前提。理解的心灵是一个教师的一切，是怎么高估也不为过的。② 教师对待学生要有一种像父母对待自己孩子的那种感情。这种感情是一种内心的状态。孩子感受到师爱，在其内心深处愿意成为像教师那样的人，愿意听从教师的教导。在此过程中，这个孩子会不断走向他最深层的自我。

第二，教师要履行好教育责任。教师的教育责任是教师基于角色应当负担的一种职业责任和道德义务的统一。“替代父母”关系中的教师则需要承担起父母的责任，不能仅仅关注学业成绩，而要能正确指引学生明辨是非，正确看待自己、正确看待社会、正确看待人生、正确看待他人，思想上成为一个对社会有用的人、对他人有帮助的人，从而成为社会主义合格公民。

2. 教师与父母应建立有效的沟通方式

从案例 6－1 中不难看出，协同育人是指家长和教师要共同努力，教师需要家长进行密切的配合。目前，在家校协同育人方面，普遍存在共育意识不足的现象，导致双方经常出现互相推脱责任或者相互裹挟的现象。比如，有的教师倾向于让父母监督、辅导和检查孩子的作业，参与手工制作等，父母成了教师的助教，家庭教育似乎演变成学校教育的附庸；有的父母也会推卸责任，认为孩子进入学校，不论文化知识的传授还是思想品德的培养都是学校和教师的责任，自己只需要保障孩子的身体健康、满足其基本的物质需求就可以了，缺少参与学校管理的意识。③

在案例 6－1 中，家长知道班主任每天要管一个班的学生，可能顾不上自己的孩子，为了及时掌握自己孩子的情况，会主动联系教师，这在一定程度上增加了班主任的工作负担。对于有特殊需求的家长，建议教师主动作为。以下做法可供借鉴。

第一，教师和家长在协同育人过程中应建立良好的沟通机制。家庭和学校是学生展开日常生活和学习的两个重要场所，家校共育即充分发挥好学校和家庭的积极作用，形成教育合力，共同促进学生的健康成长和全面发展。着眼于学生的健康成长，首先，教师和家长应该从意识上先具有“共育”的思维。比如，教师找家长的理由从“只报忧”变成“既报喜又报忧”，在不断的沟通过程中，教师和家长逐步形成共同的教育思想，相互尊重、相互配合，而不是彼此对立，因为只有拥有共同的教育理想，才能够站在同一方位，心往

---

① 布伯．人与人［M］．张见，韦海英，译．北京：作家出版社，1992：163.

② 哈特．从信息到转化：为了意识进展的教育［M］．上海：华东师范大学出版社，2007：88.

③ 朱永新．我国家校共育的问题及对策［J］．教育研究，2021，42（1）：15－19.

一处想，劲往一处使，从而发挥出家校合作教育的积极作用。其次，教师应该积极争取家长的配合与支持。教师应耐心倾听不同家长在家校共育工作中的不同看法和意见，理性分析家长资源的不同特点，对于积极的、正向的资源，教师就应该加以借鉴和利用，而对于负面的、错误的东西，教师就应该加以指正和提示，从而转不利因素为有利因素。比如，在制定班级班规时，教师应该积极邀请家长参与，并且积极听取家长的意见和建议。最后，家长也应该清醒地认识到家校共育对子女成长和发展的重要作用，与学校树立一致的教育思想，努力提高自身素质，从而做好家校共育。

第二，在教育实践中可以探索有效的沟通途径。首先，建议各学校根据条件因地制宜地实施“学校开放日”“家长面谈日”等制度，请家长轮流、定期到学校随班听课，尽力确保每一位家长都有机会与学校、教师进行深入交流。其次，敦促学校设立“家校沟通时间表”，保障教师能通过线上或线下的方式定期与家长保持联系。再次，教师与家长应在沟通前明确沟通目的和内容，使双方有机会交流学生的真实样态、家长诉求、学校计划、教师期望等信息。最后，进一步实施学校信息公开制度，通过学校网站、微信群、QQ群等向家长公开各班级教育教学情况，让家长能够在更全面的信息环境中了解子女的学校生活。①

二、教师要重视校纪的正面教育力量

学校处理有违纪行为的学生，表面上是实施惩戒，实质上应以教育为首位，即让学生深刻理解错误行为的危害，避免重蹈覆辙。从案例6－2反映的情况看，学校在处分学生的同时，务必坚持教育立场，学校是教育机构，不是执法机构，学校相关部门一定要展开细致的调查研究，从学生、家长两方面做好细致的教育工作。

1. 师生谈话：引导违纪学生深刻认识失范行为的错误

在学校教育教学活动中，批评教育违纪学生，是学校德育工作的重要内容，也是管理学生的重要手段。对于违纪学生不应“一棒子打死”，要充分认识到学生的违纪是其成长过程中的正常现象。教师要发挥教育引导的效用，进行师生谈话，实现违纪学生心理与行为的教育转化。师生谈话时既要把握好方向，又要掌握必要的技能技巧，如果采取灌输、指责、压制等方式，则可能会引发学生的抵触。

第一，教师要与学生建立平等信任的关系。教师在谈话过程中如果一直向学生强化自己作为教育者、批评者的角色，会导致学生因害怕、胆怯而抗拒，也就不能让学生在思想上认识到自己的错误，学生很可能为了尽快结束谈话而屈从地表现出老师期望的服软样子，结果，看似成功的“教育”已经失败了。所以，在谈话一开始，教师就要和学生建立平等信任的关系，然后再耐心地倾听学生的讲述。

第二，教师要坚持“以生为本”，谈话要从知、情、意、行四个角度推进。教师和违纪学生谈话，应该关注的是学生而不是违纪行为，尊重和关心学生作为一个人的存在，目的是使学生成为向善之人，而不是将谈话作为处理违纪的过场。谈话时，教师要从知、情、意、行四个角度全面推进，让学生能够在思想上认识到自己的错误行为，体会到老师

---

① 姜英敏．家长对协同育人的期待和建议［J］．人民教育，2021（8）：23－25.

批评教育的目的并从情感层面反思，出现后悔、愧疚等心理，进而改变后续行为。

第三，教师要把握教育学生的恰当时机。在案例 6－2 中，考生的行为违规，存在作弊的可能性，对此，学校确实需要批评教育，但是，监考教师当场情绪激动，考试还未结束就带着考生当众离开考场，对于有自尊心的孩子来说，可能引发其产生强烈的对立情绪。所以，教师处理违纪学生的方式方法也要讲究教育性。仅就此事来说，监考教师首先要让学生完成答卷，学校的处分公示也要讲究时机，否则，会影响考生参加后续考试科目的心态。因此，对于学生的考试违纪行为，要在恰当的时机进行处分，一是要尊重学生的自尊心；二是通过摆事实、讲道理的方式，推心置腹地与其交谈，循循善诱地耐心教导。总之，要动之以情，晓之以理，让学生和家长心服口服。

2. 家校沟通：教师与家长达成育人共识

在案例 6－2 中，家长完全听信自家孩子的一面之词，未和学校及时沟通，就质疑学校对孩子的处理意见过于严重，由此造成家庭与学校、家长与教师之间的矛盾。为了避免类似问题出现，教师作为专业教育者，要充分意识到自己在家校沟通方面的专业影响力，主动加强与家长的有效联系。

事实上，学校教育与家庭教育有效衔接，能形成教育合力，让孩子的成长环境在教育原则上保持高度一致，如果家庭生活和学校生活缺乏这种统一性，那么学校教育和家庭教育“就会像纸做的房子一样塌下来”。所以，教师要采取多样化的、优势互补的沟通方式，保证家校沟通的畅通性，促进家庭学校的良性互动。例如，可以通过家长讲坛、家长沙龙、校园开放日等多种途径宣传科学的教育理念，教师对家长的教育方法给予专业指导；充分发挥家委会在家校沟通中衔接联系、整合资源、凝聚合力的重要作用，定期开展交流活动，让家委会成员参与讨论学校发展的重大决策，及时反映学生、家长存在的困难或困惑，使他们成为学校发展的助力者、家庭教育的引领者、家校共育的协调者。①

总之，教育是一项立德树人的事业，学生德智体美劳全面发展不可能完全靠学校教育，家庭教育也必须有效参与其中。如果家庭和学校、家长和教师之间存在矛盾，势必影响孩子的健康成长。因此，教师和家长在家校协同方面必须保持积极有效的沟通方式，才能相互助力、携手育人。

三、教师要让家长拥有真正的教育眼光

在家校协同育人的过程中，教师和家长之间存在角色差异，这种角色差异体现在，教师是专业教育者，而家长是非专业教育者。在教育实践过程中，教师要以教育专业思维引导家长进行教育方面的思考，这样才能使一些家长超越习俗教育观，进而帮助学生超越原生家庭视域局限。

1. 教师帮助家长超越习俗教育观

在案例 6－3 中，家长拥有中国传统文化中“小富即安”的思想，这无疑会影响到学生的学习态度。学校作为公共教育机构，应充分认识到“延续人类文明发展方向”这一重大教育使命的关键意义，并大力宣扬“努力上进争上游”这一人类社会发展的内在动力。

---

① 孙夕礼．学校在家校社协同育人方面如何作为［J］．人民教育，2021（8）：29－32．

教师作为学校教育的主体，应该深刻理解教育的价值，帮助家长超越习俗教育观。作为家校合作的主体，教师和家长只有在价值观教育中保持高度的一致性，才能培养出学生正确的价值观、学习观、人生观。

首先，教师应该拥有正确的、积极的教育价值观。树立正确的教育价值观就是要以立德树人的成效来评价教师的工作。事实上，树立正确的教育价值观并不是一件容易的事，因为“唯分数”“唯升学”等错误的教育价值观会进行干扰，它们支配着老师对“什么是好教育”的理解。

其次，教师要积极引导家长具有正确的教育价值观。家庭教育就好比一棵树，家长的教育价值观就类似种子，种什么种子，就会结什么果子。家长不能强制地把自己的思想灌输给孩子，要照顾孩子的感受和兴趣，让其能够有上进心和求知欲，树立远大的理想；家长要尊重孩子身心发展特点和认知规律，既不能溺爱，也不能管教过严；家长要率先垂范，用自己良好的品行和言行举止影响孩子等。

最后，家长需要不断学习，与孩子共同成长。家长是家庭教育的第一责任人，但是没有一个父母是天生就掌握家庭教育规律的，家长需要不断进行学习，与孩子共同成长。通过学习，家长可以掌握科学的育人理念、家庭教育的基本方法等，从而给孩子提供精准的家庭教育指导，让孩子成为自己最想成为的那个人。

2. 教师帮助学生超越原生家庭视域局限

在案例 6－3 中，教师被迫妥协，对于不求上进的学生，消极对待。事实上，从实现培养社会主义建设者与接班人的目标来看，教师必须采取积极的行动，帮助学生超越原生家庭世界观的局限。

原生家庭是孩子最早成长的环境，原生家庭的父母也是孩子最依赖最亲密的人，原生家庭的环境、家教家风、父母的言谈举止等，往往会成为孩子最初的行为观念，影响到孩子未来一生的发展。所以，原生家庭对孩子的成长很重要，经营好一个原生家庭，能让孩子获得更多的成长力量。基于家校协同育人的视角，教师有必要帮助学生超越原生家庭的局限。

首先，教师要多给孩子关爱。特殊家庭的孩子一般比较自卑敏感，他们经常处于忧愁、不安、思念的状态，教师对这样的孩子要给予更多的关心和爱护，在孩子遇到困难时主动帮助孩子，平时也要多观察孩子，对任何异样的情绪都要进行关注，及时进行疏导。在课堂上，老师要对这些孩子多一些包容和理解，多进行鼓励和表扬，少一些批评和指责。

其次，教师和家长携手共育，促进原生家庭学生观念的转变。在案例 6－3 中，家长和教师关于学生的学习观出现了分歧，家长狭隘的教育观影响了孩子的学习态度。对此，教师不能被迫妥协，消极对待，而应该积极主动地与家长沟通，让家长理解学校教育的终极目标是促进人的全面发展，而非单纯学会具体事务方面的计算。

总之，教育是使一个人不断朝向开发潜力与获得自觉的过程，让学生学会做人，学会生存。教师在其职业生涯中，要准确构建专业伦理形象，真正理解教育的本质，为自己坚定教育信念，为他人树立教育观念，在协同育人过程中将正确的教育价值观逐步渗透给家长和学生，帮助学生超越原生家庭视域局限，让教育真正实现育人价值。

思考题

1. 从育人方式上比较学校教育与家庭教育的差异与共性。
2. 谈一谈家校合作的成功案例。

推荐阅读书目

1. 陈桂生．普通教育学纲要［M］．上海：华东师范大学出版社，2009.
2. 夸美纽斯．大教学论［M］．傅任敢，译．北京：教育科学出版社，1999.
3. 王道俊，王汉澜．教育学［M］．北京：人民教育出版社，1999.

第七章 师德行为失范的负面清单

内容提要

学校是社会公共教育机构，学校教育工作也因此成为公众事务，教师比社会上其他领域的从业者受到更多公众的关注。一旦媒体曝光教师失范行为，立刻就会引发社会舆论。为了进一步加强师德师风建设，《中共中央国务院关于全面深化新时代教师队伍建设改革的意见》（2018 年 1 月 20 日）提出推行“师德考核负面清单制度”，教育部印发的《新时代中小学教师职业行为十项准则》（2018 年 11 月 8 日）强调师德失范行为的十不准。这些文件的出台表明我国政府高度重视“师德失范行为”的负面影响。基于师德负面清单制度，本章选取一些教师的师德失范行为，检视其中的教育问题及成因，为广大教师提供预警视角与专业反思视域，提升教师自身的专业敏感性与觉察力。

学习目标

1. 了解师德负面清单的具体内容及其可能对学生身心造成的伤害。
2. 掌握预防行为失范的若干措施。

关键词

教师行为失范　师德负面清单　教育应对措施

自近代制度化教育实施以来，学校成为社会公共教育机构，学校教育工作也因此成为公众事务，教师比社会上其他领域的从业者受到更多公众的关注。一旦媒体曝光教师失范行为，立刻就会引发社会舆论。为了办人民满意的教育，我国党和政府高度重视教师队伍师德师风建设，《中共中央国务院关于全面深化新时代教师队伍建设改革的意见》（2018 年 1 月 20 日）指出，在常态化开展师德教育的同时，教育部门明确推行“师德考核负面清单制度”，划“红线”，守“底线”，筑“防线”，维护教师职业形象。基于师德负面清单制度，本章选取一些教师的师德行为失范的案例，检视其中的教育问题及成因，期待为广大教师提供预警视角与专业反思视域，提升教师自身的专业敏感性与觉察力。

第一节　师德行为失范：日常化与隐蔽化

在本节选取的三则案例中，一则来自权威媒体的报道，两则来自学生视角的叙事。虽然案例反映的具体情况存在些许差异，但是在一定程度上呈现了教师失范行为的普遍特点：一是日常化，即教师在日常工作中对自己的行为甚至情绪管控不够，导致出现行为失范的情况；二是隐蔽化，即教师行为失范表面上好像没有伤及学生，实质上则深刻影响了学生的人生态度与职业信念。通过呈现三则案例反映的问题及产生的后果，期待广大教师在教育实践过程中始终保持清醒的专业自识力，以防行为不当给学生成长留下各种隐患。

案例 7－1

体罚——“暴躁”教师的冲动①

据新华社 2022 年 5 月 22 日报道，云南省昭通市鲁甸县一学校教师殴打学生的视频引发社会关注。

网络视频显示，一名男老师揪住男学生的头发不停地摇晃，这期间老师一把将学生从座位上拉下，该学生顺势倒地，随后被老师踹了几脚，视频中能清晰地听到该名男老师对倒地学生说：“趴下，趴着，趴着。打也打不醒，骂也骂不醒，死人都打活了吧。”随即，老师将该学生拉拽到教室大门，踢了一脚后，将他赶了出去。事发后，鲁甸县教育体育局迅速将该学生送至县人民医院，通过全身体检未见损伤后，该生一直在学校正常上课。事后，记者采访被打学生，他说道：“当时是我上课打瞌睡嘛，老师就打我，其他老师一般看到学生睡觉，会让站起来上课，我们班主任脾气比较暴躁。”

该事件发生后，教育部高度重视，2022 年 8 月 30 日，在教育部公开曝光的第十批 7 起违反教师职业行为十项准则典型案例中，该案例被列为第 7 起典型案例。该教师的行为违反了《新时代中小学教师职业行为十项准则》第五项规定。根据《事业单位工作人员处分暂行规定》《中小学教师违反职业道德行为处理办法（2018 年修订）》等相关规定，给予教师马某降低岗位等级处分，并调离教师岗位。给予其所在学校的校长和党总支书记警告处分，对其所在县教育体育局进行通报批评，并责令作出书面检查。

---

① 教育部公开曝光第十批 7 起违反教师职业行为十项准则典型案例 [EB/OL]．（2022－08－30）[2023－04－18]．http://www.moe.gov.cn/jyb_xwfb/gzdt_gzdt/s5987/202208/t20220830_656569.html.

【点评】

在上述案例中，学生上课“打瞌睡”、“沉默应对”乃至言行“顶撞”老师等，均是教师在日常工作中常遇到的情况。面对学生此类“错误”之时，教师如何进行“惩戒”？有的教师“苦口婆心”地进行批评教育，有的教师“视而不见”不管不问，有的教师“火冒三丈”拳打脚踢，如该案例中“体罚”学生的情况。我国《教师法》《义务教育法》《未成年人保护法》等多部法律，《幼儿园管理条例》《中小学教育惩戒规则（试行）》《教育行政处罚暂行实施办法》等法规规章，《中小学教师职业道德规范》《中小学教师违反职业道德行为处理办法》《新时代中小学教师职业行为十项准则》等规范性文件，无不禁止体罚。在学校现实生活中，“体罚”仍然禁而不止。

众所周知，每次经媒体曝光后，相关责任人都会及时被处理，教师的不当行为和领导的失职管理都会得到相应的惩罚，但是，“体罚”给学生造成的心理创伤以及给家长和社会带来的负面影响等，都难以一时消除。由此可见，教师要从根本上杜绝“体罚”问题，必须从教育专业角度重新理解教师行使教育权力的限度。

案例 7－2

泄题——教师的“好心”做法①

记得初中二年级的时候，陈老师接手我们班的语文课。当时，我们班的语文学科成绩在全年级排名倒数，全班同学学习语文的积极性也不高。现在，我依然能清晰地记得陈老师第一次走进我们班的情形，她穿着得体的风衣，配着一条色彩明快的丝巾，好美啊。我们班女同学顿时喜欢上她的风格与气质，连带着语文课也成为我们好多人喜欢的科目。每堂语文课，我们都坐姿端正，就连起立喊“老师好”的声音都明显比上其他课时洪亮。陈老师也感受到了同学们的热情，上课的时候喜欢跟我们分享她刚刚结束的大学生活（她大学毕业后就来我们学校工作了，我们是她的第一批学生），令人无限憧憬的大学校园生活和仪态优美的陈老师，都让我们对语文课充满了热情。

这样气氛和谐的语文课仅仅持续了1个月，我们就要面临第一次月考了，大家都比较紧张。在考试前两天的语文课，陈老师专门给我们班安排了复习活动，尤其给那些成绩中等及偏下的学生提供了一些练习题，同时，她还特别提醒几个语文学习成绩好的同学要重点复习的知识点。

在考试的时候，我们发现考试卷上的多数题目与陈老师给我们的复习题十分相似。考试结果一出来，我们班的语文学科分数自然比较高，同学们都高兴得不得了！从此以后，学校的每次月考，陈老师都采取同样的方法，我们班的语文成绩“奇迹”般地特别好！与其他班同学交往的时候，我们也感到扬眉吐气啊！

在学期末的语文学科考试之前，陈老师也带我们复习了一些题目，但是，拿到语文试卷的时候，好像没有了熟悉的感觉，教室里一片叹气声音……考试结果出来后，我们班语文成绩的年级排名又回到了以往的倒数水平。对此，作为学生，我们心里也很难受，平时

① 本案例来自课题组的访谈资料，编入本书时进行了适当删减。

考试成绩比较好，统考成绩变得这么差，被别的班级指指点点的滋味很不舒服。

在期末考试之后，陈老师语重心长地跟全班同学解释了她平时的“好心”做法。平时，学校的“月考”由语文组老师集体命题，为了通过提升考试成绩来树立同学们对语文学科的信心，她就把题目变形处理后提前让我们练习，因此，我们班的月考成绩比较好。尽管如此，在同学们眼里，考试是一项严肃的事情，陈老师的做法就是“泄题”，表面上可能是为了我们班学好语文，但是，未来的中考和高考都不能事先知道题目，还得凭真本事去考试。从此以后，我们同学上语文课的热情也不像以前那样高了，我们班语文成绩又回到了年级倒数……

【点评】

本案例的讲述者是一位高中学生，在她的叙事中，我们看到一位年轻教师为了提高学生的语文学习兴趣采取的不当行为，即把平时学校的“月考”题目做简单变形处理之后交给学生复习，以此让学生获得比较高的考试分数。对此，陈老师的解释是为了以此提升同学们对语文的学习兴趣。事实上，在学生们的眼中，陈老师的“好心”做法就是“泄题”。

对于初中二年级的学生来说，从小学到中学，将近8年的学校生活已经让他们体验到考试是一项十分庄严而神圣的活动，即平时的考试是检验学习效果，升学考试更是一件非常严肃的事情。事实上，初中生或许说不出考试的公正性，但是学校考试工作的严肃氛围已经让他们体验到了考试的特殊地位与作用，所以，学生能够从本质上领悟到考试要凭真才实学，进而察觉到陈老师的“好心”做法存在问题。从教育专业视角来看，陈老师此举的危害表现在三个方面：一是破坏学校考试的公平性质，二是误导学生对自己学习能力的判断，三是误导其对自己教学能力的判断。

案例 7-3

礼物——教师“关心学生”的缘起①

前些年，记得我小学升初中的时候，能够就近入学，到我家附近的一所初中读书。据我妈妈了解，该校一位颇有名气的班主任王老师在暑假里组织了一个辅导班，让一些小升初的学生提前学习初中课程。一些家长为了自家孩子开学后能够顺利被分到王老师的班级，提着大大小小的礼物恳求王老师（我妈妈也是其中一员）让自己的孩子进入辅导班，王老师从不拒绝家长们的礼物。

暑假转瞬即逝，很快迎来了“激动”的分班时刻，妈妈兴致勃勃地将我送到王老师带的初一（1）班报到。王老师却说，因人数超额，我和另外五位（辅导班）同学被分到了隔壁初一（2）班。妈妈和那五位家长当场就跟王老师理论，但是，王老师态度强硬，且话里有话，意思是我妈妈和几位家长送的礼物太一般了，如果心里不平衡可以将礼物拿回去。我妈和几位家长虽然认为王老师这样做不公平，但忌惮王老师还要教我们班的数学课，只好作罢。

---

① 本案例原始素材来源于 https://zhuanlan.zhihu.com/p/561861376，收入本书时进行了适当删减。

初中毕业后，我从镇中学考进了县一中（当地的重点中学）。进入高中后，我发现身边同学都是“学霸”，我在课堂上也不敢像初中时候那样抢着发言，即使举手，多数老师也很少记得我的名字，我因此变得敏感又自卑。当时，每周有五天在学校寄宿，晚自习结束后，我常常给妈妈打电话哭诉……

一段时间之后，我发现班主任李老师（兼教物理课）在课堂上对我的关注越来越多，时常提问我，课间也会关心我的学习情况和住校情况，而且，我的座位也从后面移到了第二排。高中三年，李老师一直是我的班主任，在她的关心之下，我的学习劲头特足，也越来越自信。我非常感谢她，也立志长大后成为她那样的老师！高考填报志愿的时候，我主动选择了师范大学。

高中毕业后，我在与妈妈的一次深谈中得知：她从初中“送礼”的教训中汲取了经验，知道我进入高一时因教师不关注而自卑，就私下找到班主任，并送了多个红包，而且，高中三年始终保持与班主任的友好联系。听到妈妈说的这些话的时候，我的心里五味杂陈，原来，班主任李老师对我所有的关心都源于妈妈与她之间的“礼尚往来”，而不是看到了我的不断努力啊。刹那间，我对李老师的感恩之心蒙上了一层迷雾，我的教师职业理想也遭遇了现实生活的重击……

【点评】

在本则案例中，从初中到高中，“我”妈妈给不同的教师送礼。事实上，教师接受家长的礼物之后，确实有了家长期待的效果，即教师给予该生座位上的“周到安排”，并对其学习给予“特别关注”。

当时，“送礼”确实在一定程度上提升了该生学习的积极性，并未出现消极影响。但是，从事件的发展来看，“送礼”的后续影响依然存在。多年以后，当“我”知晓教师“关心”的原委之后，给“我”带来的消极影响是双重的：一是影响师生之间的纯洁感情，二是影响一位未来教师对其职业前景的信心。

尽管本案例发生在多年以前，教师行为“十不准”尚未引起高度重视，但是，从教师工作的应有之义（教育本义）来看，教师接受家长的礼物本身就是违背职业道德规范的行为。对此，教师需要从专业伦理角度进行深刻反思。教师与家长可以从社会成年人的角度来理解彼此之间的“礼尚往来”，但是，在真实的学校生活中，教师与学生之间交往的实质是教育关系，一旦被社会习俗文化逻辑所左右，则原本纯洁的教育关系被污染，对未成年人的潜在危害是无法估量的。

第二节　师德行为失范之专业检讨

从我国已经颁布的师德禁令——教师行为“十不准”来看，上述三则案例中的教师行为明显存在不当之处。对于情节严重、影响恶劣的教师，根据《教师法》《教师资格条例》，将撤销教师资格，并列入教师资格限制库，以保证教师队伍的纯粹性。从师德修养的角度看，本节重点是从教育学立场检讨教师行为失范的内在原因，以此提升教师的专业敏感性与判断力，做到防患于未然。

一、教师“体罚”学生的观念误区

在学校教育工作中，学生是教师的直接教育对象，师生日常交往行为构成学校生活中最基本的教育关系。但是，在日常的教学过程中，个别教师存在着体罚或变相体罚等失德行为，不仅会对学生的行为举止产生负面影响，还可能对学生的身心健康造成直接或间接的伤害，进而影响其学校生活品质以及“三观”的形成。

在案例 7－1 中，该教师对学生的“体罚”虽未对学生的身体造成严重伤害，但是，其行为影响恶劣。根据相关规定，该教师本人及其所在学校领导也因此受到了应有的处分。在真实的学校生活中，个别教师为什么存在这类行为？这就涉及对“教育惩戒”的专业理解与准确把握。一般来说，一些教师对“教育惩戒”存在一定的误解，这种误解的存在既有历史缘由，也有现实缘由。

1. “体罚”学生的习俗误解：历史缘由

从历史视域看，“体罚”行为在中外教育史上存在着相当程度的合理性。在我国的传统教育观念中，“养不教，父之过；教不严，师之惰”等传统思想根植人心，已经化为民风习俗。在此影响之下，“体罚孩子”也在一些成年人的观念中根深蒂固。一些家长认为“玉不琢，不成器”，适度的体罚已经成为家长判定“严师”的标准，因此，教师“体罚”学生也被这些家长理解为一种教师职业专属行为。在上述观念之下，无论是家长、教师，还是学生等，都会默认“体罚”行为的合理性，也在无形之中对教师实施“体罚”进行了一定意义的“授权”，或者说，对教师“体罚”学生的行为起到了间接的推动作用，从而导致了“体罚”学生的日常化现象。曾有研究者采用大数据分析的方式，研究网民对教师体罚学生事件的评论，结果显示：虽然人们对体罚总体趋于反对，但是不少网民仍然态度比较模糊。①

对照西方的教育传统，中世纪欧洲教会学校也普遍流行体罚。即使到了 17 世纪，英国教育家洛克也认为，如果学生倔强和公开反抗，仍然可以体罚。19 世纪德国哲学家赫尔巴特在其名著《普通教育学》中也指出，在管理儿童的方法中，包括体罚在内的惩罚，应当占重要地位，以此“克服儿童不驯服的烈性”。② 可见，重温中外教育史，无论是经典论述还是习俗之见，对“体罚”的理解都存在一定程度的历史局限性。

2. “体罚”与“教育惩戒”的边界模糊：现实缘由

在案例 7－1 中，从表面上看，教师“体罚”学生的直接原因是自己脾气暴躁；深层原因恐怕还在于这些教师的个人观念中对“体罚”以及“教育惩戒”的界限存在不清晰的认识，不能准确把握两者之间的限度与分寸。于是，教师的行为可能出现从“适度惩戒”滑向“过度惩戒”，即出现了“体罚”的现象。

从教师的角度看，法律只是规定了“惩戒”的“底线”和“红线”，相关部门又把行使教育惩戒的权力下放给了学校，而如何合理地进行惩戒，并未作出具体说明，尤其对惩

---

① 吴陈兵，张琪，许强，等．法制、良知与常理的交织与困顿：对教师体罚行为社会反应的大数据分析［J］．湖南师范大学教育科学学报，2016，15（4）：94－102．

② 赫尔巴特．普通教育学［M］．李其龙，译．北京：人民教育出版社，2015：17．

戒的范围、方式、程度、程序等都缺乏规范的标准。因此，学校领导和教师难以准确理解及把握教育惩戒的内涵和尺度，更难以确立相应的惩戒制度。鉴于上述现状，教师在管教学生的时候如履薄冰，既要严格管教，又要不违反相关法律规定，很多教师感到无所适从。有的教师认为，惩戒权“想用不敢用”；有的教师认为，惩戒权“想用随便用”。总之，如果不用“教育惩戒”，可能不利于未成年人及时改正错误行为，反而导致学校对学生行为规范的管理出现弱化现象；如果“滥用”“擅用”，难免会偏向对学生进行“体罚”，甚至可能对学生的身心造成不必要的伤害，直接导致教师行为失范。

二、教师的“好心”与学生的“本心”

在案例 7－2 中，陈老师为了提升本班学生的语文学科“月考”成绩，把考试题变形处理后提前交给学生练习，确实让全班学生的语文成绩得到了整体提升。但是，在市里统考的时候，陈老师无法提前知晓考试题目，无法实施“精准”复习，学生的考试成绩下滑，并由此遭遇打击。尽管陈老师向学生解释了其“好心”做法的初衷，但是在学生的赤子之心面前，陈老师的“好心”似乎苍白无力。尽管对照已经颁布的教师“十不准”，陈老师的行为没有被列入其中，但是其行为的消极影响不容忽视。

1. 教师曲解了考试的评价导向

在学校教育实践活动中，考试是一种必要的评价手段。一般来说，平时学校内部举行的考试主要作用是教学监测，即及时反馈教学效果，便于教师做出调整。本案例提及的“月考”用意就在于此。但是，案例 7－2 中的陈老师则错误地理解了“月考”导向，她将学生的考试成绩作为评价教学效果的唯一标准，而不是将“月考”看作对学生学习过程的监测，忽略了对学生综合素质的培养。这种误解会导致教师过分注重考试成绩，而疏忽教学过程中对学生思维能力、创造力和实践能力的培养；甚至会影响到教师的教学水平，出现教学内容单一、教学方法陈旧等问题。案例 7－2 中的陈老师旨在用“月考”成绩增强学生对语文学科和教师的喜爱度，而忽视了在日常教学过程中对学生语文核心素养和学习兴趣的培养，因此出现了“泄题”的行为。

对于学生而言，教师对考试的曲解也会导致他们在应对考试时过分注重分数和成绩，而忽略了学习过程的重要性，进而错失改善自身学习能力的机会。在案例 7－2 中，陈老师提前给班级同学准备好复习题，学生通过反复练习记住答案，在月考时只是再现熟悉的知识，却失去了独立思考与解决问题的机会，无法实现这类考试的应有价值——针对教与学的状况进行“查缺补漏”，教师根据教学监测结果思考如何让学生真正形成语文学科核心素养。从根本上说，该教师的“好心”是其功利心在作祟。

2. 教师忽视了提升学生学习信心的内在动力

在案例 7－2 中，陈老师对自己“泄题”似乎给出了一个合理的解释：“为了通过提升考试成绩来树立我们对语文学科的信心。”学生只有真正读懂语文学科，才能树立对语文学科的学习信心。事实上，学生一两次的“好成绩”也只能给他们带来短暂的自信心，期末考试成绩的不理想又会将他们的自信心推向谷底。从教育专业视角来看，学生的学习信心受多方面因素影响，包括对某一学科的兴趣与热爱、对自身能力的认可、对学习过程的驾轻就熟等。如果教师只关注学生的外在成绩变化，而忽略以上因素，那么，教师自己可能也会在教学实践中迷失方向。

学生对某一学科持久的信心是源于学科自身的魅力，这理应成为教师教学努力的方向。就唤醒学生的学习信心而言，教师是重要因素之一，如果教师能够提供支持和积极的反馈，鼓励学生尝试新事物和解决问题，那么学生的信心会得到增强。可见，教师应在日常教学过程中给予学生正反馈，引导学生提出问题、思考问题、解决问题，不断提升学生的学习自信心；而非通过“泄题”的方式短时间内提高学生的学习成绩，这不仅违背了考试的公平性，更会使学生形成伪教育的学习观念。

因此，教师应该思考如何教学才能让学生真正感受到学科的魅力。“教学不仅是教知识本身，而且还通过间接的经验影响学生的直接经验，促进学生个人经验的改善。”① 遵循此理，教师能够做到教育学意义上的“教书”，学生在学习过程中不断改善直接经验，进而提升心智水平，真正学懂学科，树立起对学科的自信心。

“教育学的行动和反思就在于不断地识别对某个具体的孩子或一群孩子来说什么是好的、恰当的，什么是不好的、不恰当的。”② 通过“泄题”来帮助学生提高成绩会给学生带来短暂的欢愉感，长此以往，学生会逐渐失去对学科意义感的追寻，继而产生诸多不良后果。在案例 7-2 中，陈老师需在教学实践中反思“泄题”行为对学生的危害，真正理解“考试”的意义，引导学生通过考试反省自己在学科素养方面的不足，不断改善自身的学习能力。只有这样，才能真正实现“考试”之于学生的教育意义。

三、教师混淆“私心”与“师心”的本质区别

在学校生活中，教师关心每一位学生是其职责所在，也是教育之爱的高尚性与神圣性的显现。从教育专业视角来看，“师心”指教师对学生的无私之爱，是教师始终朝向孩子成长的意向，蕴含着丰富的教育学意蕴及情感体验，也是教师职业道德的直观显现。教师的“私心”指个别教师出于个人意向的功利心。在案例 7-3 中，个别教师将“关心学生”看作与家长利益交换的筹码，根源在于教师没有从教育专业立场去对待孩子，混淆了“私心”与“师心”的本质区别，并纵容不良的社会风气干扰本应纯洁的师生日常交往活动。

1. 教师的“私心”遮蔽“师心”

在教育学视域中，教师对孩子的良好生存和真正成长的关心，就是教育学的意向③，在此意向中，教师的心始终朝向孩子，并且尽最大的可能培养儿童的行为习惯、意志品质。教师只有拥有了教育学的意向，将心朝向儿童的生命生长，学校或许才能真正开始教育生活。唯有如此，师德才可能具身化地显现于每位教师的日常言行举止与音容笑貌之中。

在案例 7-3 中，两位教师的行为如实反映出他们对教师之爱心缺乏深刻感悟。李老师收取了学生家长的礼物，作为利益交换，关注该生的学习情况和生活情况。与之对应，

---

① 朱晓宏．重新理解教书育人［J］．北京教育（普教版），2017（2）：12.

② 范梅南．教学机智：教育智慧的意蕴［M］．李树英，译．北京：科学教育出版社，2001：58.

③ 同②24.

王老师没有让一些学生进入他们期待的班级里，因为家长的礼物没有达到王老师的预期。在此，透过两位教师的行为，似乎看到“权力寻租”① 性质的腐败现象已经蔓延至学校生活。

如果教师的“为师之爱心”都被“为己之私心”所蒙蔽，教师的心不再朝向孩子，会直接导致教师无法反思自己的行为，这确实需要广大教师警醒。如果教师在日常师生交往过程中缺乏专业反思意识，就可能被社会陋习所污染而不自知，不能及时纠正自己的行为，渐渐背离为师之道。从学生的情感体验来看，“师爱”能够提供师生精神互动的机会，也是教师能够对学生的行为做出及时、主动觉察的根源所在。唯有从教师的内心涌出朝向学生的爱和关心，才是教师专业精神与专业素养的基础所在。

2. 教师以“社会习俗交往”取代“学校师生交往”

事实上，师德不是教师耳熟能详的行为准则，而是教师在日常工作和生活中的专业敏感性与行动力，是教师人格魅力的直观显现。一般而言，从人与人的交往看，主体与主体之间的相互尊重及相互理解是交往的基础条件。对于师生交往而言，由于学生是未成年人，其身心还处于未成熟状态，因此，教师要通过师生日常交往活动敏感地觉察到学生在知情意行诸方面的变化，并运用教育专业能力去理解学生，引导其朝向德智体美劳全面发展。然而，在案例 7-3 中，两位教师忽视了其工作对象是未成年人，他们依然囿于传统社会的交往习俗——礼尚往来，而且还以此干扰学校的常规教学活动，甚至出现教师“收礼办事”的不当行为。

事实上，“礼尚往来”是人际交往中的礼仪传统，但是，对于学校而言，其本质是为社会培养接班人，当成年人的教师与未成年人的学生相遇之时，教师不能简单地将社会习俗思维直接带入学校教育工作之中。教师与家长可以从社会成年人的角度来理解彼此之间的“礼尚往来”，但是，在真实的学校生活中，教师与学生之间交往的实质是教育关系，一旦被社会习俗文化逻辑所左右，原本纯洁的教育关系被污染，就会直接造成教师失范行为的发生，并对学生的身心健康成长造成不良影响。例如，个别教师利用手中的教师权力安排座位、选班干部等，这无疑给教师专业形象带来了巨大的负面影响。从案例 7-3 反映的情况看，教师接受家长礼物引发的后果超越预料。多年以后，当“我”知晓教师“关心”自己的原因是家长送礼物，这一消极影响是让一位师范生产生悲观情绪，难以看到教师职业的前景。

第三节 提升师德修养之对策

我国《教师法》总则第三条明确指出：“教师是履行教育教学职责的专业人员，承担教书育人，培养社会主义事业建设者和接班人、提高民族素质的使命。教师应当忠诚于人民的教育事业。”这是国家从法律层面强调教师专业责任。国家层面强化师德负面清单制度，旨在从反面警示广大教师，督促教师自觉加强职业道德修养。中小学教师整天与学生

---

① 权力寻租是一个经济学术语，一般指握有公权者以权力为筹码谋求自身利益的一种活动，即把权力商品化。

打交道，其行为中的任何偏差都可能对未成年人产生不利的影响。因此，教师在日常工作中自觉提升师德修养能力是关键所在。基于本章三则案例存在的问题，本节尝试给出一些改进建议。

一、合理“惩戒”，远离“体罚”

习近平总书记在党的二十大报告中指出：“育人的根本在于立德。全面贯彻党的教育方针，落实立德树人根本任务，培养德智体美劳全面发展的社会主义建设者和接班人。”① 1997 年和 2008 年两次修订的《中小学教师职业道德规范》都明确指出：“不体罚或变相体罚学生。”可见，教师体罚学生违背了职业道德规范，何谈立德树人？

从维持学校教育常规秩序出发，必要的教育惩戒有其存在的合理性，但是，教师要明确“惩戒”和“体罚”的本质区别。合理运用惩戒的前提是以此实现教育学生的目的，换言之，惩戒含有明确的教育性目的，是教师对学生实施行为规范管理的必要手段；而体罚具有肆意打骂、伤害甚至虐待学生身体等特点，是明令禁止的不当行为。大量经验事实表明，体罚不能使学生变得更好，甚至使他们更加远离真正的教育。因此，教师要关注惩戒的教育性质，让教育惩戒有温度——以情动人、有尺度——以理服人，让学生远离体罚带来的伤害。

1. 以情动人——教育惩戒有温度

从教育专业角度看，教育惩戒是完整教育过程的有机组成部分。教师若要实施有温度的教育惩戒，必须明了教育的本质，即助力学生的健康发展。一般来说，作为未成年人，中小学生的意志力水平尚处于未成熟阶段，对自身行为的控制能力比较弱，可能经常出现违纪现象。针对特定学生的违纪行为，教师在决定进行惩戒之时，一是要避免因情绪发泄而对学生施加暴力，二是要尽可能获得当事学生的情感认同。

从教师控制个人情绪的角度来说，案例 7 - 1 的教训必须引起重视。那位男教师因情绪失控对学生采取暴力过激行为，不仅给“被打学生”留下了心理阴影，也可能给学生留下暴力行为的“反面示范”。这种暴力行为的示范影响，在美国心理学家班杜拉的经典实验中得以证实，被试组儿童看到“榜样人物”攻击洋娃娃，这些儿童在玩洋娃娃的时候，也出现较多地攻击洋娃娃的行为。② 作为学生的榜样，教师的失望、恼怒、生气等情绪不仅会影响自身，也可能会影响班级学生健全人格的养成。因此，教师应该尽可能加强情绪控制训练，避免出现惩戒过程中的冲动行为。

若要实现有温度的惩戒，教师必须努力与学生建立起稳定深厚的感情基础。学生能清晰地感受到来自教师的长期关爱，充分信任教师，形成“老师做的这些都是为了我好”的想法。以师生之间的深厚情感为前提，即使一些惩戒方式较为严厉，也会取得预期的教育结果。相反，即使惩戒的程度较轻，也会被学生理解成“老师在没事找事”，对教师产生反抗甚至厌恶的情绪。2008 年修订的《中小学教师职业道德规范》第三条也明确指出，

---

① 高举中国特色社会主义伟大旗帜 为全面建设社会主义现代化国家而团结奋斗：在中国共产党第二十次全国代表大会上的报告［EB/OL］．（2022 - 10 - 16）［2023 - 04 - 18］．http://www.moe.gov.cn/jyb_xwfb/xw_zt/moe_357/jjyzt_2022/2022_zt17/.

② 陈琦，刘儒德．当代教育心理学［M］．3 版．北京：北京师范大学出版社，2019：98.

教师要关爱学生，做学生的良师益友。因此，确保合理惩戒能够达到预期的教育效果，需要教师以情动人，用“爱”感化学生。

2. 以理服人——教育惩戒有尺度

教师要掌握教育惩戒的程序和规范方法，明确惩戒的流程环节，确保惩戒过程合法合规，坚持以“学生为本”的原则，促进学生身心健康发展。教师进行惩戒需要遵循规定，而不是依靠教师的喜怒哀乐和“强权”。因此，教师在行使惩戒权前，必须要制定清晰合理的规定，使得惩戒具有可预见性，为合理运用惩戒手段打下良好的基础。

当然，规定也并不代表教师的强权，需要教师与多方（学生、家长、学校）共同协商，以民主的方式制定，形成惩戒行为的标准。虽然各方接受惩戒规定的落脚点都是学生的身心健康，但仍可能存在分歧，教师要使得惩戒规定得到大多数人的支持，需要就学生的身心健康及惩戒的效果作出具体解释，为自身的合理惩戒提供具体依据。与此同时，教师要按照学生的年龄特征，并用学生可以理解和接受的方式将这份“规定”呈现出来。“民主规定”是进行合理惩戒的依托，同时也能成为教师用“理”说服学生的媒介。

总之，从自身来说，教师尤其需要提升自我修养。第一，增强自身的专业意识，扩展专业视野，提高专业理论水平。教师的理论高度决定其对惩戒和体罚的辨识程度，进而端正其对教育惩戒的态度。第二，教师还要加强自身仪态管理，如果教师忽略仪态管理，在工作中遭遇突发事件时则容易失态，并可能造成行为失范。因此，教师在进行惩戒时需要保持师者仁心，在学生面前展现出良好的仪态，使得惩戒行为有理有度。以“理”让学生信服，用“情”感化学生，以培养德智体美劳全面发展的社会主义建设者和接班人为己任，助力学生身心健康成长。

二、增加学生学习实力，积极应对考试

从学生的角度来看，学生自身学科素养的形成是其增强学习信心的关键所在。从教与学的关系来说，教师是课堂教学活动的组织者，教师的教无疑引导着学生的学。从案例7-2的情况看，教师的教学导向出现了问题，一是破坏学校考试的公平，二是误导学生对自己学习能力的判断。为此，提出两点改进建议。

1. 理性看待考试评价，提倡多元评价模式

从学校整体教学过程来看，考试是检测或评价教学效果的有效方式之一。伴随教学过程的阶段性考试，既帮助教师了解自身的教学能力，也帮助学生掌握自身的学习能力，同时，也能够激励学生学习的积极性。对此，教师有义务帮助学生树立正确的考试观念。

对于学生的学习来说，在升学考试（选拔功能）之外，平常教学活动过程中的考试功能重在检测。学生以此清楚自己的学习效果与学习能力，以便及时调整学习方式与方法，提高学习效果。对于教师之教来说，日常考试活动的检测功能依然存在。教师根据学生的考试成绩，能比较准确地了解学生的学习状况，以便及时调整自己的教学方式与方法，改善学生的学习品质。因此，教师必须以正确的评价观来看待日常考试活动，不能单纯地盯着学生的考试成绩，应更多地关注学生的学习状态。

从评价的作用方面来看，科学合理的教学评价能够督促教学目标的达成，并对教师的教学能力与学生的学习能力提升产生积极的影响。但是，单一的诊断方式对检测学生的综

合素养还存在一定的局限性，因此，教师在教学过程中要提倡多元化评价方式，即根据学生的实际情况和学习水平，选择合适的评价方式和评价内容。具体到不同年级、不同科目，评价方式和评价内容都应该有所不同，不能一刀切地使用同一种评价方式。例如，在小学阶段，教师可以采用口头评价、绘画评价等方式，更加注重学生的思维能力和创新能力；而在高中阶段，教师应该注重学生的综合素质和实践能力评价。

2. 培养学生的学科素养，提升内在学习动力

学生学习信心的提升依赖于自己对学科本质的领悟。例如，学生学习语文的信心来自学生对母语的热爱与准确使用，既能够通过语言准确表达和理解，又能够通过文字感受文化、历史的魅力等。唯有如此，学生才能真正建立对语文的学习兴趣和学习信心。因此，教师应立足于深刻理解学科本质，明确学科目标、教学目标，并在此基础上创新课堂教学，进而培养学生的学科素养。基于此，教师才能够真正理解学生的学习需求，并在教学过程中积极引导学生，让学生合理地构建其学科素养结构。

教师要用教育学的眼光审视教学问题，从关爱学生的角度培养学生的综合素养。针对学科特点与学生需求，教师要充分调动学生的学习兴趣，这是激活学习内在动力的情感之源。这就需要教师关注学生的内心世界，理解学生的成长需求，精准地为学生提供支持和帮助。在学习过程中，一是让学生建立良好的自我认同感和自我价值感，从而激发学生的内在学习动力；二是让学生切实感受到学科魅力，并能将所学知识内化于心，这样才能真正提升学生的内在学习动力。例如，在案例 7－2 中，陈老师需要在日常语文教学过程中切身关注学生的学习动态，了解学生的学习兴趣之所在，及时给予反馈和鼓励，帮助学生调整学习方法，让学生在具体学习过程中体验到学识提升的成就感。至此，学生才能爱上学习语文学科，并愿意为此投入精力。

三、师德示范：坚持职业操守，远离繁文缛节

我国自古重视礼文化，“礼尚往来，往而不来，非礼也；来而不往，亦非礼也”（《礼记·曲礼》）体现了礼尚往来的传统。师生之间的礼尚往来，或许要溯源至孔子的“束脩”，流传久远，“束脩”也就成了“学费”的代名词。历史地看，“束脩之礼”似乎反映出非制度化时代教师的职业境遇。现如今，中小学教师作为国家公职人员，按照相关规定由国家支付薪酬。在此前提下，教师接受学生及其家长的礼物被明令禁止。我国《新时代中小学教师职业行为十项准则》第九条规定：“坚守廉洁自律。严于律己，清廉从教；不得索要、收受学生及家长财物或参加由学生及家长付费的宴请、旅游、娱乐休闲等活动，不得向学生推销图书报刊、教辅材料、社会保险或利用家长资源谋取私利。”对于广大教师来说，要想杜绝此类负面行为，必须思想上清醒、行动上断决。

1. 坚守师德底线，加强应对之策

对于教师来说，自觉坚守师德底线，是减少收礼现象发生的重要因素。在现实生活中，面对一些家长想方设法地送礼的情况，教师应以《新时代中小学教师职业行为十项准则》为防火墙，杜绝“收礼”；同时，面对复杂形势，应拥有更好的应对策略与方法。加强教师自身的职业道德修养是十分有必要的。很多教师知道自己不应该收礼物，但是，道德意志比较薄弱，导致作出了错误的道德抉择。因此，面对“送礼”，教师应该具有更坚

定的道德意志。

首先，教师要保持清醒的职业操守。不收礼本身是一件合理又合法的事情，“自己坚决不收，就没有人能够强迫你去收礼”。由此构成广大教师内心的坚定意志力。同时，全社会要构建更加完善的教师职业道德监督机制。目前，对教师职业道德的监督主要来自教师自己或者是教育系统内部，教师权力难以受到应有的约束。我们需要建立一种更加公开的、多方面力量参与的师德监督机制，以此来促进教师与家长、学生之间形成正常的礼节交往，减少不必要的礼物赠予。

其次，教师要提升人际交往的实践智慧。古希腊哲学家亚里士多德认为，一个完整的德性是伦理德性与实践智慧的结合，而实践智慧是人在作出选择时的一种品质。实践智慧以人的伦理行为为对象，具有实践智慧的人善于审时度势、深思熟虑，做事合理而有成效，能让人在伦理事务中作出正确的判断，引导和规范合理的行动。因此，在面对家长送礼这种情况的时候，教师要学会运用自己的实践智慧。比如，如果家长给自己送购物卡，是选择把卡“塞”回去，还是选择收下礼物，事后再进行回礼？这需要教师结合实际情况去应对，总体而言，教师在与学生及其家长交往的过程中，要避免出现“吃人嘴软、拿人手短”的情况。

面对“送礼”问题，教师要增强的实践智慧主要分为两方面：一方面是预防性的实践智慧，另一方面是应对性的实践智慧。预防性的实践智慧主要针对的是礼物赠予之前，例如，教师可以在第一次接手班级的时候，在教师节等一些节日来临之前，在班级群或家长群发消息表示“国家与学校明确禁止给教师送礼物”，以及自己对这种行为的明确拒绝态度，“如果有家长送礼物，自己也会退回的”。这种公开且明确的态度能够让家长了解教师的想法，降低家长送礼的可能性，也会减少一些家长因为别的家长的“号召”而不得不送礼的情况。还有一些家长由于对教师的不信任而给教师送礼物，面对这种情况，教师平时处理班级事务、管理班级的时候，应该采取一种公平、公正、公开、规范的方式，提升家长对教师的信任度，这也是很多教师采用的一种避免家长功利性送礼的策略。另外，教师可以引导学生用纸质贺卡、电子贺卡或者是言语祝福等方式来表达自己对教师的感谢之情。

2. 提倡理性交往，加强示范引导

从历史传承来看，数千年以来，中国社会一直都是一个“人情社会”，这是历代中国社会都无法割弃的一种文化传承。而“师生关系”也属于“人情社会”的一部分。“感恩教育”“感谢师恩”是中国传统教育的重要组成部分，是一代又一代“教育者”所传承下来的。向老师“敬礼”，向老师“献礼”，是传统教育乃至中国文化的重要形式。但是，这个“礼”，是“敬”，是“献”，而不是“送”。这个“礼”，不能太贵重，它必须“重仪式，轻内容”，“重精神，轻物质”。这个“礼”，必须符合“千里鹅毛”“君子如水”的中国传统审美标准。

一是师生交往坚持“尊师重教”，廉洁交往。学校的两个主体——教师与学生大部分时间是生活在校园之中的，因此，校园环境以及校园文化对师生都会产生非常大的影响。中小学生的思想还是比较单纯的，还没有形成稳定的世界观、人生观，如果此时让他们接触到一些成人的不良的交往、人际往来，势必会对他们之后的人际交往产生很大的影响，他们在与同学的交往中可能也会学习大人的这种方式来建立关系，对师生关系以及生生之间的友好交往都会造成不良的影响。因此，坚持"尊师重教"不仅是对传统文化的一种发扬，更是关涉"未来国家建设强大"的根基，缺少了良好的教育，国家也不可能强大。同时，还要倡导建立良好廉洁的交往关系。比如，在教师节等节日之前，相关部门、学校应明确告知师生不收、不送贵重礼品，并让学生把信息传达给家长，通过这种方式有利于建立一种廉洁的交往环境，减少功利性的送礼行为的发生。

二是师生交往坚持以师爱为核心的情感共鸣。事实上，发端于真实校园生活之中的师生交往，既要符合教师职业道德的要求，又要回应双方情感的需求，而不是建立在互惠关系之上的功利性交往。具体而言，教师首先要做到热爱学生、关心学生，在学生遇到困难的时候帮助之，在学生取得进步的时候表扬之，在学生犯错的时候开导之，让学生充分感受到教师对自己的关心。同时，学生也可以成为教师与家长之间沟通的纽带，很多家长因为担心教师对自己的孩子不够"好"，才会选择给教师送礼物。教师有必要让学生及时传达师生之间的良好互动关系，以提升家长对教师的信任感，从而减少那种"大家都送，不送不好"的庸俗现象，教师也能够有效摆脱此类问题的困扰。

思考题

1. 惩戒和体罚的本质区别是什么？
2. 教师如何避免"好心"办错事？
3. 理解师德负面清单对加强教师职业道德修养的教育意义。

推荐阅读书目

1. 亚里士多德．尼各马可伦理学［M］．廖申白，译．北京：商务印书馆，2003.
2. 康德．康德论教育［M］．李其龙，彭正梅，译．北京：人民教育出版社，2017.
3. 檀传宝．走向新师德：师德现状与教师专业道德建设研究［M］．北京：北京师范大学出版社，2009.
4. 洛克．教育漫话［M］．杨翰麟，译．北京：人民教育出版社，2006.
5. 林崇德．师德通览［M］．济南：山东教育出版社，2000.
6. 陈琦，刘儒德．当代教育心理学［M］．3版．北京：北京师范大学出版社，2019.

第八章 教师职业道德修养的国际教育视域

内容提要

从世界范围看，各国都重视教师职业道德规范及师德培育。以学校教育推行较早的欧美国家为例，我们通过媒体看到这些国家主张所谓“自由”“平等”“自由表达”等相关议题，或许认为这些国家相对缺乏规范化、强制化的教师道德规范制度。实则相反，这些国家在教师道德规范方面，特别是在幼儿园、中小学校老师的师德规范方面，拥有比较严格的标准、详细的评价方式与严厉的惩处措施。本章概述德、美、英三国在教师道德修养方面的相关要求与细则，同时，通过三则案例呈现欧美一些国家的教师在师德修养方面的具体问题，期待为我国教师队伍师德师风建设提供具有实践参考价值的意见与建议。

学习目标

1. 基于相关文本与案例理解欧美国家教师职业道德准则的特点。
2. 为教师处理职业道德难题时提供实用经验和参考对策。

关键词

教师公信力　教师谋私　价值观教育

我国历来重视教师队伍建设。广大教师的思想政治素质和职业道德水平直接关系到我国青少年的健康成长，更影响着国家的前途命运和民族的未来。为规范教师职业行为，加强和改进师德建设，我国在《教育法》《教师法》等法律法规的基础上陆续制定出台了《中小学教师职业道德规范》《新时代中小学教师职业行为十项准则》《中小学教师违反职业道德行为处理方法（2018 年修订）》等相关规范性文件，为师德建设提供了制度保障。与我国相似，欧美各国在教师职业道德修养方面也建立了严格标准和具体要求，并且规定对违反职业道德的教师实行严厉的惩处措施。本章选取德、美、英三国教师行为失范的反面案例，介绍三国教师的职业道德规范要求，一方面展现出这些失德行为所造成的恶劣影响，促进教师对自身的道德观念和举止言行作出深刻反思；另一方面也为教师坚守师德底线、提升职业道德水平提供一些实际建议。

第一节　欧美教师道德失范之实际显现

从世界范围看，欧美国家较早开始在教师职业道德规范管理与评价方面进行探索，并相继出台了一系列制度性文件。其中，德国作为现代教师教育的发源地之一，具有较为先进的教师教育思想、制度和实践经验，并于 2004 年首次颁布了联邦各州通行的《教师教育标准：教育科学》（Standards für die Lehrerbildung：Bildungswissenschaften），该标准也先后经历了三次修订和扩充。美国教师职业道德规范更是经历了相当长的发展时期，全美教育委员会自 1929 年通过《教学专业伦理规范》以后，教师职业道德规范就逐渐标准化。英国在 20 世纪 80 年代将教师资格标准的制定作为促进教师专业化发展的重要手段之一，于 2007 年出台《教师标准》，并且，这个标准在 2012 年和 2021 年经历了两次修订与更新。

教师道德标准规范虽然不具有法律上的约束力和强制力，但是，在很多情况下，社会各界和学校均以此作为评判教师行为是否合格的标准，并以此作为惩罚的参考依据。本节选取的三个真实案例来自德国、美国和英国，通过解读案例，可以看到上述国家实施教师职业道德规范的具体情形：（1）教师需要保持高标准的道德要求，在校内与校外维护公众对这一职业的信任；（2）教师不得利用自身特殊身份谋取私利与贿赂；（3）教育不得损害国家的基本原则、主流价值观与政治体制。

案例 8 - 1

弄虚作假的老师①

据德国媒体报道，一名来自维斯马（位于民主德国地区）的女教师多年来持伪造的学历证书辗转于德国多个联邦州执教。自 1989 年柏林墙倒塌后，民主德国与联邦德国于 1990 年重新统一。该教师在两德合并后为获得教职，便美化了自己的简历，以虚假的毕业证书和国家考试成绩申请教职。她将自己在民主德国获得的德语与公民学毕业证书窜改为德语与社会学毕业证书，还虚构了两次国家考试的科目和成绩。然而，该教师的造假行为并没有就此结束。自其于 20 世纪 90 年代初在梅克伦堡-前波莫瑞州的伏尔加斯特市获

① SÜDDEUTSCHE ZEITUNG. Falsche lehrerin gesteht betrug [EB/OL]. (2015 - 05 - 20) [2023 - 05 - 30]. https://www.sueddeutsche.de/bildung/kiel-falsche-lehrerin-steht-wegen-betrugs-vor-gericht-1.2486707.

得第一份教职后，她便继续伪造证书。为了让自己的文凭看起来货真价实，她甚至伪造了20多个官方印章。在此期间，每当感到自己的造假活动有败露的风险时，该教师便更换工作地点，曾先后在勃兰登堡州、柏林和石勒苏益格-荷尔斯泰因州（简称“石荷州”）等地任教，甚至还在柏林和石荷州获得了国家公务员身份。在德国，公务员制的教师享有较高的福利和待遇，他们的收入高于合同制教师，且工作稳定，可终身任职，除特殊情况外不能被辞退；此外，退休后还能领取相当可观的退休金。

直至2010年，该教师所在的石荷州一所高级文理中学的新任校长发现她的实际教学情况与她所展示的光鲜履历严重不符，便起了疑心，请来教育督导。由此，位于首府基尔的石荷州州检察院开始介入调查，并曝光了该教师的一系列造假行为。最终，基尔地方法院以欺诈和伪造证件罪判处该教师两年有期徒刑，缓期执行。此外，该教师还须分别向石荷州和柏林偿还13.3万欧元（约合人民币101万元）和7万欧元（约合人民币53万元）的公务员薪酬。审判法官指出，该教师不仅损害了教师公务员制度，也损害了学生获取优质教学资源的合法权益。

【点评】

事实上，基于社会公正原则，个体通过正当努力实现高收入与高声望的行为理应得到认可和鼓励。然而，此案例中的女老师在追求自身职业发展的过程中急功近利，以不正当手段追求与自身资质不符的岗位和待遇。在短期内，她的造假行为或许看起来天衣无缝，她甚至顺利获得了公务员身份，享受着高额薪水和较高的社会地位，不仅眼下衣食无忧，退休后的经济来源似乎也有了充足的保障；但是，这些表面耀眼的成绩始终都基于谎言之上，而谎言总有被戳穿的一天。该教师实际资质与虚假证书之间的差距终于引起了校长的怀疑，其伪造学历证书和公章的行为也由此被地方检察院揭发出来。该教师最终被绳之以法，受到了严厉的惩罚，为自己的错误付出了沉重的代价。而她的不端行径不仅断送了她个人的教育生涯，更破坏了教师职业伦理的相关要求和规定，严重影响了校内外公众对教师职业的信任。

案例 8－2

谋取私利的明星教育长①

据美国媒体报道，美国纽约州罗斯林市罗斯林学区的学区教育长弗兰克·塔松曾经伙同其助手从学校经费中非法挪用公款1 120万美元（约合人民币7 930万元），成为美国历史上涉案金额最高的贪污案件，2019年好莱坞也依据此案例背景拍摄电影《坏教育》（*Bad Education*）。

在学生、家长和当地教师的眼中，塔松是一位极富个人魅力又能言善辩的学校管理者。他拥有哥伦比亚大学博士学位，经常与学生共进午餐，带领家长举办读书会，办公桌

① The real frank tassone and the true story behind HBO's bad education［EB/OL］.（2020－04－30）［2023－05－30］. https://www.townandcountrymag.com/leisure/arts-and-culture/a32291684/bad-education-hbo-true-story-frank-tassone-pamela-gluckin/.

上还摆着已故妻子的相片。然而，塔松贪污的事情曝光后，人们才发现他实际上一直过着双重生活。他盗窃了数百万纳税人的钱，用于支付高级公寓的租金和出游旅费，购买各种昂贵的西服、轿车，其中还包括 37 385 美元的干洗费、5 236 美元的圣诞卡，以及花费 56 000 美元聘请减肥医生。

与此同时，塔松又是一位政绩显著的学区教育长。在他任职的 12 年中，他所掌管的位于纽约长岛的罗斯林高中成功入选全美最佳公立学校前十名。在东窗事发前一个月，《华尔街日报》还将罗斯林高中列为全美排名第六位的公立高中，并称“一张罗斯林高中毕业证是你在长岛所能获得的最有可能帮你进入哈佛大学的文凭”。

然而，塔松助手因挪用公款而被悄悄解雇一事于 2004 年被罗斯林高中的一名学生记者发现并报道在校报上。而该报道也使得地方当局和主流媒体发现了塔松及其助手多年以来的骗局。最终，塔松因盗窃罪于 2006 年被判处 4 至 12 年监禁，并被终身禁止从事一切涉及金钱的工作。

【点评】

在本案例中，塔松在担任学区教育长期间，拥有完美的履历和杰出的贡献。在他的领导之下，罗斯林高中取得了前所未有的成绩，获得了极大的发展与官方的认可，一跃成为全美排名前十的明星学校。他个人也因此得到了极高的荣誉与奖励。然而，他在获得高收入、高关注，特别是作为“功勋”教育长在学区内部被赋予了更大的权力之后，心态逐渐发生了变化，不再满足于自己丰厚的收入。在他的自我认知中，既然学校的成功归功于自己的领导，那么自己就“应该”享受更多物质上的奖励，而学校的公用经费就“应该”作为他本人追求更奢侈物质生活与享乐的来源。同时，由于他身居高位，学校其他人很难对其进行直接的监督，这使他更加放纵自己长期挪用公款以满足个人私欲和享乐的不端行为。

最终，塔松的不端行为对教师职业的公信力造成了巨大损害，成为美国教育界的重大丑闻。他的行为直接给学校名声带来了很大的负面影响，学校不得不开除这位对学校有过杰出贡献的教育长。同时，学校和当地教育部门花费了大量的财力与人力，紧急进行全面而详细的排查与审计，在一定程度上也造成了公共资源的浪费。而他本人则由于挪用公款和贪污而锒铛入狱，一手毁灭了自己原本光明的职业前程。

案例 8－3

“英国价值观”的产生①

据英国媒体报道，2013 年 11 月，英国伯明翰市议会收到了一份匿名的邮递文件。这份复印文件展示了几位极端人士之间的部分通信，内容大致为：他们密谋接管当地的学校，并按照严格的极端教义进行管理。这份影印文件同时附上了一封匿名人士的信件，声称他是在老板的办公室发现了这些材料。通信的内容是由一名极端人士写给其他参与者

① 案例来源于英国广播公司报道的新闻。Trojan horse “plot” schools timeline [EB/OL]. (2015－07－16) [2023－04－15]. https://www.bbc.com/news/uk-england-birmingham-28370552.

的，信中概述了一项分为五个阶段的行动计划，并命名为“特洛伊木马”行动（Operation Trojan Horse）：第一步，找到大多数学生易受极端思想影响的学校；第二步，找到有可能会支持极端思想的父母，鼓动他们加入这项行动；第三步，将坚持同样极端思想的管理人员安排到相应的职位；第四步，动用相关人员干扰学校，进而改变规范和排挤不支持此项行动计划的员工；第五步，进行匿名信件和公关活动，迫使校长辞职，进而接管学校。这份匿名文件提到这一战略计划“在伯明翰进行了尝试和测试”，并提到正在运行这项计划的几所学校的具体信息。

2013 年 12 月，当地教育委员会将这封信提交给了英国内政部和教育部。2014 年初，这些文件被披露给媒体，相关的头条新闻开始出现，如“伯明翰一些主要地区的部分学校持续推行极端思想，并煽动极端主义”。然而，这封“特洛伊木马”信件很快就被证明是伪造的，但这份文件本身所包含的指控却带来了严重影响。英国《每日邮报》在事件发生几周后刊登了一篇文章，题目为：《揭露：“特洛伊木马”的极端阴谋，激进分子企图取代伯明翰学校教师》。不久之后，伯明翰当地报纸《伯明翰邮报》刊登报道：《伯明翰议会呼吁对“学校极端阴谋”进行反击》。

为了回应相关问题和指控，英国教育标准局（Office for Standards in Education）迅速对伯明翰所有 21 所学校进行了紧急调查。在调查中，有五所学校被认为存在相关问题，尽管有些学校之前获得了较高的评价，但现在却被采取对最低等级学校才施行的特别措施。在最后发布的调查报告中，调查人员发现这些学校存在以下严重问题：

（1）教师在课堂上并未向学生传授和介绍多元的思想和文化，少数基督教学生和其他信仰的学生被迫“自学”，因为老师把主要精力集中在了学习非课纲课程的学生身上。一位同情极端组织和持有极端观点的人士被邀请与孩子们座谈；一些学校则鼓励学生在每节课的开始和结束时做一些与课程无关的活动，学校的喇叭经常被用来播放一些与课程和教育教学无关的内容。

（2）其中一所学校在 6 年级（10～11 岁）未开设任何艺术、人文和音乐方面的课程，第二外语本应该是根据学生兴趣自由选择，而部分学校则将某一语言作为所有学生的必修课程。

（3）学校中受人尊敬的校长被边缘化，成为有名无实的领导人，同时一些学校招募亲属到学校担任重要领导职务。此外，一些学校的女性员工受到“粗鲁和轻蔑”的对待，她们不被允许参加管理机构的会议。

（4）一些学校的核心课程被大量修改。例如，有些孩子告诉调查员，在生物课上，老师仅仅为了应付教学大纲而简短地提到了进化论，但却告诉学生，这些教学内容不是他们所信仰的。同时，有关身体结构和月经周期等话题在课堂中也不会涉及，对此老师解释道，“在课堂上，学生们不被允许探究诸如异性生育等问题”，而且学校还会根据性别分割相关课程，并阻止男孩和女孩交往。

“特洛伊木马”事件对整个英国的影响是强烈而深远的。几年过去了，“特洛伊木马”事件可能作为最著名、最具争议的丑闻依然深刻影响着英国民众之间的关系。对许多英国人来说，这个事件象征着多元文化主义的失败，以及极端意识形态对国家未来的威胁。英国右翼政客如英国独立党（UKIP）还经常拿此事做文章。

基于英国基础教育在价值观和意识形态方面存在大量潜在具体的极端不良倾向，2014年11月，英国教育部（Department for Education）正式颁布了一项官方指导政策——《将促进基本“英国价值观”作为SMSC教育[①]的一部分》（Promoting Fundamental British Values as Part of SMSC in Schools）。该指导意见要求英格兰地区所有公立学校遵循英国2002教育法案中第78条关于要求学校制定相对平衡的课纲，促进学生精神、道德、文化和身心发展的有关内容。[②]这项指导意见具体涉及有关在学校推广“英国价值观”的要求和怎样进一步丰富与发展2002教育法案中关于教育目标的基本要求。

在指导意见中，学校必须鼓励学生尊重和容忍不同信仰、种族和文化的人，使学生明白，虽然不同的人对何为“对”“错”有不同的看法，但所有生活在英国的人都必须遵守英国法律。学校还要让家长意识到，应该支持英语民法和刑法的规则，学校不应教授任何破坏“英国价值观”的内容，如果学校教授宗教法，就应该特别关注国家和宗教之间的关系，使学生意识到世俗法律和宗教法之间的区别。[③]“英国价值观”具体包含以下几个方面：

（1）民主；

（2）法治；

（3）个人自由；

（4）相互尊重和包容不同信仰的人以及没有信仰的人。[④]

积极倡导“英国价值观”意味着挑战学校里与“英国价值观”背道而驰的观点或行为。对教师的标准则是要求他们符合公众对于教师职业素养的期望，并在校内和校外维护较高的道德规范与行为，其中就要求不破坏“英国价值观”在学校的实践。而英国政府也将“英国价值观”的推广作为应对极端主义与恐怖主义在学校和教育中蔓延的有效途径。

【点评】

从英国“特洛伊木马”事件和英国政府的反应中可以明确看到，即使西方人总是标榜他们所谓的多元文化和多元的价值观，但是在这种所谓的“多元文化”的背景之下，英国政府依旧坚持和试图建立英国学生、英国教育与英国文化的核心价值，即“英国价值观”。事实上，世界各国都在试图建立独特的价值观，如“美国价值观”“法国价值观”“新加坡价值观”等等。

随着全球化进程加快，西方国家在拥抱多元文化的背景下，对价值观的领导力正逐渐减弱。在新自由主义“一切私有化”观念的影响之下，更多教师把教学视为一份获取收入的工作，并未承担起作为教育者的责任和义务，仅仅将完成校内基本任务作为自己对待这

① SMSC教育是指英国教育部提出的强调学生精神（spiritual）、道德（moral）、社会（social）和文化（cultural）的教育。

② Education Act 2002 [EB/OL].（2023-09-25）[2023-10-16]. https://www.legislation.gov.uk/ukpga/2002/32/contents.

③ Department for Education. Promoting fundamental British values as part of SMSC in schools [EB/OL].（2014-11-27）[2023-04-16]. https://assets.publishing.service.gov.uk/government/uploads/system/uploads/attachment_data/file/380595/SMSC_Guidance_Maintained_Schools.pdf.

④ 关于英国价值观的此四点内容首次出现在2011年英国政府颁布的《防范策略》中。Prevent strategy 2011 [EB/OL].（2011-06-07）[2023-03-19]. https://www.gov.uk/government/publications/prevent-strategy-2011.

份工作的职业态度。与此同时，在所谓“彰显个性”的口号下，相当数量的教师将自己所谓的信仰、个人价值观等主观化的内容带入课堂教学活动。一方面，教师的个性化观点或许会给学生带来新鲜感；另一方面，教师的个人观点在一定程度上会缺乏客观性和教育性，对未成年学生的影响充满不确定性，甚至会妨碍学生形成批判性思维能力。

事实上，英国政府也意识到了国家所面临的巨大威胁与不稳定因素，特别是需要在年轻一代中建立主流价值观，因此“英国价值观”应运而生。英国政府要求英格兰地区所有的公立学校必须讲授和推广“英国价值观”，教师需要在课堂中展现相关内容，教育部门也会不定期地进入学校，检查教师课堂进行价值观教育的具体情况，并进行评价与指导。

第二节　反思欧美教师行为失范问题

教师所从事的工作不同于其他职业，作为教育者，教师的职责体现在教书育人整个活动之中。教师不仅向学生传授人类文明成果，促进学生素养的全面发展，还肩负着通过教育推动社会进步的重要使命。然而，在现实生活中，并非每一位教师都能真正承担起教师的责任和义务，有些人甚至堂而皇之地违背基本道德准则。上述三则真实案例呈现了教师欺骗造假、以权谋私、灌输极端思想等严重的失范行为。案例分析可以帮助教师反思行为失范带来的恶劣影响，进而提升加强职业道德修养的自觉意识。

一、教师欺骗造假在校内校外的消极影响

在中小学校，教师作为培养未成年人的专业人员，承担不同于其他职业的教育责任和义务。其言行举止、思想态度不仅会潜移默化地对学生产生直接影响，也会间接影响社会公众对教师群体的看法。在案例 8－1 中，女教师通过不断伪造个人履历在不同的学校任职，最终被立案调查，不仅失去职位，还被判处两年有期徒刑和高额赔偿。在此，可以结合德国教师职业道德规范对其不端行为的校内和校外两方面的影响进行反思。

德国各州教育部长常设会议（Kultus Minister Konferenz，KMK）于 2004 年出台了国家层面的教师培养标准《教师教育标准：教育科学》。该标准规定了德国教师在教学（unterrichten）、教育（erziehen）、评价（beurteilen）和创新（innovieren）四个领域所应具备的十一项专业能力，并先后于 2014 年、2019 年和 2022 年在包容性教学、数字化教育和预防种族歧视等方面得到了修订和补充。该标准对教师职业道德的具体要求包括：

（1）教师在备课时要考虑到不同学生的学习基础和发展过程，并以符合学科和事实的方式因材施教；

（2）教师要通过设计学习情境帮助学生学习，要鼓励和引导每一位学生将所学的知识关联起来并加以应用；

（3）教师要培养学生自主学习和劳动的能力；

（4）教师要了解学生的社会文化背景和技术条件，以及可能存在的劣势、缺陷和障碍，并在学校的框架内促进学生的个体化发展；

(5) 教师要传递民主的价值规范，培养学生尊重和认可多样性的态度，并鼓励学生作出自主和反思的判断与行动；

(6) 教师要为学校和教学中出现的问题和冲突提供符合学生年龄和发展心理的解决方案，并在彼此尊重的人际交往方面作出表率；

(7) 教师要对学生的学习基础和学习过程进行诊断分析，并为学生提供有针对性的支持，为学生及其家长提供建议；

(8) 教师要基于公正透明的评价标准记录学生的成绩发展，评估学习过程和成绩；

(9) 教师要意识到教师职业的特殊要求，将社会、文化和技术发展纳入自身行动中来，教师要将自身职业理解为具有特殊责任和义务的公职；

(10) 教师要将教师职业理解为一项持续进行的学习任务，需要不断提升自身能力；

(11) 教师要参与规划学校发展和课程开发。①

因此，从以下两方面来分析案例 8－1 中教师违规行为造成的影响。

1. 教师违规行为对学生产生的负面影响

案例 8－1 中的女教师伪造学历证书，虚构自己的国家考试成绩，并且在不同的地区凭借虚假的证书谋取工作，甚至以此获得了国家公务员身份。她的欺骗行为令人不齿，更严重的是她借此辗转于德国不同地区的不同学校，损害了很多学生获取优质教学资源的合法权益。

从教育专业视角看，像这类不合格的教师既然会通过伪造和欺骗谋取职位，那么他们在日常工作中，尤其是与学生相处的过程中，便可能将一些不良习气、恶劣思想等传递给学生，污染校园风气。不仅如此，她凭借种种手段获得了不同地区和学校的任职资格，并得到了学校的认可，就更容易对学生产生误导。根据心理学中的罗森塔尔效应，人们会下意识地受到自己喜爱、钦佩、信赖、崇拜之人的暗示和影响。学生如果看到自己敬爱的老师弄虚作假，走歪门邪路，可能也会盲目地跟风效仿，甚至在内心认同这种做法，妄想通过走捷径的方式获取既得利益。

加拿大著名教育学家马克斯·范梅南曾提出，教育学总是“指向于儿童积极的生存和成长”②，而“教育学意向就是尽最大可能地加强儿童的任何积极意向和品质”③。像德国女教师这类的教师有违师德者的言传身教，不仅不能促进儿童发展自身的优良品质，反而会对儿童产生负面影响，干扰儿童积极健康的成长，这无疑是与教育学立场背道而驰的。上文提及的德国教师职业道德规范明确提出“教师要将自身职业理解为具有特殊责任和义务的公职”，教师这份职业的特殊性就在于教师面对的是价值观正在形成中的未成年人，而未成年人尤其容易受到身边相处的人的影响，因而教师的言传身教尤为重要。

2. 教师违规行为损害学校和教师群体的公信力

从校外影响来看，这位女教师的欺骗行为引起了公众对教师职业公信力的质疑。学生

① Kultusministerkonferenz. Standards für die lehrerbildung：bildungswissenschaften [EB/OL]. (2019－05－16) [2023－03－19]. https://www.kmk.org/fileadmin/veroeffentlichungen_beschluesse/2004/2004_12_16-Standards-Lehrerbildung-Bildungswissenschaften.pdf.

② 范梅南．教学机智：教育智慧的意蕴 [M]. 李树英，译．北京：教育科学出版社，2001：26.

③ 同②27.

家长会认为，学校在选人用人方面缺乏专业性和严格审查，而教育部门也在学校选人用人上无所作为，置自己的孩子于危险的环境之中。因此，此类事件容易引发家长及当地民众对学校和主管部门的质疑与批评，激化社会各界对学校的信任危机。正因如此，该事件引起了德国教育督导的高度重视，州检察院介入调查，并曝光了她的一系列造假行为，最后地方法院判处她两年有期徒刑和高额的赔偿款。通过这种透明的调查与惩处方式，当地教育部门期望重新获得民众对学校和教育部门的信任。

在德国，整个社会对违纪教师的态度是零容忍的，相关部门对违规教师的惩罚也是相当严厉的。上述案例表明，伪造履历的教师不仅将遭受失去工作所带来的经济损失，同时还需要承担一定的法律责任。任何一个国家对不诚信的教师，都会进行非常严厉的处罚，更甚者会像案例 8-1 的处理方式一样，受到法律的制裁。一些国家的惯例是当事学校与当地教育部门会以损害学校和当地教师群体的声望为由起诉违纪教师。如果学校在起诉中获胜，会获得一笔不少的赔偿费用。不仅如此，违纪教师未来基本上不可能再参与任何与教育相关的职业活动，即被彻底清出教师队伍，永不再被学校录用。同行们也会以违纪教师的行为为耻，从教师群体的层面对其进行批判与谴责，使违纪教师面临来自规范与舆论等方面的巨大压力。

二、明星教师利用公职谋取私利的恶劣影响

案例 8-2 中的明星教育长塔松本身带着非常强的责任心来管理学校，并且带领这个学校快速发展，使其入选全美最佳公立学校前十名。由此可见，塔松的初心是想要有一番作为而推动学校的发展，提高学校的教育影响力。但是，由于名利的快速积累，他逐渐迷失在利益的诱惑当中，并且错误地使用自身的公权力，违背其本应承担的专业责任和育人使命，才会一步错步步错。着眼于名利、权力与责任的关系以及美国对教师职业道德的具体规范，可以检讨其行为失范的原因。

在美国，教师行业协会，即教师工会和教师组织有权力代表教师群体建立有约束力的教师职业与道德标准，以此推进制度化和规范化的师德师风建设。在众多的教师工会与协会之中，美国影响力比较大的教师工会——全国教育协会（National Education Association）就公布和制订了一系列的教师道德行为准则，对美国教师的职业道德提出了具体要求。

原则一　教师对学生的承诺

教育工作者需努力帮助每个学生实现他/她作为有价值和有意义的社会成员的潜力。因此，教育工作者须致力于激发（学生）的探究精神，获取和理解知识，并深思熟虑地制定有价值的（发展）目标。

为履行对学生的义务，教育工作者的职业行为规范包括：

（1）不得无理由地限制学生在追求学习中的独立行动；

（2）不得无理地限制学生了解不同的观点；

（3）不得故意压制或歪曲学生的进步；

（4）应努力保护学生免受损害学习、健康和安全的情况；

（5）不得故意羞辱或贬低学生；

（6）不得以种族、肤色、信仰、性别、国籍、家庭背景、政治或宗教信仰、社会或文化背景或性取向为由，不公平地排除学生参与课程活动、拒绝照顾学生福祉或给予一些学生特权；

（7）不得利用与学生的职业关系谋取私利；

（8）不得披露在工作中获得的学生信息，除非披露信息用于令人信服的专业目的或法律要求。

原则二　教师对职业的承诺

教育行业被公众赋予信任和责任，因此，需要崇高的理想和专业的服务。教育工作者的服务质量直接影响国家培养公民，因此，应尽一切努力提高专业标准，促进专业人员的能力提升，同时创造条件吸引值得信任的人员从事教育职业，并协助防止不合格的人从事该职业。

为履行对职业的义务，教育工作者的职业行为规范包括：

（1）不得在申请专业职位时故意作出虚假陈述或者未披露与能力和资格有关的重大事实；

（2）不得虚报专业资格；

（3）不得协助在品格、教育或其他相关属性方面不合格的人进入该行业；

（4）不得故意对教师资格申请作出虚假陈述；

（5）不得协助非职业教师进行未经授权的教学活动；

（6）不得披露在专业服务过程中获得的同事和学生信息，除非披露用于令人信服的专业目的或法律要求；

（7）不得故意对同事作出虚假或恶意的陈述；

（8）不得接受任何可能损害或者影响自身专业决策或活动的酬金、礼物或特殊待遇。①

因此，依据上述教师职业行为规范，可以从以下两方面来分析案例 8－2 中的明星教育长的失范问题。

1. 名利的强大吸引力遮蔽教师社会责任

通过案例 8－2 可以看到，塔松带领学校走出了一条向好的发展道路，随着学校的社会知名度提升，学校的声誉也逐渐变好。作为学校领导者，他能够管理的资金额度也在增大，加之缺乏必要的监控机制，他萌生了挪用公共资金的想法，从小到大，从少到多，最后东窗事发。

归根结底，塔松在成功面前没有认清教育者应该具有的社会责任，其行为深受拜金主义、功利主义等不良思想的影响。根据上文列举的美国教师职业道德规范的具体内容，可以明确得知，美国在教师职业道德规范中非常重视教师的社会责任，其实在其他国家，教师的社会责任也是非常重要的一部分。杜威在 1919—1921 年间来华讲学时做过专题讲座，他提出教育者对社会应负的责任：教师“不但注意于学校以内，更当注意于社会，不但做

---

① National Education Association. Code of ethics for educators [EB/OL]. (2020－09－14) [2023－03－19]. https://www.nea.org/resource-library/code-ethics-educators.

学校的教师，更当作社会上一般人的教师、学生家属的教师。个个教员有这种意思，继续地做去，那么中国前途很有希望"①。

2. 教育者弱化自我教育，管理者忽视自我管理

作为教育长，塔松是一位教育者，也是一位管理者。因在教育领域的突出贡献，他在当地学生、家长和教师口中都有非常好的口碑。与之相应，当他以权谋私的行为被曝光以后，在公众当中的负面影响也非同小可，甚至都被好莱坞作为反面素材拍成电影。可见，对于社会大众来讲，不论作为管理者还是教育者，教师职业的本质没有变。在教育界如此具有知名度和影响力的杰出领导者，出现如此严重的职业违规与违法问题，势必会影响到整个社会对教师专业的信心。试问，家长怎么会愿意让自己的孩子进入被这样领导管理的学校呢？由此可见，对社会大众或者家长来说，教育管理者如果放弃自我教育、自我管理，其行为后果不可估量。

纵观世界教育史，不论在东方还是在西方，自职业教师出现，"师道"和"师德"的概念就逐渐形成。中国古代的"师道"属于教师应有的教育价值观念，旨在使授业过程成为儒家道统传承的过程。它只适用于有如此价值追求的教师，而一般教师未必有如此追求……而"师德"则属于所有教师都不可违背的行为规范，有舆论或行政的强制力支撑。② 师德规范只是给教师规定了职业行为的基本要求，作为管理者和教育者的教师，如果仅以此作为标准，将无法实现更高的职业追求。案例 8-2 中的教育长，甚至连最基本的师德规范都无法遵守，更遑论实现教育追求了。由此可见，无论教师在其职业生涯中取得了多么辉煌的成就，若是对教师职业道德规范缺乏敬畏之心，那么，任何教师职业行为中的规章制度都阻止不了其走向教育的反面。

三、重新理解教师的公职身份与主流价值观教育的关系

案例 8-3 反映的问题比较严重，一些学校教师受到文化多样与价值多元的影响，片面理解狭隘的个人自由，逐渐纵容学校课堂出现极端思想。更让人感到震惊的是，一些教师将极端思想引入自己的课堂教学活动之中，向学生兜售其中极端的、非科学的、偏激的思想观点以及相关的实践，特别是将学校作为传播极端思想、对抗正确核心价值观的温床。对此，我们要深思教师公职身份及其言行表现与社会主流价值观的关系，尤其要警惕个别教师在课堂上传播非主流价值观，直接误导广大青少年的思想观念。结合英国教师职业道德规范，可以帮助分析案例 8-3。

英国教育部在 2021 年更新了《教师标准：对于学校领导、教师和管理人员的指导政策》（Teachers' Standards：Guidance for School Leaders，School Staff and Governing Bodies)。其中，关于教师职业道德和专业性的要求主要体现在指导意见大纲的第二部分(Personal and Professional Conduct)：

（1）教师需要通过以下方式在校内与校外维护公众对教师职业的信任，并保持高标准

① 杜威．教育者的责任［A］//袁刚，孙家祥，任丙强．民治主义与现代社会：杜威在华演讲集［M］．北京：北京大学出版社，2004：570. 转引自陈桂生．师道实话［M］．增订版．上海：华东师范大学出版社，2009：73.

② 陈桂生．师道实话［M］．增订版．上海：华东师范大学出版社，2009：65.

的道德和行为，具体做法为：

①有尊严地对待学生，并建立植根于相互尊重的关系，同时始终遵守适合教师专业地位且适当的师生界限；

②根据各项法律规定，考虑到保障学生福祉的必要性；

③表现出对他人（成年人与未成年人）权利的理解和尊重；

④不损害“英国价值观”，内容包括民主、法治、个人自由和相互尊重，以及对不同信仰的人的理解与尊重；

⑤确保不采取利用学生弱点或可能导致学生违法的方式来表达个人信仰（即保证校园内外不会出现宗教极端化和可能的违法行为）。

（2）教师必须对其所任教的学校的道德观、政策和实际情况有适当且专业的认识，并在出勤和守时方面保持高标准。

（3）教师必须理解并始终在规定其专业职责和责任的法定框架内行事。①

基于上述相关规定，可以从以下两方面对案例 8－3 中的教师职业行为失范问题进行反思。

1. 教师的行为违背公职身份，妨碍学校教育目标的实现

在案例 8－3 中，英国教育行政部门在调查中发现，一些学校和教师擅自改变核心课程的内容，有教师在课堂公然宣称不相信自己所讲授的内容。诸如此类的现象在英国一些学校普遍存在，已经引起了英国教育当局的重视。英国教师职业道德规范的具体内容，明确要求教师在工作中不能出现损害“英国价值观”的行为。“英国价值观”的去宗教极端化议题在 2021 年加到教师职业道德的指导政策之中，其中涉及英国社会的两个重要变化：一是在多元化的背景之下，学校中的族裔、课堂中的文化逐渐多元化；二是在多元文化的背景之下，英国自 21 世纪初遭受多起恐怖袭击和宗教极端化的丑闻后，“英国价值观”中的去宗教极端化被视为一个可操作的教育决策与原则。案例 8－3 中的教师直接违背这一要求，其行为已经直接影响到青少年的价值观形成，严重性不可小觑。

作为社会公职人员，教师的主要工作是代表社会培养未成年人。因此，教师在学校工作的一切言行都要充分体现其公职人员的身份，换言之，教师不能根据个人价值取向任意剪裁学校课程内容。事实上，从世界各国基础教育课程来看，主流文化与价值观无疑会呈现在各科教学内容当中，如果个别教师擅自改变课程设置和教学内容，其行为则是对教师公职人员的背叛，不仅违反教师职业道德规范要求，直接干扰课程目标的实现，最终可能妨碍青少年成长为社会合格公民。

2. 学校文化缺乏多元与包容，妨碍学生健全人格的养成

在案例 8－3 中，英国教育行政部门在调查中发现，“教师在课堂上并未向学生传授和介绍多元的思想和文化”，“一所学校在 6 年级（10～11 岁）未开设任何艺术、人文和音乐方面的课程”，诸如此类的现象在一定程度上反映了学校管理者和教师在教育方向上存在问题。

一是教师的课堂教学脱离英国的国情，缺乏对来自不同文化背景学生的包容。无论着

① Department for Education. Teachers' Standards [EB/OL]. (2021－12－13) [2023－03－19]. https://assets.publishing.service.gov.uk/government/uploads/system/uploads/attachment_data/file/665522/Teachers_standard_information.pdf.

眼于英国的历史还是现实，其城市发展进程的国际化与人口文化背景的多元化都是客观存在的，一些学校教师缺乏包容态度，无视不同族群孩子成长的差异，并放弃积极的教育引导，妨碍不同文化背景学生的和谐共处，最终也会影响社会稳定。

二是一些学校的课程设置缺乏对艺术、人文和音乐等内容的应有关注。正在成长关键期的少年儿童通过学校课程接受比较系统的艺术、人文和音乐等领域的熏陶，将有助于弥补家庭教育差距，提升个体的人文精神品质。上述案例表明，由于学校管理者和教师缺乏人文教育视域，在此类教育方面可能会错失良机，或许会让人类文明中的艺术、人文和音乐等优秀成果远离这些学生的精神世界，最终也可能妨碍其健全人格的养成。

总之，作为公职人员的教师，不能忘记通过教书育人促进社会发展和人类文化繁荣的历史使命。尤其需要深刻意识到，教师个人言行自由是相对的，而不是绝对的，教师在学校的一切表现必须与主流价值观导向相适应。教师要积极推进个人价值观与社会主流价值观相结合，个人发展与社会整体发展相一致。教师在拓展自我创新能力的过程之中，推进多元文化相互融合。

第三节　欧美教师职业道德修养之启示

美国著名教育学家杜威曾经如此表达他对教师职业的期望："我认为每个教师应当认识到他的职业的尊严；他是社会的公仆，专门从事于维持正常的社会秩序并谋求正确的社会生长。这样，我认为教师总是真正上帝的代言者，真正天国的引路人。"① 杜威所强调的教师的社会责任意识也正是每一位教师都应该内化于心、外化于行的基本职业道德修养。基于对上述三个反面案例的分析，本节尝试从以下角度对提升教师的道德修养提出一些建议：一是在校内和校外维护公众对教师职业的信任，二是重新理解教师作为教育管理者的社会责任和教育使命，三是将贯彻社会主义核心价值观作为制定教师行为规范的基本原则。

一、遵循高标准的教师职业规范：在校内和校外维护公众对教师职业的信任

在案例 8-1 中，女教师的造假事件引起了德国教育督导的高度重视，州检察院介入调查，因为该事件会动摇公众对教师队伍和教育机构的信任，其影响不容小觑。教师在工作中既要思考自己与学生的相处方式，又要注意维护教师群体与学校的声誉。以下就这两方面提出一些具体建议，供教师们参考。

1. 以身作则：发挥教师的榜样作用

美国著名教育学家内尔·诺丁斯在其关怀理论中强调了榜样的重要作用。诺丁斯认为，道德教育包含四个组成部分：榜样、对话、实践和求证。其中，榜样的意义在于，教师并不能仅仅满足于教学生记住一些原则以及如何应用这些原则去解决实际问题，而是向学生展示如何在自己的社会关系中关心他人。换言之，教师无需用言辞告诫学生去关心，

---

① 杜威．学校与社会：明日之学校［M］．赵祥麟，任钟印，吴志宏，译．北京：人民教育出版社，2005：15.

“只需与学生建立一种关心的关系，从而来演示如何关心”[①]。由此可见，诺丁斯认为教师的示范性行为要比直接教学来得更为有效。事实上，教师在日常教学中的一言一行都发挥着重要的示范作用，教师对待学生的态度、处理问题的方式乃至细微的表情和难以察觉的习惯都会在不知不觉中被学生感知到。这种间接的教育方式甚至比直接的教育方式带给学生的影响更为深入。杜威在论述道德教育时也曾经区分了直接的道德教学和间接的道德教学，并指出相较于后者，前者的影响是微弱的。[②]

在案例 8－1 中，教师由于伪造简历而被驱逐出教师队伍。她惯于欺骗的作风无疑为学生“树立”了一个劣迹斑斑的负面“榜样”。对于这类负面“榜样”，如不尽早清除，恐怕会对学生的思想道德发展造成恶劣影响。此案例虽然发生在德国，但对我国教师仍具有一定的启示意义。人民教师要时刻牢记自己所肩负的特殊职责和庄严使命，尤其要意识到自己无时无刻不在发挥着榜样的作用。因此，在与学生接触的过程中，教师要以身作则，谨言慎行，严格遵循高标准师德规范。当然，这也要求教师不断提升自身的职业道德修养，坚守师德底线。

2. 内外兼修：维护教师与学校声誉

我们需要充分理解教师对自身未来发展的期望和希冀。每一位教师在各自岗位努力奋斗，以争取更好的工作平台与工资收入。但是，教师本人也需要认识到，在成为一名正式教师之后，必须努力维护好家长与公众对教师这份神圣职业的信任，让他们能够放心地将自己的孩子托付给学校与教师。因此，为了维护教师群体的形象与学校的声誉，建议教师在工作中坚持必要的职业操守：

(1) 在任何个人申请和表格之中如实填写相关内容，不可伪造、夸大和隐瞒；

(2) 在任何纸质和口头文件之中如实陈述相关内容，如有特殊情况，需要附以详细的注释与解释，不可故意隐瞒，如自身的教育情况、家庭情况、学生的品行报告、工作报告、总结报告、教师-家长的工作手册等；

(3) 学校与上级部门在对学校的教职员工和学生进行相关官方调查时，不得欺骗或隐瞒调查人员或做出藐视官方调查人员的行为，如忽视相关通知和调查；

(4) 教师在校内与校外均需保持一致的良好的道德形象，不可在校内校外“两个模样”；教师需要做到内外兼修，保持内在修养与外在形象的一致性；

(5) 在发现损害教师群体声誉的行为时，需要及时报告给相关主管部门，不得实施隐瞒真相、做伪证等违反教师道德的违纪甚至违法行为。

二、重新理解教育管理者的社会责任与教育使命

教师在进入职业生活以后，对自身的专业发展有各种各样的设想与规划。其中的佼佼者，因为工作成就得到提拔和晋升，也可能从教学岗位走向管理岗位，从管理一个部门到管理整个学校，拥有更多的权力。成为学校领导的教师更需要时刻意识到岗位变化意味着责任更大。一个专业的教育管理者更应注意自身的社会责任与教育使命，不应在任何情况

① 诺丁斯．学会关心：教育的另一种模式［M］．2 版．于天龙，译．北京：教育科学出版社，2014：41.

② 杜威．学校与社会：明日之学校［M］．赵祥麟，任钟印，吴志宏，译．北京：人民教育出版社，2005：137.

下、以任何理由利用职务权力来谋取私利。

1. 树立正确义利观

案例 8-2 中的教育长，借用自己的职务之便，在已经获得高额薪资的情况下，仍然侵占大额资金为自己所用，贪污挪用公款。结合我国的国情，由于拥有历史悠久的尊师重道传统，学生家长时常通过送礼、宴请等行为表达自己对老师的感激和尊敬。在一般人看来，这或许是人之常情，无可厚非。身为教师，必须清晰地意识到此类行为的隐患。例如，学生和家长为了与教师搞好“关系”，期望通过昂贵的“礼物”得到老师更多的关注和特殊优待，而礼物的价格与价值也在直线攀升，甚至出现了奢侈品。一方面，礼物体现了学生和家长对教师辛勤耕耘的感谢；另一方面，大量接受昂贵的礼物也存在谋取私利的情况。因此，教师需要掌握师生交往的尺度，避免收受贿赂。

英国有些学校在教师行为守则中明确规定①：（1）任何教师不得接受任何现金、银行转账、贵金属（金银）、珠宝等作为礼物；（2）教师在接受礼物时需要考虑礼物的价值，如果礼物的价值在 15～20 英镑内（约合人民币 200 元左右）可以接受，而接受任何超过此价值的礼物都需要向本人的直属领导报告，并明确告知学生与家长不能接受此类礼物；（3）教师在接受宴请时需要参照当地的消费标准，如 30 英镑内（约合人民币 260 元左右），超过的标准需要本人付费；（4）不得在任何情况下通过索要、暗示、强迫等方式获得现金和礼物，使得老师区别对待学生；（5）在代表学校访问交流时，如收到高价值礼物，本人不可占为己有，需要上报本人直属领导处理。

上述具体细节，可以作为关于教师如何避免出现以权谋私的参照。我国的学校可以根据以上经验制定相关参照标准，使得师生之间没有“经济上的纠葛”，进而维护好师生之间纯洁、简单、透明的关系。与此同时，除了制度上的规范之外，教师自我道德的约束和自我反思也同样重要，教师的内心需要有一个明确的原则，即抵制受贿索贿是一种对自己负责的个人倾向和对下一代负责的职业道德。一般来说，教师利用职务之便谋取私利和收受贿赂的行为发生之后，其违反教师职业道德规范已成事实。一旦被人揭露，不仅自身形象受损，也会影响其所在单位的教师群体的形象，甚至在媒体报道之后，给全体教师带来负面影响。

2. 坚定教师的使命与社会责任

作为教育工作者，教师的天职即通过教书育人将未成年人培养成为合格的社会公民。在我国，教师的职责具体表现为培养德智体美劳全面发展的社会主义建设者和接班人；在欧美国家，同样也要培养具有爱国主义精神，对国家尽到责任和义务的公民，英国有“英国价值观”，美国有“美国精神”等。综观世界各国教师职业规范内容，具体细节或许有差异，但是，教师的社会责任都被置于很高的位置。因此，教师必须具备强烈的责任意识，保持清醒的专业自觉，为自身的言行负责。在案例 8-2 中，塔松在巨大的名利诱惑之下，被个人利益所裹挟，俨然已经忘记身为一个教育工作者的社会责任。

此外，从教书育人的层面来看，教师的每一个行为都会深刻影响未成年学生的世界

---

① St Paul's School. Staff Code of Conduct [EB/OL]. [2023-04-30]. https://intranet.stpaulsschool.org.uk/resource.aspx?id=395224.

观、人生观与价值观。如果学生亲眼看到或听到教师的种种不良行径，对他们的价值观形成会带来不可控的影响：学生可能认为当自己拥有一点权利以后，就可以首先满足自己的享乐需求，甚至可以通过收礼、送礼等达到自己的目的，“金钱至上”“自我利益至上”才是他们通往成功的最快捷径。德国哲学家康德指出：“只有出于责任的行为才具有道德价值。”① 教师需要认真思考，如何对所教学科知识负责，对其学生负责，对社会责任负责。唯有这样，才是履行教师职业道德规范的专业教师形象。

三、贯彻社会主义核心价值观：教师行为规范的基本原则

当今世界，经济一体化、文化多样化与价值多元化同时存在。着眼于培养应对国际竞争与未来挑战的高素养国家公民，各国政府都十分重视通过学校教育传递国家主导的价值观。党的十八大明确提出社会主义核心价值观的基本内容为：倡导富强、民主、文明、和谐，倡导自由、平等、公正、法治，倡导爱国、敬业、诚信、友善。学校教育有责任引导广大青少年践行社会主义核心价值观。本着教育者先受教育的原则，广大教师的行为规范必须与社会主义核心价值观要求保持高度一致。

1. 教师要坚持学校教育远离宗教干扰

从人类文明发展史来看，正统宗教是人类文明成果的重要组成部分，我国宪法明确规定，中华人民共和国公民有宗教信仰自由。同时，我国明确实行学校教育与宗教相分离，任何组织和个人不得利用宗教进行妨碍国家教育制度的活动。作为国民教育系列的普通学校，其教育目的是提高全体学生的国民素质，促进社会主义物质文明和精神文明建设。

对此，教师必须保持学校教育与宗教的正当距离，宗教信仰和宗教活动仅可作为个人信仰在特定的宗教场所进行传播，教师不得在课堂中进行任何宗教活动、传教行为等。教师需要深刻意识到，宗教信仰仅仅是作为个人选择和个人自愿的行为，发生地点为宗教场所和宗教学院。

2. 教师必须防止极端思想侵蚀校园文化

教师需要提升自己作为一名教育工作者的角色定位，需要意识到教师这个角色不是一个简单的“打工人”角色。处于学校任何岗位的教师，都应该承担起“人类灵魂工程师”的责任。教师在与学生相处的过程中，除了关心学生的学习状况外，还需要关注学生的心理健康情况和思想动态。

例如，在学校日常生活中，如果发现学生发表极端想法、浏览极端网站、在学校进行宗教活动等行为，教师需要及时向学校相关部门报告，并做好相关的记录。与此同时，在进一步介入过程中，有关教师需要询问和了解学生出现上述异常行为的内在原因，以便妥善处理好相关学生的问题，不可仅仅将情况上报之后就认为“万事大吉”了。

从历史角度来看，随着我国综合国力的提升，我们正在面临前所未有的复杂国际形势，各种反华势力正在以各种方式干扰我国的社会主义现代化建设。为此，广大教师需要发挥主观能动性，加强国家安全方面的学习，主动了解当前国内外局势、价值观等事关国家安全的议题，增加对新形势、新情况的了解。同时，教师要自觉提升自身对极端思想的

---

① 康德．道德形而上学原理［M］．苗力田，译．上海：上海人民出版社，2002：15.

“免疫力”，避免自身成为极端思想在校园内的“传播者”。例如，一些极端思想正在通过互联网上的各类社交媒体向未成年人传播。对此，教师要争取主动权，掌握极端思想可能的传播途径和方式，提前做好一定的防范。对于广大教师来说，这不仅是对学生的未来发展负责，也是对教师自身负责，更是对国家安全负责。

思考题

1. 教师如何在校内与校外维护公众对教师职业的信任？
2. 在互联网时代，教师如何理解自身在维护国家安全方面的教育专业责任？

推荐阅读书目

1. 诺丁斯．学会关心：教育的另一种模式［M］. 2 版．于天龙，译．北京：教育科学出版社，2014.
2. 傅维利．教师职业道德教育指南［M］. 北京：高等教育出版社，2002.
3. 康德．道德形而上学原理［M］. 苗力田，译．上海：上海人民出版社，2002.
4. 杜威．教育者的责任［A］//袁刚，孙家祥，任丙强．民治主义与现代社会：杜威在华演讲集［M］. 北京：北京大学出版社，2004.
5. 陈桂生．师道实话［M］. 增订版．上海：华东师范大学出版社，2009.

结语 日用即道：教师的职业道德修养重在日常功夫[①]

从教师的职业道德修养来看，立德树人的根本任务总要落实到教师日常工作的细微之处。从教师职业的属性来看，一半是专业，一半是事务。[②] 在教师的日常工作中，无论是从事教书育人的专业性工作，还是处理学校常规的事务性工作，如果教师能够保持高水平的教育觉察力，就能够做到随时随地对学生产生实实在在的教育影响。换言之，教师在其生活的日常行为中，如果能够拥有一定程度的道德敏感性与专业洞察力，可以内在地构成其职业生活的教育学朝向——爱学生与爱教书同在。学生在具体而生动的师生交往活动过程中体验着教师的职业修养，并直观地感受到教师所授之业与所传之道。细心品味教师的日常生活世界，能够看到其职业生活境遇中真实而感动的一面，也能够觉察其中充满了涌动的教育意识之流和教育发生的契机，并由此拓展理解教师职业道德修为的可能视域。

一、教师的日常工作素描：修养在为师之道的具体实践中

按照一般专业标准与规范，中小学教师的工作可能归为“半专业”性质的职业。其日常工作一般分为两部分：一是专业性工作，例如教师需要掌握并向学生传授知识；二是事务性工作，例如教师还需要处理大量同未成年人成长相关的实际事务。教师在日常生活中，每天都会遇到这两方面的工作，如果教师清楚其中的教育意蕴，时刻修炼自己的职业形象，那么，教师职业修养的内涵可能超越我们对“师道”与“师德”的常识性理解。

1. 小学语文教师的规范教学影响着孩子终身的语音素养

一般来说，教学就是教师把掌握的现成知识“搬出来”交给学生。但是，在真实的教与学的师生互动过程之中，学生的内心深处可能发生着丰富的生活体验。当学生回忆起自己从前的老师时，最难忘的可能是那些曾经感染或唤醒他们的老师。

---

① 朱晓宏．日用即道：重新理解教师的职业修养［J］．教育发展研究，2013，33（22）：37－42．编入本书时进行了适当改动。

② 陈桂生．普通教育学纲要［M］．上海：华东师范大学出版社，2009：349．

著名作家王蒙先生曾深刻缅怀华老师对其语音素养的影响。

> 她口齿清楚，态度严肃，教学认真。首先是语音，她用当时的“国语注音符号”一个字一个字地校正我们的发音，一丝不苟。我至今说话的发音，还是遵循华老师所教授的，因此，有些字读的与当代普通话有别。例如，教室的“室”，我读上声而不肯读去声，等等。为“伯”“磨”之类的字的读法，我还请教过王力教授，他对我的读音表示惊异。其实，我出生在北京，如果和真正的老北京在一起，我也会说一些油腔滑调的北京土话，但是，只要一认真发言，就一切按照华老师40多年前的教导了，这童年的教育可真重要。①

2. 国文教师的作文教学形成学生的写作能力

一般来说，在学生回忆过去老师的时候，老师的人格魅力总是与具体的师生互动相联系。在学生的眼中，好老师总是具体地影响着他的学习行为，甚至延续至他未来的工作与生活。著名作家梁实秋先生曾以饱含深情的笔墨回忆教过他国文的徐先生：

> 徐先生讲国文之前，先介绍作者，之后，朗诵全文一遍。他打着江北的官腔，咬牙切齿地大声读一遍，不论是古文或白话，一字不苟地吟咏一番，好像是演员在背台词，他把文字里蕴藏着的意义好像都给宣泄出来了。他念得有腔有调，有板有眼，有情感，有气势，有抑扬顿挫，我们听了之后，好像是已经理会到原文意义的一半了。好文章掷地作金石声，那也许是过分夸张，但必须可以朗朗上口，那却是真的。
>
> 徐先生最独到的地方是改作文。普通的批语“清通”“尚可”“气盛言宜”，他是不用的。他最擅长的是用大墨杠子勾大抹，一行一行地抹，整页整页地勾；洋洋千余言的文章，经他勾抹之后，所余无几了。我初次经此打击，很灰心，很觉得气短，我掏心挖肝地好容易诌出来的句子，轻轻地被他几杠子就给抹了。但是，他郑重地给我解释一会，他说：“你拿了去细细地体味，你的原文是软趴趴的，冗长，懈了光唧的，我给你勾掉了一大半，你再来读读看，原来的意思并没有失，但是笔笔都立起来了，虎虎有生气了。”我仔细一揣摩。果然，他的大墨杠子打得是地方，把虚泡囊肿的地方全削去了，剩下的全是筋骨。在这删削之间见出他的功夫。如果我以后写文章还能不多说废话，还能有一点点硬朗挺拔之气，还知道一点“割爱”的道理，就不能不归功于我这位老师的教诲。②

通过这两则学生回忆的教学生活体验故事，我们对语文科教师（民国时期称为“国语”“国文”课教师）的学科素养可以获得质感的理解。先看朗读，这应被视为语文老师最见功底也最显才情的事。老师读得好，学生就把老师看成作者，语文教学也因此成功了一半。再看看老师修改学生作文，他改作文的本事在“删”，看似简单的勾抹，却蕴含着教的智慧，这里不是轻易否定学生的写作，而是帮助学生清楚地看清自己的写作意图。上述两则语文教学故事，涉及学生三方面语文素养的形成：读准字音、理解课文、写作。老师一旦让学生真正明白了，学生素质也就养成了，也就终身受益了。

---

① 王蒙．华老师，你在哪儿？［A］//商友敬．过去的教师．北京：教育科学出版社，2007：166.

② 梁实秋．我的一位国文老师［A］//商友敬．过去的教师．北京：教育科学出版社，2007：149.

以此为参照，对比现行的中小学语文课教学，一些老师的教学似乎离学科性质太远了，这或许正是教师职业修养内涵性缺失的表现。其实，教师要立足于基础教育课程中的特定学科，自觉地引导学生在特定方向上形成某种学科素养，而不是轻易放弃学科教育的使命。当然，这也要求教师本身务必修炼出较高的学科素养与较强的教育学意识。唯有如此，教师才能为学生有文化的成长打下良好基础，教师也因此成为同学生成长密切相关的人。

总之，在上述两位著名作家的学校生活记忆里，教师不是一个道德说教家，而是一个有着清晰教育目标意识，并且积极影响孩子学习行为的教育行动者。在这些生动的学校生活叙事中，在教师与学生“打交道”的过程中，学生能够心领神会教师的“操心”，教师的职业道德修养也就自然而然地彰显其中了。

二、教师日常生活的异化：教师行为远离其“道”

尽管中小学教师被称为“太阳底下最光辉的职业”，但是综观其职业特点和实际待遇，中小学教师的日常工作特别辛苦，尤其在功利取向和“应试”环境的影响之下，其遭遇到的职业生存压力是有目共睹的。事实上，一些教师的职业行为时常被外在功利价值所误导，可能偏离教育之道，甚至在某种程度上造成教师日常生活的异化现象。

1. 教师迷失在“事功”的追求之中

众所周知，教师在其日常职业生活中，除了完成教学工作，还需要花费相当多的精力处理事务性工作。在此过程中，教师的行为对未成年的学生无疑会起到示范与导引作用，进而影响学生价值观的形成。下面的案例源自一位在校师范生对其中学生活的回忆。从教育专业角度来看，教师的事务性工作中也无“小事”。

> 上高中前，我一直认为老师是世界上最神圣的职业，直到张老师出现在我的高中生活里，改变了我对教师这一职业的看法。当时，学校提出通过百分制评比的办法确定“市优秀班集体”的名单，也就是说要将考勤、卫生、课外活动、出操等一系列活动一一量化，以百分制核算一个班级在年级里的排名。作为一名学生，谁都希望自己的班级是最好的，而班主任对自己的班级严格要求也是理所当然的。
>
> 一天，我们班赵明（化名）同学在早自习的时候迟到了（因为他家离学校比较远，他每天上学路上需要花2个小时）。看到赵明迟到了，一向和颜悦色的张老师变脸了。最初，大家没觉得异样，“迟到”本来就不是好事。但是，我们万万想不到的是，张老师居然对全班同学说：“同学们，为了咱们班荣誉着想，以后，早自习迟到的同学上午的课就不要来上了。因为他们个别人的迟到现象，学校会扣咱们班的分数，这样会给班集体造成损失。虽然，你迟到只是个人行为，但让集体为你们个别人‘牺牲’，这很不公平！”
>
> 从此，以后的上午课，不时会有同学不来上课，而我们班在百分比评比“考勤”一栏的分数却一直到高中毕业都是满分。当然，课间操也是评比中的一项。在张老师的影响下，我们时刻想着班集体的荣誉，每天离第二节下课还有5分钟时就再也坐不住了，只盼望着听到下课铃声，快速跑出教室，我们班以比其他班快5分钟以上的时间站在操场上。最终，我们拿到了“市优秀班集体”的“荣誉”，记得拿到证书的那天，我们班一些同学都哭了，但是，我说不清心里是啥滋味。

从上述案例中学生的反应来看，尽管学生不能从专业角度分析教师工作的失误，但是，学生的内心感受直观地表明教师在班级管理工作上存在的缺失。“考勤”属于学生行为规范管理的内容，是教师所承担的事务性工作。从教育专业立场来看，教师的事务性工作也关乎学生的健康成长，其内涵的应有之义是教育。“教育”概念在最初就指向“善”。《说文解字》中有“教，上所施，下所效也”“育，养子使作善也”的解说。如果教师在处理日常事务性工作时过于追求“事功”，忽略“教育”本义，势必导致其工作“教育”意义的延误或缺失。从新时代强调立德树人的角度来看，教师的一切工作都应该承担育人之责任，如果一些教师在日常工作中过于在乎“事功”，教育效果也可能事与愿违。

2. 教师迷失于“高分”的追求之中

长期以来，学校生活中的“应试”文化时刻塑造着教师的职业行为方式，也无形中影响着学生的求知热情和师生关系的品质。下面的学校生活叙事，源自一位师范生回忆其初中阶段的化学老师。

> 我初中时的化学老师是一个严厉到有些神经质的人，全班没有一个同学不“恨”他。每节课上课前他都会把我们骂一顿，来发泄他对我们、对学校或对他自己工作的不满。班里每一位学生，甚至是最乖巧、听话的孩子，都被他指着鼻子骂过。每节化学课上，我们班每个人的心都处于极度紧张状态。写错字没有用橡皮擦而是直接划掉，因为一时着急而找不到卷子，坐姿不甚好……都会引起他的破口大骂。直骂到你的自尊心被损为零，更恐怖的是，他在骂你的时候，你既不能瞪着眼睛看他，也不能抿嘴让他感觉你在笑，更不能哭……什么样的表情都会引发老师情绪的进一步爆发。而他的神情则是一贯的轻视、不满与讽刺。但是，就是这样一位老师，在他的魔爪下我们班的化学成绩竟是全年级最好的。而我的化学成绩，在高考时也达到了前所未有的高分。现在，若让我抱怨他，我是绝对不会的，因为分数在那。“高分”让我走进了梦寐以求的高中，甚至进入高中后，我才发现自己的化学基础是那么的扎实。现在的我，应该谢谢他。但是，我也无法感受到他对教育的热爱，或许，他只是一种出于生活的压力与无奈，教学不过是他用来求生的一种手段。

故事中的“我”，在成为师范生后继续着下面的思考：

> 教师面对一群天真活泼的孩子，你可以爱他们，不打不骂，充分保护他们的自尊心，让他们每天过得很快乐。但如果这样，你就不能保证他们每个人的成绩。父母把孩子送到学校后只看分数，学校招生看重的也是分数，只给予爱却不能保证成绩的老师，在日后定会遭到学生和家长的埋怨。如果只保证成绩不给予爱（对学科的热爱），虽然最终能够得到学生和家长的感激，但是，身处那样的教学过程中，对于师生双方来说，或许都是一种煎熬啊。

从教育学视角来看，教师职业道德修养是“体认之知（智）”，即体现在师生日常相处过程之中。教师的行为对学生产生潜移默化的影响，或许，来自学生的观察与体验比教师本人的认知更加具有说服力。一位教师，不管他教授什么学科，如果其教学缺乏对学生有感染力的热情，缺乏对学生困难设身处地的理解，未能唤起学生求知的欲望，便属于“不太优秀的教师”。① 在本则案例中，这位化学老师一味追求严格管理下的学业成绩，虽然让学生取得了“高分”，但忽视了基础教育课程的教育价值（让学生拥有求知的热情）。从教学效果来看，这不仅偏离了学科教学的教育本质，也严重影响到课堂生活质量。

三、为师之“道”：在学校日常生活中“修己成人”

综上所述，在每一天与学生相遇的生活中，教师无时无刻不在通过自己的行动在其职业生活中留下印迹，学生对学校生活的体验正是源自这些印迹的直接影响。通过这些印迹来重新理解教师职业修养的教育学内涵，不能囿于传统观念中理解的道德修身，而是指向教师职业修养的整体改善。

1. “教”与“学”的生活中皆有“教育之道”的存在

明代儒学家和教育家王阳明曾曰：“教也，学也，皆道也，非人之所能为。”② 这里的“非人之所能为”颇堪玩味。在一般人看来，教与学都是人之所为。但是，依据王阳明的观点来理解，这种“人为”丧失了“教”“学”所蕴含的道性和生活本身，貌似“主动”，实则不足以得“道”。“教”“学”当然都是某种“为”，但是，它不仅仅是“人为”、主观之为、强作妄为，而是让它进入“天为”。人（为）之中有天（为）。进入“天为”之“教”“学”，则皆道也。此之所以可能，前提是，人已经在生活境域和世界境域之中了。③

这样的教与学都极为贴近生活本身。事实上，杰出的教师时常在教与学的生活日用之中随机点化学生。

> 一次，朱自清的学生王福茂写了一篇作文，题目是：《可爱的朱先生》。文章写道：“他是一个肥而且矮的先生，他的脸带着微微的黄色，头发却比黑炭更黑。近右额的地方有个圆圆的疮疤，黄黄的显出在黑发中；一对黑黑的眉毛好像两把大刀搁在他微凹的眼睫上……他的耳圈不知为何，时常同玫瑰色一样。当他在黑板上写字的时候，看了他的后脑，似乎又胖了一半。最可笑的，就是他每次退课的时候，总是像煞有介事地从讲台上大踏步地跨下去，走路也有点滑稽的态度……”朱自清在这篇作文下面画了许多双圈，并在课堂上读给大家听。他说，我平时教大家怎样写作，王福茂给大家一个榜样，这就是描写人要让人读后如见其人，最好还应如临其境、如闻其声。④

朱自清先生在这里“毫不显眼”地向学生传授着“写作之道”和“为人之道”。当然，这其中也体现着他的“为师之道”。正是在这样的日常生活中，教师随时随地点化学生，并及时传达对学生的信任与关爱。此时此刻，教师唤醒的正是学生的向学之心和向善之志。“为师之道”正是在活生生的日常生活情境之中被学生时时刻刻地体验着……这样的“师道”就是生活境遇之中的“活的真理”，而不是书本上的“死的规范”。“活”，即在活生生的生活情境之中被体验着、构成着，而有别于抽象化、概念化的现成者。

---

① 陈桂生．普通教育学纲要［M］．上海：华东师范大学出版社，2009：332.

② 王守仁．王阳明全集［M］．上海：上海古籍出版社，1992：214.

③ 林丹．日用即道：王阳明哲学的现象学阐释［M］．北京：光明日报出版社，2012：80.

④ 张清平．“人散后，一钩新月天如水”［A］//商友敬．过去的教师．北京：教育科学出版社，2007：85.

2. 在“修己”中“育人”

从教育学视角关注教师的职业修养，旨在强调教师要在育人之前先“修己”。鉴于教师的职业特点，这里的“修己”不应仅局限于道德规范层面的修养，而应贯穿其日常职业生活过程中的诸多方面。

一般来说，教师作为成年人，基于常识态度，往往将日常生活世界的一切视为理所当然的实在，并且，教师习惯于不去质疑一切现成之事。其实，日常生活世界不是一个固定不变的世界，它是一个主体间性的世界，每个人都参与其中，并通过其活动改变着这个世界。换言之，我们每个人在这个世界中的工作和操劳方式，也在时刻影响着这个世界。从这个意义上说，日常生活是某种我们必须通过我们的行动加以修正的东西，或者是修正我们行动的东西，而且，在这一修正过程中，我们也同时修正“自己”（修己）。只要生命还在延续，“我”都是不完善的，“修己”始终处于进行中……

当然，教师必须具备一定的专业修养才能胜任教育工作，这已是不争的事实，但是，教师究竟需要炼成哪些修养，却是仁者见仁、智者见智的问题。中国最早的教育专著《礼记·学记》对教师修养的要求是：“君子既知教之所由兴，又知教之所由废，然后可以为师也。”孔子对教师修养的要求是：“学而不厌，诲人不倦。”对于中小学教师来说，长期与未成年人打交道，在年龄、社会经验、知识等方面都占据一定的优势，容易滋生出“为我独尊”的心态。其实，与其追求居高临下的地位，不如做苏格拉底那样的“无知者”。“要时常感到自己的不完全和不足，永远做一个用探寻的目光看待事物的婴儿！不因经验和老一套而陷入麻痹，而要敏感常存！”①

事实上，随着社会的高学历化和应试教育的强化，对于在竞争与歧视中疲于奔命的人们来说，他们对学校和教师的复杂怨恨感情在潜意识中不断扩大，使得学校和教师的（传统）权威地位急剧丧失，这种事实本身已经使得教师个体或群体的专业形象处于岌岌可危的境地。一些教师专业组织往往会对教师专业规范的建立具有较大的积极性，但是，就教师职业修养的内涵实质而言，“修己”正是其内在诉求。这就需要从教师职业特点出发讨论其修养内涵，而不再是师德规范的简单演绎与应用。

对此，教育学似乎有责任承担应有之职，即超越传统教育学围绕着“教师应当如何”（ought to）的规范性逼近，而对“如何才能成为老师”（becoming a teacher）给予深度的关照。② 由此可见，教师的日常职业生活正是以解释与说明教师行动和思想为主要内容的专业反思开端之所，同时，也是教师职业修养的原初起点。总之，对于全体教师来说，职业道德修养不是起始于规范之知的学习，而是发端于对日常职业行为的体认之知（智），或者说，教师的专业功夫不是记住书本中“关于教师职业道德的观念”，而是在师生共在的学校日常生活中直接引领着学生向善生长，教师专业伦理形象也由此生动而鲜明。

① 小原国芳．小原国芳教育论著选：上卷［M］．由其民，刘剑乔，吴光威，译．北京：人民教育出版社，1993：302.

② 佐藤学．课程与教师［M］．钟启泉，译．北京：教育科学出版社，2003：206.

附　录

习近平总书记关于师德师风的重要论述摘编[①]（节选）

（2021 年 5 月 11 日）

长期以来，我国广大教师认真贯彻党的教育方针，默默耕耘、无私奉献，用爱心、知识、智慧点亮学生心灵，培养了一批又一批优秀人才，为我国教育事业发展、为国家发展和民族振兴作出了突出贡献。

百年大计，教育为本。教师是立教之本、兴教之源，承担着让每个孩子健康成长、办好人民满意教育的重任。希望全国广大教师牢固树立中国特色社会主义理想信念，带头践行社会主义核心价值观，自觉增强立德树人、教书育人的荣誉感和责任感，学为人师，行为世范，做学生健康成长的指导者和引路人；牢固树立终身学习理念，加强学习，拓宽视野，更新知识，不断提高业务能力和教育教学质量，努力成为业务精湛、学生喜爱的高素质教师；牢固树立改革创新意识，踊跃投身教育创新实践，为发展具有中国特色、世界水平的现代教育作出贡献。

各级党委和政府要把加强教师队伍建设作为教育事业发展最重要的基础工作来抓，提升教师素质，改善教师待遇，关心教师健康，维护教师权益，充分信任、紧紧依靠广大教师，支持优秀人才长期从教、终身从教。

全社会要大力弘扬尊师重教的良好风尚，使教师成为最受社会尊重的职业。

祝全国广大教师身体健康、工作顺利、生活幸福！

致全国广大教师的慰问信（2013 年 9 月 9 日），《人民日报》2013 年 9 月 10 日

教育是提高人民综合素质、促进人的全面发展的重要途径，是民族振兴、社会进步的重要基石，是对中华民族伟大复兴具有决定性意义的事业。教师是人类历史上最古老的职业之一，也是最伟大、最神圣的职业之一。人们常说："教师是太阳底下最崇高的职业。"自古以来，中华民族就有尊师重教、崇智尚学的优良传统，正所谓"国将兴，必贵师而重傅；贵师而重傅，则法度存"。在古代，孔子被推崇为"大成至圣先师"，被誉为"万世师表"。在中华民族 5 000 多年文明发展史上，英雄辈出，大师荟萃，都与一代又一代教师的辛勤耕耘是分不开的。

新中国成立 65 年来，党和国家高度重视教育事业，建成了世界最大规模的教育体系，保障了亿万人民群众受教育的权利，极大提高了全民族素质，有力推动了经济社会发展。长期以来，广大教师自觉贯彻党的教育方针，教书育人，呕心沥血，默默奉献，为国家发

① 习近平总书记关于师德师风的重要论述摘编［EB/OL］.（2021－05－11）［2023－04－18］. http://www.moe.gov.cn/jyb_xwfb/moe_2082/2021/2021_zl37/2021shideshifenglunsu/202105/t20210511_530825.html.

展和民族振兴作出了巨大贡献，赢得了全社会广泛赞誉和普遍尊重。

当今世界，科技进步日新月异，国际竞争日趋激烈。特别是经历了历史上罕见的国际金融危机，各国纷纷调整发展战略，更加注重科技进步和创新驱动。当今世界的综合国力竞争，说到底是人才竞争，人才越来越成为推动经济社会发展的战略性资源，教育的基础性、先导性、全局性地位和作用更加突显。“两个一百年”奋斗目标的实现、中华民族伟大复兴中国梦的实现，归根到底靠人才、靠教育。源源不断的人才资源是我国在激烈的国际竞争中的重要潜在力量和后发优势。希望广大教师认清肩负的使命和责任，努力为发展具有中国特色、世界水平的现代教育，培养社会主义事业建设者和接班人作出更大贡献！

邓小平同志曾经指出：“一个学校能不能为社会主义建设培养合格的人才，培养德智体全面发展、有社会主义觉悟的有文化的劳动者，关键在教师。”教师重要，就在于教师的工作是塑造灵魂、塑造生命、塑造人的工作。一个人遇到好老师是人生的幸运，一个学校拥有好老师是学校的光荣，一个民族源源不断涌现出一批又一批好老师则是民族的希望。国家繁荣、民族振兴、教育发展，需要我们大力培养造就一支师德高尚、业务精湛、结构合理、充满活力的高素质专业化教师队伍，需要涌现一大批好老师。

那么，怎样才能成为好老师呢？今天，我想就这个问题同大家做个交流。

每个人心目中都有自己好老师的形象。做好老师，是每一个老师应该认真思考和探索的问题，也是每一个老师的理想和追求。我想，好老师没有统一的模式，可以各有千秋、各显身手，但有一些共同的、必不可少的特质。

第一，做好老师，要有理想信念。陶行知先生说，教师是“千教万教，教人求真”，学生是“千学万学，学做真人”。老师肩负着培养下一代的重要责任。正确理想信念是教书育人、播种未来的指路明灯。不能想象一个没有正确理想信念的人能够成为好老师。唐代韩愈说：“师者，所以传道授业解惑也。”“传道”是第一位的。一个老师，如果只知道“授业”、“解惑”而不“传道”，不能说这个老师是完全称职的，充其量只能是“经师”、“句读之师”，而非“人师”了。古人云：“经师易求，人师难得。”一个优秀的老师，应该是“经师”和“人师”的统一，既要精于“授业”、“解惑”，更要以“传道”为责任和使命。好老师心中要有国家和民族，要明确意识到肩负的国家使命和社会责任。

我们的教育是为人民服务、为中国特色社会主义服务、为改革开放和社会主义现代化建设服务的，党和人民需要培养的是社会主义事业建设者和接班人。好老师的理想信念应该以这一要求为基准。广大教师要始终同党和人民站在一起，自觉做中国特色社会主义的坚定信仰者和忠实实践者，忠诚于党和人民的教育事业，自觉把党的教育方针贯彻到教学管理工作全过程，严肃认真对待自己的职责。要注重加强中国特色社会主义理论体系的学习，加深对中国特色社会主义的思想认同、理论认同、情感认同，不断增强道路自信、理论自信、制度自信，积极引导学生热爱祖国、热爱人民、热爱中国共产党。好老师应该做中国特色社会主义共同理想和中华民族伟大复兴中国梦的积极传播者，帮助学生筑梦、追梦、圆梦，让一代又一代年轻人都成为实现我们民族梦想的正能量。

广大教师要用好课堂讲坛，用好校园阵地，用自己的行动倡导社会主义核心价值观，用自己的学识、阅历、经验点燃学生对真善美的向往，使社会主义核心价值观润物细无声地浸润学生们的心田、转化为日常行为，增强学生的价值判断能力、价值选择能力、价值塑造能力，引领学生健康成长。

第二，做好老师，要有道德情操。老师的人格力量和人格魅力是成功教育的重要条件。“师也者，教之以事而喻诸德者也。”老师对学生的影响，离不开老师的学识和能力，更离不开老师为人处世、于国于民、于公于私所持的价值观。一个老师如果在是非、曲直、善恶、义利、得失等方面老出问题，怎么能担起立德树人的责任？广大教师必须率先垂范、以身作则，引导和帮助学生把握好人生方向，特别是引导和帮助青少年学生扣好人生的第一粒扣子。

“师者，人之模范也。”教师的职业特性决定了教师必须是道德高尚的人群。合格的老师首先应该是道德上的合格者，好老师首先应该是以德施教、以德立身的楷模。师者为师亦为范，学高为师，德高为范。老师是学生道德修养的镜子。好老师应该取法乎上、见贤思齐，不断提高道德修养，提升人格品质，并把正确的道德观传授给学生。

师德是深厚的知识修养和文化品位的体现。师德需要教育培养，更需要老师自我修养。做一个高尚的人、纯粹的人、脱离了低级趣味的人，应该是每一个老师的不懈追求和行为常态。好老师要有“捧着一颗心来，不带半根草去”的奉献精神，自觉坚守精神家园、坚守人格底线，带头弘扬社会主义道德和中华传统美德，以自己的模范行为影响和带动学生。

好老师的道德情操最终要体现到对所从事职业的忠诚和热爱上来。好老师应该执着于教书育人。我们常说干一行爱一行，做老师就要热爱教育工作，不能把教育岗位仅仅作为一个养家糊口的职业。有了为事业奋斗的志向，才能在老师这个岗位上干得有滋有味，干出好成绩。如果身在学校却心在商场或心在官场，在金钱、物欲、名利同人格的较量中把握不住自己，那是当不好老师的。

现在，很多地方做老师还比较清苦，特别是农村基层小学老师很辛苦，收入不高，物质生活不是很宽裕，有些家庭负担较重的老师生活还比较困难。各级党委和政府都要关心广大老师特别是生活工作有困难的老师，努力为他们排忧解难。同时，老师要有“衣带渐宽终不悔，为伊消得人憔悴”的精神，兢兢业业做好工作。做老师，最好的回报是学生成人成才，桃李满天下。想想无数孩子在自己的教育下学到知识、学会做人、事业有成、生活幸福，那是何等让人舒心、让人骄傲的成就。

第三，做好老师，要有扎实学识。老师自古就被称为“智者”。俗话说，前人强不如后人强，家庭如此，国家、民族更是如此。只有我们的孩子们学好知识了、学好本领了、懂得更多了，他们才能更强，我们的国家、民族才能更强。

扎实的知识功底、过硬的教学能力、勤勉的教学态度、科学的教学方法是老师的基本素质，其中知识是根本基础。学生往往可以原谅老师严厉刻板，但不能原谅老师学识浅薄。“水之积也不厚，则其负大舟也无力。”知识储备不足、视野不够，教学中必然捉襟见肘，更谈不上游刃有余。

国外有教育家说过：“为了使学生获得一点知识的亮光，教师应吸进整个光的海洋。”在信息时代做好老师，自己所知道的必须大大超过要教给学生的范围，不仅要有胜任教学的专业知识，还要有广博的通用知识和宽阔的胸怀视野。好老师还应该是智慧型的老师，具备学习、处世、生活、育人的智慧，既授人以鱼，又授人以渔，能够在各个方面给学生以帮助和指导。

陶行知先生说："出世便是破蒙，进棺材才算毕业。"这就要求老师始终处于学习状态，站在知识发展前沿，刻苦钻研、严谨笃学，不断充实、拓展、提高自己。过去讲，要给学生一碗水，教师要有一桶水，现在看，这个要求已经不够了，应该是要有一潭水。

第四，做好老师，要有仁爱之心。教育是一门"仁而爱人"的事业，爱是教育的灵魂，没有爱就没有教育。好老师应该是仁师，没有爱心的人不可能成为好老师。高尔基说："谁爱孩子，孩子就爱谁。只有爱孩子的人，他才可以教育孩子。"教育风格可以各显身手，但爱是永恒的主题。爱心是学生打开知识之门、启迪心智的开始，爱心能够滋润浇开学生美丽的心灵之花。老师的爱，既包括爱岗位、爱学生，也包括爱一切美好的事物。

有人说，好老师的眼神应该是慈爱、友善、温情的，透着智慧、透着真情。好老师对学生的教育和引导应该是充满爱心和信任的，在严爱相济的前提下晓之以理、动之以情，让学生"亲其师"、"信其道"。好老师要用爱培育爱、激发爱、传播爱，通过真情、真心、真诚拉近同学生的距离，滋润学生的心田，使自己成为学生的好朋友和贴心人。好老师应该把自己的温暖和情感倾注到每一个学生身上，用欣赏增强学生的信心，用信任树立学生的自尊，让每一个学生都健康成长，让每一个学生都享受成功的喜悦。

有爱才有责任。好老师应该懂得，选择当老师就选择了责任，就要尽到教书育人、立德树人的责任，并把这种责任体现到平凡、普通、细微的教学管理之中。正是因为爱教育、爱学生，我们很多老师才有了用一辈子备一堂课、用一辈子在三尺讲台默默奉献的力量，才有了在学生遇到危难时挺身而出的勇气，才有了敢于攻克新知新学的锐气。老师责任心有多大，人生舞台就有多大。

老师还要具有尊重学生、理解学生、宽容学生的品质。离开了尊重、理解、宽容同样谈不上教育。"学而不厌、诲人不倦"，有教无类，因材施教，教也多术，就是要求老师具有尊重、理解、宽容的品质。这本身就是一种伟大的教育力量。受到尊重、得到理解、得到宽容，是每一个人在人生各阶段都不可缺少的心理需要，儿童和青少年更是如此。一些调查材料反映，尊重学生越来越成为好老师的重要标准。好老师应该懂得既尊重学生，使学生充满自信、昂首挺胸，又通过尊重学生的言传身教教育学生尊重他人。

世界上没有两片完全相同的树叶，老师面对的是一个个性格爱好、脾气秉性、兴趣特长、家庭情况、学习状况不一的学生，必须精心加以引导和培育，不能因为有的学生不讨自己喜欢、不对自己胃口就冷淡、排斥，更不能把学生分为三六九等。对所谓的"差生"甚至问题学生，老师更应该多一些理解和帮助。老师在学生心目中具有重要位置，老师无意间的一句话，可能造就一个天才，也可能毁灭一个天才。好老师一定要平等对待每一个学生，尊重学生的个性，理解学生的情感，包容学生的缺点和不足，善于发现每一个学生的长处和闪光点，让所有学生都成长为有用之才。

我看了不少优秀教师的事迹，很多老师一生中忘了自己、把全部身心扑在学生身上，有的老师把自己有限的工资用来资助贫困学生、深恐学生失学，有的老师把自己的收入用来购买教学用具，有的老师背着学生上学、牵着学生的手过急流、走险路，有的老师拖着残疾之躯坚守在岗位上，很多事迹感人至深、催人泪下。这就是人间大爱。我们要在广大教师中、在全社会大力宣传和弘扬优秀教师的先进事迹和高尚品德。

好老师不是天生的，而是在教学管理实践中、在教育改革发展中锻炼成长起来的。衷心祝愿每个教师都能成为符合党和人民要求、学生喜欢和敬佩的好老师，希望每个孩子都能遇到好老师。

我国人口多、国土广、地区差异大，有2.6亿学生和1 400万教师，搞好教育事业任务艰巨。党和政府高度重视教育，2012年以来我国财政性教育经费支出占当年国内生产总值比例达到4%，这是很大的一件事。我国经济总量虽然已经是世界第二，但我国还是世界上最大的发展中国家，还处在社会主义初级阶段，各种教育资源历史积累不足，地区之间教育发展不平衡，教育总体条件还不是很理想，教师特别是基层教师收入总体水平不高，办学条件标准不高，教育管理水平亟待提高。这就要求我们坚持科教兴国战略和人才强国战略，坚持把教育放在优先发展的战略位置，继续大力推动教育改革发展，使我国教育越办越好、越办越强。

百年大计，教育为本。教育大计，教师为本。努力培养造就一大批一流教师，不断提高教师队伍整体素质，是当前和今后一段时间我国教育事业发展的紧迫任务。

各级党委和政府要从战略高度来认识教师工作的极端重要性，把加强教师队伍建设作为基础工作来抓，满腔热情关心教师，改善教师待遇，关心教师健康，维护教师权益，充分信任、紧紧依靠广大教师，支持优秀人才长期从教、终身从教，使教师成为最受社会尊重的职业。要制定切实可行的政策措施，鼓励有志青年到农村、到边远地区为国家教育事业建功立业。要加强教师教育体系建设，加大对师范院校的支持力度，找准教师教育中存在的主要问题，寻求深化教师教育改革的突破口和着力点，不断提高教师培养培训的质量。要让全社会广泛了解教师工作的重要性和特殊性，让尊师重教蔚然成风。

这些年，媒体报道了个别老师道德败坏、贪赃枉法的事，对这些害群之马要清除出教师队伍，并依法进行惩处，对侵害学生的行为必须零容忍。

“三寸粉笔，三尺讲台系国运；一颗丹心，一生秉烛铸民魂。”今天的学生就是未来实现中华民族伟大复兴中国梦的主力军，广大教师就是打造这支中华民族“梦之队”的筑梦人。希望全国广大教师把全部精力和满腔真情献给教育事业，在教书育人的工作中不断创造新业绩。

在同北京师范大学师生代表座谈时的讲话（2014年9月9日），《人民日报》2014年9月10日

发展教育事业，广大教师责任重大、使命光荣。希望你们牢记使命、不忘初衷，扎根西部、服务学生，努力做教育改革的奋进者、教育扶贫的先行者、学生成长的引导者，为贫困地区教育事业发展、为祖国下一代健康成长继续作出自己的贡献。

对李保国同志先进事迹作出的批示（2016年6月），《人民日报》2016年6月13日

教育决定着人类的今天，也决定着人类的未来。基础教育在国民教育体系中处于基础性、先导性地位，必须把握好定位，全面贯彻落实党的教育方针，从多方面采取措施，努力把我国基础教育越办越好。广大教师要做学生锤炼品格的引路人，做学生学习知识的引路人，做学生创新思维的引路人，做学生奉献祖国的引路人。

教师是传播知识、传播思想、传播真理的工作，是塑造灵魂、塑造生命、塑造人的工作，理应受到尊敬，要在全社会弘扬尊师重教的良好风尚。

一个人遇到好老师是人生的幸运，一个学校拥有好老师是学校的光荣，一个民族源源不断涌现出一批又一批好老师则是民族的希望。自古以来，中华民族就有尊师重教、崇智尚学的优良传统。党和国家事业发展需要一支宏大的师德高尚、业务精湛、结构合理、充满活力的高素质专业化教师队伍，需要一大批好老师。长期以来，广大教师为教育事业付出了辛劳、奉献了力量、贡献了才智，要在广大教师中、在全社会大力宣传和弘扬优秀教师的先进事迹和高尚品德。希望广大教师认清肩负的使命和责任，教育和引导学生热爱祖国、热爱人民、热爱中国共产党，教育和引导学生心中要有国家和民族、意识到肩负的责任，牢固树立为祖国服务、为人民服务的意识，立志成为党和人民需要的人才。各级党委和政府要满腔热情关心教师，让广大教师安心从教、热心从教、舒心从教、静心从教，让广大教师在岗位上有幸福感、事业上有成就感、社会上有荣誉感，让教师成为让人羡慕的职业。

在北京大学师生座谈会上的讲话（2018 年 5 月 2 日），《人民日报》2018 年 5 月 3 日

长期以来，广大教师贯彻党的教育方针，教书育人，呕心沥血，默默奉献，为国家发展和民族振兴作出了重大贡献。教师是人类灵魂的工程师，是人类文明的传承者，承载着传播知识、传播思想、传播真理，塑造灵魂、塑造生命、塑造新人的时代重任。全党全社会要弘扬尊师重教的社会风尚，努力提高教师政治地位、社会地位、职业地位，让广大教师享有应有的社会声望，在教书育人岗位上为党和人民事业作出新的更大的贡献。

在实践中，我们就教育改革发展提出一系列新理念新思想新观点，主要有以下几个方面，坚持党对教育事业的全面领导，坚持把立德树人作为根本任务，坚持优先发展教育事业，坚持社会主义办学方向，坚持扎根中国大地办教育，坚持以人民为中心发展教育，坚持深化教育改革创新，坚持把服务中华民族伟大复兴作为教育的重要使命，坚持把教师队伍建设作为基础工作。这是我们对我国教育事业规律性认识的深化，来之不易，要始终坚持并不断丰富发展。

建设社会主义现代化强国，对教师队伍建设提出新的更高要求，也对全党全社会尊师重教提出新的更高要求。人民教师无上光荣，每个教师都要珍惜这份光荣，爱惜这份职业，严格要求自己，不断完善自己。做老师就要执着于教书育人，有热爱教育的定力、淡泊名利的坚守。随着办学条件不断改善，教育投入要更多向教师倾斜，不断提高教师待遇，让广大教师安心从教、热心从教。对教师队伍中存在的问题，要坚决依法依纪予以严惩。

在第三十六个教师节到来之际向全国广大教师和教育工作者致以节日的祝贺和诚挚的慰问（2020 年 9 月 9 日），《人民日报》2020 年 9 月 10 日

教师是教育工作的中坚力量。有高质量的教师，才会有高质量的教育。做好老师，就要执着于教书育人，有热爱教育的定力、淡泊名利的坚守，就要有理想信念、有道德情操、有扎实学识、有仁爱之心。广大思想政治理论课教师，政治要强、情怀要深、思维要新、视野要广、自律要严、人格要正。要把师德师风建设摆在首要位置，引导广大教师继承发扬老一辈教育工作者“捧着一颗心来，不带半根草去”的精神，以赤诚之心、奉献之心、仁爱之心投身教育事业。要加强中西部欠发达地区教师定向培养和精准培训，深入实施乡村教师支持计划。要在全党全社会大力弘扬尊师重教的社会风尚，推动形成优秀人才竞相从教、广大教师尽展其才、好老师不断涌现的良好局面。

中共中央国务院关于全面深化新时代教师队伍建设改革的意见①

（2018 年 1 月 20 日）

百年大计，教育为本；教育大计，教师为本。为深入贯彻落实党的十九大精神，造就党和人民满意的高素质专业化创新型教师队伍，落实立德树人根本任务，培养德智体美全面发展的社会主义建设者和接班人，全面提升国民素质和人力资源质量，加快教育现代化，建设教育强国，办好人民满意的教育，为决胜全面建成小康社会、夺取新时代中国特色社会主义伟大胜利、实现中华民族伟大复兴的中国梦奠定坚实基础，现就全面深化新时代教师队伍建设改革提出如下意见。

一、坚持兴国必先强师，深刻认识教师队伍建设的重要意义和总体要求

1. 战略意义。教师承担着传播知识、传播思想、传播真理的历史使命，肩负着塑造灵魂、塑造生命、塑造人的时代重任，是教育发展的第一资源，是国家富强、民族振兴、人民幸福的重要基石。党和国家历来高度重视教师工作。党的十八大以来，以习近平同志为核心的党中央将教师队伍建设摆在突出位置，作出一系列重大决策部署，各地区各部门和各级各类学校采取有力措施认真贯彻落实，教师队伍建设取得显著成就。广大教师牢记使命、不忘初衷，爱岗敬业、教书育人，改革创新、服务社会，作出了重要贡献。

当今世界正处在大发展大变革大调整之中，新一轮科技和工业革命正在孕育，新的增长动能不断积聚。中国特色社会主义进入了新时代，开启了全面建设社会主义现代化国家的新征程。我国社会主要矛盾已经转化为人民日益增长的美好生活需要和不平衡不充分的发展之间的矛盾，人民对公平而有质量的教育的向往更加迫切。面对新方位、新征程、新使命，教师队伍建设还不能完全适应。有的地方对教育和教师工作重视不够，在教育事业发展中重硬件轻软件、重外延轻内涵的现象还比较突出，对教师队伍建设的支持力度亟须加大；师范教育体系有所削弱，对师范院校支持不够；有的教师素质能力难以适应新时代人才培养需要，思想政治素质和师德水平需要提升，专业化水平需要提高；教师特别是中小学教师职业吸引力不足，地位待遇有待提高；教师城乡结构、学科结构分布不尽合理，

---

① 中共中央国务院关于全面深化新时代教师队伍建设改革的意见 [EB/OL]. (2018-01-20) [2023-04-18]. http://zqb.cyol.com/html/2018-02/01/nw.D110000zgqnb_20180201_2-07.htm.

准入、招聘、交流、退出等机制还不够完善，管理体制机制亟须理顺。时代越是向前，知识和人才的重要性就愈发突出，教育和教师的地位和作用就愈发凸显。各级党委和政府要从战略和全局高度充分认识教师工作的极端重要性，把全面加强教师队伍建设作为一项重大政治任务和根本性民生工程切实抓紧抓好。

2. 指导思想。全面贯彻落实党的十九大精神，以习近平新时代中国特色社会主义思想为指导，紧紧围绕统筹推进“五位一体”总体布局和协调推进“四个全面”战略布局，坚持和加强党的全面领导，坚持以人民为中心的发展思想，坚持全面深化改革，牢固树立新发展理念，全面贯彻党的教育方针，坚持社会主义办学方向，落实立德树人根本任务，遵循教育规律和教师成长发展规律，加强师德师风建设，培养高素质教师队伍，倡导全社会尊师重教，形成优秀人才争相从教、教师人人尽展其才、好教师不断涌现的良好局面。

3. 基本原则

——确保方向。坚持党管干部、党管人才，坚持依法治教、依法执教，坚持严格管理监督与激励关怀相结合，充分发挥党委（党组）的领导和把关作用，确保党牢牢掌握教师队伍建设的领导权，保证教师队伍建设正确的政治方向。

——强化保障。坚持教育优先发展战略，把教师工作置于教育事业发展的重点支持战略领域，优先谋划教师工作，优先保障教师工作投入，优先满足教师队伍建设需要。

——突出师德。把提高教师思想政治素质和职业道德水平摆在首要位置，把社会主义核心价值观贯穿教书育人全过程，突出全员全方位全过程师德养成，推动教师成为先进思想文化的传播者、党执政的坚定支持者、学生健康成长的指导者。

——深化改革。抓住关键环节，优化顶层设计，推动实践探索，破解发展瓶颈，把管理体制改革与机制创新作为突破口，把提高教师地位待遇作为真招实招，增强教师职业吸引力。

——分类施策。立足我国国情，借鉴国际经验，根据各级各类教师的不同特点和发展实际，考虑区域、城乡、校际差异，采取有针对性的政策举措，定向发力，重视专业发展，培养一批教师；加大资源供给，补充一批教师；创新体制机制，激活一批教师；优化队伍结构，调配一批教师。

4. 目标任务。经过5年左右努力，教师培养培训体系基本健全，职业发展通道比较畅通，事权人权财权相统一的教师管理体制普遍建立，待遇提升保障机制更加完善，教师职业吸引力明显增强。教师队伍规模、结构、素质能力基本满足各级各类教育发展需要。

到2035年，教师综合素质、专业化水平和创新能力大幅提升，培养造就数以百万计的骨干教师、数以十万计的卓越教师、数以万计的教育家型教师。教师管理体制机制科学高效，实现教师队伍治理体系和治理能力现代化。教师主动适应信息化、人工智能等新技术变革，积极有效开展教育教学。尊师重教蔚然成风，广大教师在岗位上有幸福感、事业上有成就感、社会上有荣誉感，教师成为让人羡慕的职业。

二、着力提升思想政治素质，全面加强师德师风建设

5. 加强教师党支部和党员队伍建设。将全面从严治党要求落实到每个教师党支部和教师党员，把党的政治建设摆在首位，用习近平新时代中国特色社会主义思想武装头脑，充分发挥教师党支部教育管理监督党员和宣传引导凝聚师生的战斗堡垒作用，充分发挥党员教师的先锋模范作用。选优配强教师党支部书记，注重选拔党性强、业务精、有威信、肯奉献的优秀党员教师担任教师党支部书记，实施教师党支部书记“双带头人”培育工程，定期开展教师党支部书记轮训。坚持党的组织生活各项制度，创新方式方法，增强党的组织生活活力。健全主题党日活动制度，加强党员教师日常管理监督。推进“两学一做”学习教育常态化制度化，开展“不忘初心、牢记使命”主题教育，引导党员教师增强政治意识、大局意识、核心意识、看齐意识，自觉爱党护党为党，敬业修德，奉献社会，争做“四有”好教师的示范标杆。重视做好在优秀青年教师、海外留学归国教师中发展党员工作。健全把骨干教师培养成党员，把党员教师培养成教学、科研、管理骨干的“双培养”机制。

配齐建强高等学校思想政治工作队伍和党务工作队伍，完善选拔、培养、激励机制，形成一支专职为主、专兼结合、数量充足、素质优良的工作力量。把从事学生思想政治教育计入高等学校思想政治工作兼职教师的工作量，作为职称评审的重要依据，进一步增强开展思想政治工作的积极性和主动性。

6. 提高思想政治素质。加强理想信念教育，深入学习领会习近平新时代中国特色社会主义思想，引导教师树立正确的历史观、民族观、国家观、文化观，坚定中国特色社会主义道路自信、理论自信、制度自信、文化自信。引导教师准确理解和把握社会主义核心价值观的深刻内涵，增强价值判断、选择、塑造能力，带头践行社会主义核心价值观。引导广大教师充分认识中国教育辉煌成就，扎根中国大地，办好中国教育。

加强中华优秀传统文化和革命文化、社会主义先进文化教育，弘扬爱国主义精神，引导广大教师热爱祖国、奉献祖国。创新教师思想政治工作方式方法，开辟思想政治教育新阵地，利用思想政治教育新载体，强化教师社会实践参与，推动教师充分了解党情、国情、社情、民情，增强思想政治工作的针对性和实效性。要着眼青年教师群体特点，有针对性地加强思想政治教育。落实党的知识分子政策，政治上充分信任，思想上主动引导，工作上创造条件，生活上关心照顾，使思想政治工作接地气、入人心。

7. 弘扬高尚师德。健全师德建设长效机制，推动师德建设常态化长效化，创新师德教育，完善师德规范，引导广大教师以德立身、以德立学、以德施教、以德育德，坚持教书与育人相统一、言传与身教相统一、潜心问道与关注社会相统一、学术自由与学术规范相统一，争做“四有”好教师，全心全意做学生锤炼品格、学习知识、创新思维、奉献祖国的引路人。

实施师德师风建设工程。开展教师宣传国家重大题材作品立项，推出一批让人喜闻乐见、能够产生广泛影响、展现教师时代风貌的影视作品和文学作品，发掘师德典型、讲好师德故事，加强引领，注重感召，弘扬楷模，形成强大正能量。注重加强对教师思想政治素质、师德师风等的监察监督，强化师德考评，体现奖优罚劣，推行师德考核负面清单制度，建立教师个人信用记录，完善诚信承诺和失信惩戒机制，着力解决师德失范、学术不端等问题。

三、大力振兴教师教育，不断提升教师专业素质能力

8. 加大对师范院校支持力度。实施教师教育振兴行动计划，建立以师范院校为主体、

高水平非师范院校参与的中国特色师范教育体系，推进地方政府、高等学校、中小学“三位一体”协同育人。研究制定师范院校建设标准和师范类专业办学标准，重点建设一批师范教育基地，整体提升师范院校和师范专业办学水平。鼓励各地结合实际，适时提高师范专业生均拨款标准，提升师范教育保障水平。切实提高生源质量，对符合相关政策规定的，采取到岗退费或公费培养、定向培养等方式，吸引优秀青年踊跃报考师范院校和师范专业。完善教育部直属师范大学师范生公费教育政策，履约任教服务期调整为 6 年。改革招生制度，鼓励部分办学条件好、教学质量高院校的师范专业实行提前批次录取或采取入校后二次选拔方式，选拔有志于从教的优秀学生进入师范专业。加强教师教育学科建设。教育硕士、教育博士授予单位及授权点向师范院校倾斜。强化教师教育师资队伍建设，在专业发展、职称晋升和岗位聘用等方面予以倾斜支持。师范院校评估要体现师范教育特色，确保师范院校坚持以师范教育为主业，严控师范院校更名为非师范院校。开展师范类专业认证，确保教师培养质量。

9. 支持高水平综合大学开展教师教育。创造条件，推动一批有基础的高水平综合大学成立教师教育学院，设立师范专业，积极参与基础教育、职业教育教师培养培训工作。整合优势学科的学术力量，凝聚高水平的教学团队。发挥专业优势，开设厚基础、宽口径、多样化的教师教育课程。创新教师培养形态，突出教师教育特色，重点培养教育硕士，适度培养教育博士，造就学科知识扎实、专业能力突出、教育情怀深厚的高素质复合型教师。

10. 全面提高中小学教师质量，建设一支高素质专业化的教师队伍。提高教师培养层次，提升教师培养质量。推进教师培养供给侧结构性改革，为义务教育学校侧重培养素质全面、业务见长的本科层次教师，为高中阶段教育学校侧重培养专业突出、底蕴深厚的研究生层次教师。大力推动研究生层次教师培养，增加教育硕士招生计划，向中西部地区和农村地区倾斜。根据基础教育改革发展需要，以实践为导向优化教师教育课程体系，强化“钢笔字、毛笔字、粉笔字和普通话”等教学基本功和教学技能训练，师范生教育实践不少于半年。加强紧缺薄弱学科教师、特殊教育教师和民族地区双语教师培养。开展中小学教师全员培训，促进教师终身学习和专业发展。转变培训方式，推动信息技术与教师培训的有机融合，实行线上线下相结合的混合式研修。改进培训内容，紧密结合教育教学一线实际，组织高质量培训，使教师静心钻研教学，切实提升教学水平。推行培训自主选学，实行培训学分管理，建立培训学分银行，搭建教师培训与学历教育衔接的“立交桥”。建立健全地方教师发展机构和专业培训者队伍，依托现有资源，结合各地实际，逐步推进县级教师发展机构建设与改革，实现培训、教研、电教、科研部门有机整合。继续实施教师国培计划。鼓励教师海外研修访学。

加强中小学校长队伍建设，努力造就一支政治过硬、品德高尚、业务精湛、治校有方的校长队伍。面向全体中小学校长，加大培训力度，提升校长办学治校能力，打造高品质学校。实施校长国培计划，重点开展乡村中小学骨干校长培训和名校长研修。支持教师和校长大胆探索，创新教育思想、教育模式、教育方法，形成教学特色和办学风格，营造教育家脱颖而出的制度环境。

11. 全面提高幼儿园教师质量，建设一支高素质善保教的教师队伍。办好一批幼儿师范专科学校和若干所幼儿师范学院，支持师范院校设立学前教育专业，培养热爱学前教育事业，幼儿为本、才艺兼备、擅长保教的高水平幼儿园教师。创新幼儿园教师培养模式，前移培养起点，大力培养初中毕业起点的五年制专科层次幼儿园教师。优化幼儿园教师培养课程体系，突出保教融合，科学开设儿童发展、保育活动、教育活动类课程，强化实践性课程，培养学前教育师范生综合能力。

建立幼儿园教师全员培训制度，切实提升幼儿园教师科学保教能力。加大幼儿园园长、乡村幼儿园教师、普惠性民办幼儿园教师的培训力度。创新幼儿园教师培训模式，依托高等学校和优质幼儿园，重点采取集中培训与跟岗实践相结合的方式培训幼儿园教师。鼓励师范院校与幼儿园协同建立幼儿园教师培养培训基地。

12. 全面提高职业院校教师质量，建设一支高素质双师型的教师队伍。继续实施职业院校教师素质提高计划，引领带动各地建立一支技艺精湛、专兼结合的双师型教师队伍。加强职业技术师范院校建设，支持高水平学校和大中型企业共建双师型教师培养培训基地，建立高等学校、行业企业联合培养双师型教师的机制。切实推进职业院校教师定期到企业实践，不断提升实践教学能力。建立企业经营管理者、技术能手与职业院校管理者、骨干教师相互兼职制度。

13. 全面提高高等学校教师质量，建设一支高素质创新型的教师队伍。着力提高教师专业能力，推进高等教育内涵式发展。搭建校级教师发展平台，组织研修活动，开展教学研究与指导，推进教学改革与创新。加强院系教研室等学习共同体建设，建立完善传帮带机制。全面开展高等学校教师教学能力提升培训，重点面向新入职教师和青年教师，为高等学校培养人才培育生力军。重视各级各类学校辅导员专业发展。结合“一带一路”建设和人文交流机制，有序推动国内外教师双向交流。支持孔子学院教师、援外教师成长发展。

服务创新型国家和人才强国建设、世界一流大学和一流学科建设，实施好千人计划、万人计划、长江学者奖励计划等重大人才项目，着力打造创新团队，培养引进一批具有国际影响力的学科领军人才和青年学术英才。加强高端智库建设，依托人文社会科学重点研究基地等，汇聚培养一大批哲学社会科学名家名师。高等学校高层次人才遴选和培育中要突出教书育人，让科学家同时成为教育家。

四、深化教师管理综合改革，切实理顺体制机制

14. 创新和规范中小学教师编制配备。适应加快推进教育现代化的紧迫需求和城乡教育一体化发展改革的新形势，充分考虑新型城镇化、全面二孩政策及高考改革等带来的新情况，根据教育发展需要，在现有编制总量内，统筹考虑、合理核定教职工编制，盘活事业编制存量，优化编制结构，向教师队伍倾斜，采取多种形式增加教师总量，优先保障教育发展需要。落实城乡统一的中小学教职工编制标准，有条件的地方出台公办幼儿园人员配备规范、特殊教育学校教职工编制标准。创新编制管理，加大教职工编制统筹配置和跨区域调整力度，省级统筹、市域调剂、以县为主，动态调配。编制向乡村小规模学校倾斜，按照班师比与生师比相结合的方式核定。加强和规范中小学教职工编制管理，严禁挤占、挪用、截留编制和有编不补。实行教师编制配备和购买工勤服务相结合，满足教育快

速发展需求。

15. 优化义务教育教师资源配置。实行义务教育教师“县管校聘”。深入推进县域内义务教育学校教师、校长交流轮岗，实行教师聘期制、校长任期制管理，推动城镇优秀教师、校长向乡村学校、薄弱学校流动。实行学区（乡镇）内走教制度，地方政府可根据实际给予相应补贴。

逐步扩大农村教师特岗计划实施规模，适时提高特岗教师工资性补助标准。鼓励优秀特岗教师攻读教育硕士。鼓励地方政府和相关院校因地制宜采取定向招生、定向培养、定期服务等方式，为乡村学校及教学点培养“一专多能”教师，优先满足老少边穷地区教师补充需要。实施银龄讲学计划，鼓励支持乐于奉献、身体健康的退休优秀教师到乡村和基层学校支教讲学。

16. 完善中小学教师准入和招聘制度。完善教师资格考试政策，逐步将修习教师教育课程、参加教育教学实践作为认定教育教学能力、取得教师资格的必备条件。新入职教师必须取得教师资格。严格教师准入，提高入职标准，重视思想政治素质和业务能力，根据教育行业特点，分区域规划，分类别指导，结合实际，逐步将幼儿园教师学历提升至专科，小学教师学历提升至师范专业专科和非师范专业本科，初中教师学历提升至本科，有条件的地方将普通高中教师学历提升至研究生。建立符合教育行业特点的中小学、幼儿园教师招聘办法，遴选乐教适教善教的优秀人才进入教师队伍。按照中小学校领导人员管理暂行办法，明确任职条件和资格，规范选拔任用工作，激发办学治校活力。

17. 深化中小学教师职称和考核评价制度改革。适当提高中小学中级、高级教师岗位比例，畅通教师职业发展通道。完善符合中小学特点的岗位管理制度，实现职称与教师聘用衔接。将中小学教师到乡村学校、薄弱学校任教 1 年以上的经历作为申报高级教师职称和特级教师的必要条件。推行中小学校长职级制改革，拓展职业发展空间，促进校长队伍专业化建设。

进一步完善职称评价标准，建立符合中小学教师岗位特点的考核评价指标体系，坚持德才兼备、全面考核，突出教育教学实绩，引导教师潜心教书育人。加强聘后管理，激发教师的工作活力。完善相关政策，防止形式主义的考核检查干扰正常教学。不简单用升学率、学生考试成绩等评价教师。实行定期注册制度，建立完善教师退出机制，提升教师队伍整体活力。加强中小学校长考核评价，督促提高素质能力，完善优胜劣汰机制。

18. 健全职业院校教师管理制度。根据职业教育特点，有条件的地方研究制定中等职业学校人员配备规范。完善职业院校教师资格标准，探索将行业企业从业经历作为认定教育教学能力、取得专业课教师资格的必要条件。落实职业院校用人自主权，完善教师招聘办法。推动固定岗和流动岗相结合的职业院校教师人事管理制度改革。支持职业院校专设流动岗位，适应产业发展和参与全球产业竞争需求，大力引进行业企业一流人才，吸引具有创新实践经验的企业家、高科技人才、高技能人才等兼职任教。完善职业院校教师考核评价制度，双师型教师考核评价要充分体现技能水平和专业教学能力。

19. 深化高等学校教师人事制度改革。积极探索实行高等学校人员总量管理。严把高等学校教师选聘入口关，实行思想政治素质和业务能力双重考察。严格教师职业准入，将新入职教师岗前培训和教育实习作为认定教育教学能力、取得高等学校教师资格的必备条件。适应人才培养结构调整需要，优化高等学校教师结构，鼓励高等学校加大聘用具有其他学校学习工作和行业企业工作经历教师的力度。配合外国人永久居留制度改革，健全外籍教师资格认证、服务管理等制度。帮助高等学校青年教师解决住房等困难。

推动高等学校教师职称制度改革，将评审权直接下放至高等学校，由高等学校自主组织职称评审、自主评价、按岗聘任。条件不具备、尚不能独立组织评审的高等学校，可采取联合评审的方式。推行高等学校教师职务聘任制改革，加强聘期考核，准聘与长聘相结合，做到能上能下、能进能出。教育、人力资源社会保障等部门要加强职称评聘事中事后监管。深入推进高等学校教师考核评价制度改革，突出教育教学业绩和师德考核，将教授为本科生上课作为基本制度。坚持正确导向，规范高层次人才合理有序流动。

五、不断提高地位待遇，真正让教师成为令人羡慕的职业

20. 明确教师的特别重要地位。突显教师职业的公共属性，强化教师承担的国家使命和公共教育服务的职责，确立公办中小学教师作为国家公职人员特殊的法律地位，明确中小学教师的权利和义务，强化保障和管理。各级党委和政府要切实负起中小学教师保障责任，提升教师的政治地位、社会地位、职业地位，吸引和稳定优秀人才从教。公办中小学教师要切实履行作为国家公职人员的义务，强化国家责任、政治责任、社会责任和教育责任。

21. 完善中小学教师待遇保障机制。健全中小学教师工资长效联动机制，核定绩效工资总量时统筹考虑当地公务员实际收入水平，确保中小学教师平均工资收入水平不低于或高于当地公务员平均工资收入水平。完善教师收入分配激励机制，有效体现教师工作量和工作绩效，绩效工资分配向班主任和特殊教育教师倾斜。实行中小学校长职级制的地区，根据实际实施相应的校长收入分配办法。

22. 大力提升乡村教师待遇。深入实施乡村教师支持计划，关心乡村教师生活。认真落实艰苦边远地区津贴等政策，全面落实集中连片特困地区乡村教师生活补助政策，依据学校艰苦边远程度实行差别化补助，鼓励有条件的地方提高补助标准，努力惠及更多乡村教师。加强乡村教师周转宿舍建设，按规定将符合条件的教师纳入当地住房保障范围，让乡村教师住有所居。拿出务实举措，帮助乡村青年教师解决困难，关心乡村青年教师工作生活，巩固乡村青年教师队伍。在培训、职称评聘、表彰奖励等方面向乡村青年教师倾斜，优化乡村青年教师发展环境，加快乡村青年教师成长步伐。为乡村教师配备相应设施，丰富精神文化生活。

23. 维护民办学校教师权益。完善学校、个人、政府合理分担的民办学校教师社会保障机制，民办学校应与教师依法签订合同，按时足额支付工资，保障其福利待遇和其他合法权益，并为教师足额缴纳社会保险费和住房公积金。依法保障和落实民办学校教师在业务培训、职务聘任、教龄和工龄计算、表彰奖励、科研立项等方面享有与公办学校教师同等权利。

24. 推进高等学校教师薪酬制度改革。建立体现以增加知识价值为导向的收入分配机制，扩大高等学校收入分配自主权，高等学校在核定的绩效工资总量内自主确定收入分配办法。高等学校教师依法取得的科技成果转化奖励收入，不纳入本单位工资总额基数。完善适应高等学校教学岗位特点的内部激励机制，对专职从事教学的人员，适当提高基础性绩效工资在绩效工资中的比重，加大对教学型名师的岗位激励力度。

25. 提升教师社会地位。加大教师表彰力度。大力宣传教师中的"时代楷模"和"最美教师"。开展国家级教学名师、国家级教学成果奖评选表彰，重点奖励贡献突出的教学一线教师。做好特级教师评选，发挥引领作用。做好乡村学校从教 30 年教师荣誉证书颁发工作。各地要按照国家有关规定，因地制宜开展多种形式的教师表彰奖励活动，并落实相关优待政策。鼓励社会团体、企事业单位、民间组织对教师出资奖励，开展尊师活动，营造尊师重教良好社会风尚。

建设现代学校制度，体现以人为本，突出教师主体地位，落实教师知情权、参与权、表达权、监督权。建立健全教职工代表大会制度，保障教师参与学校决策的民主权利。推行中国特色大学章程，坚持和完善党委领导下的校长负责制，充分发挥教师在高等学校办学治校中的作用。维护教师职业尊严和合法权益，关心教师身心健康，克服职业倦怠，激发工作热情。

六、切实加强党的领导，全力确保政策举措落地见效

26. 强化组织保障。各级党委和政府要满腔热情关心教师，充分信任、紧紧依靠广大教师。要切实加强领导，实行一把手负责制，紧扣广大教师最关心、最直接、最现实的重大问题，找准教师队伍建设的突破口和着力点，坚持发展抓公平、改革抓机制、整体抓质量、安全抓责任、保证抓党建，把教师工作记在心里、扛在肩上、抓在手中，摆上重要议事日程，细化分工，确定路线图、任务书、时间表和责任人。主要负责同志和相关责任人要切实做到实事求是、求真务实，善始善终、善作善成，把准方向、敢于担当，亲力亲为、抓实工作。

各省、自治区、直辖市党委常委会每年至少研究一次教师队伍建设工作。建立教师工作联席会议制度，解决教师队伍建设重大问题。相关部门要制定切实提高教师待遇的具体措施。研究修订教师法。统筹现有资源，壮大全国教师工作力量，培育一批专业机构，专门研究教师队伍建设重大问题，为重大决策提供支撑。

27. 强化经费保障。各级政府要将教师队伍建设作为教育投入重点予以优先保障，完善支出保障机制，确保党和国家关于教师队伍建设重大决策部署落实到位。优化经费投入结构，优先支持教师队伍建设最薄弱、最紧迫的领域，重点用于按规定提高教师待遇保障、提升教师专业素质能力。加大师范教育投入力度。健全以政府投入为主、多渠道筹集教育经费的体制，充分调动社会力量投入教师队伍建设的积极性。制定严格的经费监管制度，规范经费使用，确保资金使用效益。

各级党委和政府要将教师队伍建设列入督查督导工作重点内容，并将结果作为党政领导班子和有关领导干部综合考核评价、奖惩任免的重要参考，确保各项政策措施全面落实到位，真正取得实效。

教育部关于进一步加强和改进师德建设的意见[①]

教师〔2005〕1号

为全面贯彻落实《中共中央国务院关于进一步加强和改进未成年人思想道德建设的若干意见》和《中共中央国务院关于进一步加强和改进大学生思想政治教育的意见》精神，现就加强和改进师德建设工作提出如下意见。

一、充分认识新时期加强和改进师德建设的重要性和紧迫性

1. 加强和改进师德建设是全面贯彻党的教育方针的根本保证，是进一步加强和改进青少年学生思想道德建设和思想政治教育的迫切要求。教师是人类灵魂的工程师，是青少年学生成长的引路人。教师的思想政治素质和职业道德水平直接关系到大中小学德育工作状况和亿万青少年的健康成长，关系到国家的前途命运和民族的未来。我们要从确保党的事业后继有人和社会主义事业兴旺发达的高度，从全面建设小康社会和实现中华民族伟大复兴的高度，从落实科学发展观，落实科教兴国、人才强国战略的高度，充分认识新时期加强和改进师德建设的重要意义。

2. 党和政府高度重视教师队伍建设。长期以来，广大教师教书育人、敬业奉献，赢得了全社会的尊重。同时也必须看到，在市场经济条件和开放环境下，学校教育和师德建设工作面临许多新情况新问题和新的挑战；人民大众对于优质教育日益增长的需求，对教师素质提出了新的更高的要求。师德建设工作还存在许多不适应的方面和薄弱环节。教师队伍的师德水平和全面素质亟待进一步提高，师德建设工作亟待进一步加强和改进，师德建设的制度环境亟待进一步改善。在新的历史时期，加强和改进师德建设是一项刻不容缓的紧迫任务。

二、加强和改进师德建设的总体要求和主要任务

3. 加强和改进师德建设的总体要求是：以马克思列宁主义、毛泽东思想、邓小平理论和“三个代表”重要思想为指导，紧紧围绕全面实施素质教育、全面加强青少年思想道德建设和思想政治教育的目标要求，以热爱学生、教书育人为核心，以“学为人师、行为世范”为准则，以提高教师思想政治素质、职业理想和职业道德水平为重点，弘扬高尚师德，力行师德规范，强化师德教育，优化制度环境，不断提高师德水平，造就忠诚于人民教育事业、为人民服务、让人民满意的教师队伍，为培养德智体美全面发展的社会主义建设者和接班人做出新贡献。

---

① 教育部关于进一步加强和改进师德建设的意见［EB/OL］.（2005－01－13）［2023－04－18］. http://www.moe.gov.cn/srcsite/A10/s7002/200501/t20050113_145826.html.

4. 提高教师的思想政治素质。广大教师要认真学习马克思列宁主义、毛泽东思想、邓小平理论和“三个代表”重要思想，牢固树立正确的世界观、人生观和价值观，自觉抵制各种错误思潮和腐朽思想文化的影响；牢固确立在中国共产党领导下走中国特色社会主义道路、实现中华民族伟大复兴的共同理想和坚定信念；拥护中国共产党领导，拥护社会主义，热爱祖国，热爱人民；坚持正确的政治方向，拥护党和国家的路线、方针、政策，在大是大非问题上，立场坚定，旗帜鲜明。要积极参加社会实践，接触实际，了解国情。要认真学习宪法和有关法律法规，坚持学术研究无禁区、课堂讲授有纪律，严格教育教学纪律。要高度重视学生的思想道德建设和思想政治教育，以良好的思想政治素质影响和引领学生。

5. 树立正确的教师职业理想。广大教师要有强烈的职业光荣感、历史使命感和社会责任感，以培育优秀人才、发展先进文化和推进社会进步为己任，站在时代的前列，努力成为为人民服务的践履笃行的典范。要志存高远，爱岗敬业，忠于职守，乐于奉献，自觉地履行教书育人的神圣职责，以高尚的情操引导学生全面发展。要正确处理个人与社会的关系，反对拜金主义、享乐主义和极端个人主义，把本职工作、个人理想与祖国的繁荣富强紧密联系在一起。

6. 提高教师的职业道德水平。广大教师要坚持社会主义教育方向，全面贯彻党的教育方针，遵守法律法规；树立先进教育理念，自觉遵循教育规律，积极推进教育创新，全面实施素质教育，不断提高教育质量；牢固树立育人为本、德育为先的思想，全面关心学生成长，热爱学生，尊重学生，公平公正对待学生，严格要求学生，因材施教，循循善诱，形成相互激励、教学相长的师生关系，促进学生全面发展；自觉加强师德修养，模范遵守职业道德规范，以身作则，言传身教，为人师表，以自己良好的思想和道德风范去影响和培养学生；大力提倡求真务实、勇于创新、严谨自律的治学态度和学术精神，团结合作、协力攻关、共同进步的团队精神，努力发扬优良的学术风气。坚持科学精神，模范遵守学术道德规范，潜心钻研，实事求是，严谨笃学，成为热爱学习、终身学习和锐意创新的楷模。

7. 着力解决师德建设中的突出问题。要坚决反对教师讥讽、歧视、侮辱学生，体罚和变相体罚学生的行为；坚决反对向学生推销教辅资料及其他商品，索要或接受学生、家长财物等以教谋私的行为；坚决反对在科研工作中弄虚作假、抄袭剽窃等违背学术规范，侵占他人劳动成果的不端行为；坚决反对在招生、考试等工作中的不正之风和违纪违法行为；严厉惩处败坏教师声誉的失德行为。

8. 积极推进师德建设工作改进创新。适应新形势新任务的要求，师德建设工作必须积极推进观念创新、制度创新。要努力探索新形势下师德建设的特点和规律，在内容、形式、方法、手段、机制等方面不断改进和创新，特别要在增强时代感，加强针对性、实效性上下功夫，讲究实际效果，克服形式主义，使师德建设更加贴近实际、贴近教师，把师德规范的主要内容具体化、规范化，使之成为全体教师普遍认同的行为准则，并自觉按照师德规范要求履行教师职责。

三、加强和改进师德建设的主要措施

9. 强化师德教育。多渠道、分层次地开展各种形式的师德教育。在加强和改进教师思想政治教育、职业理想教育、职业道德教育的同时，重视法制教育和心理健康教育。加强学风和学术规范教育。建立和完善各级各类学校德育工作者培训制度。对学校班主任、辅导员等德育工作者进行师德教育专题培训。建立和完善新教师岗前师德教育制度。各级各类师范院校和举办教师教育的综合大学，都要适应新的要求，将教师职业道德教育列为教师培养和职后培训的重要环节。要把师德教育作为新一轮中小学教师全员培训的首要任务和重点内容。

10. 加强师德宣传。每年教师节组织师德主题教育活动，以庆祝教师节和表彰优秀教师为契机，集中开展师德宣传教育活动；在三年一次全国性的教师和教育工作者表彰奖励中，表彰师德标兵，优秀班主任、辅导员、德育工作者和德育工作先进集体；组织师德典型重点宣传和优秀教师报告团活动，大力褒奖人民教师的高尚师德，广泛宣传模范教师先进事迹，展现当代教师的精神风貌，进一步倡导尊师重教的良好社会风尚；举办师德论坛，促进师德建设的理论创新、制度创新和管理创新，推动师德建设工作实现科学化、制度化。

11. 严格考核管理。进一步完善教师资格认定和新教师聘用制度，把思想政治素质、思想道德品质作为必备条件和重要考察内容；建立师德考评制度，将师德表现作为教师年度考核、职务聘任、派出进修和评优奖励等的重要依据。对师德表现不佳的教师要及时劝诫，经劝诫仍不改正的，要进行严肃处理。对有严重失德行为、影响恶劣者一律撤销教师资格并予以解聘。建立师德问题报告制度和舆论监督的有效机制。将师德建设作为学校办学质量和水平评估的重要指标。

12. 加强制度建设。修订《中小学教师职业道德规范》，制定《高等学校教师职业道德规范》。建立师德建设工作评估制度，构建科学有效的师德建设工作监督评估体系。抓紧研究制定科学合理的教师评价方法和指标体系，完善相关政策，体现正确导向，为师德建设提供制度保障。各级教育行政部门和学校要因地因校制宜，制定可操作的实施办法，完善师德建设规章制度，建立师德建设长效机制。

四、切实加强对师德建设的领导

13. 要将教师工作摆在更加重要的位置，加强教师队伍建设特别是教师职业道德建设。要大力弘扬尊师重教的优良传统，千方百计地为广大教师办实事、办好事，不断改善教师的工作、学习和生活条件，为教师教书育人创造更为良好的社会环境。全社会都要关心和支持师德工作。要坚持团结鼓劲、正面宣传为主的方针，大力宣传人民教师的先进典型和模范事迹，为师德建设营造良好的舆论氛围。

14. 各级教育行政部门要把师德建设作为一项事关教育工作全局的大事，纳入教育事业总体规划，加强领导，统筹部署，切实做到制度落实、组织落实、任务落实。要将师德建设作为考核教育行政部门和学校工作的一项重要内容。形成主要领导亲自抓、相关部门各负其责、有关方面大力支持的领导体制和统一领导、分工负责、协调一致的工作格局。教育部建立师德建设工作领导小组，协调全国师德建设工作。各地教育行政部门也要建立相应的工作机制，保证师德建设工作落到实处。要充分发挥教育工会等教师行业组织在教师职业道德建设中的积极作用。

15. 各级各类学校要把师德建设摆在教师工作的首位，贯穿于管理工作的全过程。学校主要领导要亲自抓师德建设。高校要切实把师德建设工作摆上重要议事日程，加强领导，统一规划，开展一次以师德建设为主要内容的教师轮训，在此基础上，做到经常化、制度化。学校基层党组织、广大党员教师要充分发挥政治核心和先锋模范作用。学校教代会和群团组织紧密配合，学生、家长和社会积极参与，形成加强和推进师德建设的合力。

教育部关于建立健全中小学师德建设长效机制的意见①

教师〔2013〕10号

各省、自治区、直辖市教育厅（教委），新疆生产建设兵团教育局，部属师范大学：

教师是教育的根本，师德是教师的灵魂。长期以来，全国广大中小学教师教书育人，敬业奉献，为我国教育事业改革和发展作出了重要贡献，赢得了全社会的广泛赞誉和普遍尊重。但是，近年来极少数教师严重违反师德的现象时有发生，引起社会广泛关注，损害了教师队伍的整体形象。为贯彻落实《国务院关于加强教师队伍建设的意见》，以社会主义核心价值体系为引领，充分尊重教师主体地位，大力弘扬高尚师德，切实解决当前出现的师德突出问题，引导教师立德树人，为人师表，不断提升人格修养和学识修养，努力建设一支师德高尚、业务精湛、结构合理、充满活力的中小学教师队伍。现就建立健全教育、宣传、考核、监督与奖惩相结合的中小学师德建设长效机制提出如下意见：

一、创新师德教育，引导教师树立远大职业理想。将师德教育纳入教师教育课程体系。师范生培养必须开设师德教育课程，新任教师岗前培训开设师德教育专题，在职教师培训把师德教育作为重要内容，记入培训学分。重视法制教育、心理健康教育和民族团结教育。创新师德教育内容、模式和方法，突出针对性和实效性。采取实践反思，师德典型案例评析，情景教学等丰富师德教育形式，把教书育人楷模、一线优秀教师等请进课堂，用优秀教师的感人事迹诠释师德内涵。结合教育教学、社会实践活动开展师德教育，切实增强师德教育效果。

二、加强师德宣传，营造尊师重教社会氛围。将师德宣传作为教育行政部门和学校重点工作。坚持正确舆论导向，大力宣传教师的地位和作用，让全社会广泛了解教师工作的重要性和特殊性。大力树立和宣传优秀教师先进典型，通过组织举办形式多样、务实有效的活动，深入宣传优秀教师先进事迹，充分展现当代教师的精神风貌，弘扬高尚师德，弘扬主旋律，增强正能量。针对师德建设中出现的热点、难点问题，要及时应对并加以引

① 教育部关于建立健全中小学师德建设长效机制的意见［EB/OL］.（2013-09-02）［2023-04-18］. http://www.moe.gov.cn/srcsite/A10/s7002/201309/t20130902_156978.html.

导。充分利用教师节等重大节庆日、纪念日的契机，联合电视、广播、报纸、网络等多种媒体集中宣传优秀教师先进事迹，努力营造尊师重教的浓厚社会氛围。

三、严格师德考核，促进教师自觉加强师德修养。将师德考核作为教师考核的核心内容，摆在首要位置。各级教育行政部门要制定师德考核办法，学校制定具体的实施细则。师德考核应充分尊重教师主体地位，符合教师职业性质，促进教师专业发展；坚持公平、公正、公开原则；采取教师个人自评、家长和学生参与测评、考核工作小组综合评定等多种方式进行。考核结果一般分为优秀、合格、基本合格、不合格四个等次。考核结果公示后存入师德考核档案并报学校主管部门备案。师德考核不合格者年度考核应评定为不合格，并在教师资格定期注册、职务（职称）评审、岗位聘用、评优奖励和特级教师评选等环节实行一票否决。

四、突出师德激励，促进形成重德养德良好风气。将师德表彰奖励纳入教师和教育工作者奖励范围。完善师德表彰奖励制度。把师德表现作为评选教书育人楷模，模范教师、教育系统先进工作者，优秀教师、优秀教育工作者，中小学优秀班主任、中小学德育先进工作者等表彰奖励的必要条件。在同等条件下，师德表现突出的，优先评选特级教师和晋升教师职务（职称）、选培学科带头人和骨干教师。

五、强化师德监督，有效防止失德行为。教育行政部门和学校要建立健全师德年度评议制度，师德问题报告制度，师德状况定期调查分析制度和师德舆情快速反应制度，及时研究加强和改进师德建设的政策和措施。构建学校、教师、学生、家长和社会广泛参与的师德监督体系。教育行政部门和学校要建立行之有效的多种形式的师德投诉、举报平台，及时获取掌握师德信息动态，及时发现并纠正不良倾向和问题，将违反师德行为消除在萌芽状态。要将师德建设纳入教育督导评估体系。

六、规范师德惩处，坚决遏制失德行为蔓延。建立健全违反师德行为的惩处制度。依据有关法律法规和《中小学教师职业道德规范》，教育部研究制定《中小学教师违反职业道德行为处理办法》，明确教师不可触犯的师德禁行性行为，并提出相应处理办法。对危害严重、影响恶劣者，要坚决清除出教师队伍。建立问责制度。对教师严重违反师德行为监管不力、拒不处分、拖延处分或推诿隐瞒，造成不良影响或严重后果的，要追究学校或教育主管部门主要负责人的责任。对涉及违法犯罪的要及时移交司法部门。

七、注重师德保障，将师德建设工作落到实处。建立师德建设领导责任制度。地方各级教育行政部门负责对师德建设工作的指导和监管，主要负责人是师德建设工作第一责任人，有关职责要落实到具体的职能机构和人员。各地要结合实际，制订本地师德建设规划和实施方案。充分发挥教育工会等教师行业组织在师德建设中的积极作用。中小学校要把师德建设摆在教师工作首位，贯穿于管理工作全过程。中小学校长要亲自抓师德建设。学校基层党组织、广大党员教师要充分发挥政治核心和先锋模范作用。学校教代会和群团组织紧密配合，形成加强和推进师德建设合力。

教育部
2013 年 9 月 2 日

教育部等七部门印发《关于加强和改进新时代师德师风建设的意见》的通知①

教师〔2019〕10号

各省、自治区、直辖市教育厅（教委）、党委组织部、党委宣传部、发展改革委、财政厅（局）、人力资源社会保障厅（局）、文化和旅游厅（局），新疆生产建设兵团教育局、党委组织部、党委宣传部、发展改革委、财政局、人力资源社会保障局、文化体育广电和旅游局，有关部门（单位）教育司（局），部属各高等学校、部省合建各高等学校：

为深入贯彻落实习近平总书记关于教育的重要论述和全国教育大会精神，落实《新时代公民道德建设实施纲要》和《中共中央 国务院关于全面深化新时代教师队伍建设改革的意见》，加强和改进新时代师德师风建设，倡导全社会尊师重教，教育部、中央组织部、中央宣传部、国家发展改革委、财政部、人力资源社会保障部、文化和旅游部研究制定了《关于加强和改进新时代师德师风建设的意见》，现印发给你们，请结合实际认真贯彻执行。

教育部　中央组织部　中央宣传部
国家发展改革委　财政部
人力资源社会保障部　文化和旅游部
2019年11月15日

关于加强和改进新时代师德师风建设的意见

为认真贯彻落实《新时代公民道德建设实施纲要》，深入推进实施《中共中央 国务院关于全面深化新时代教师队伍建设改革的意见》，全面提升教师思想政治素质和职业道德水平，现就加强和改进新时代师德师风建设提出如下意见。

一、加强师德师风建设的总体要求

1. 指导思想。以习近平新时代中国特色社会主义思想为指导，深入学习贯彻习近平总书记关于教育的重要论述和全国教育大会精神，把立德树人的成效作为检验学校一切工作的根本标准，把师德师风作为评价教师队伍素质的第一标准，将社会主义核心价值观贯穿师德师风建设全过程，严格制度规定，强化日常教育督导，加大教师权益保护力度，倡

① 教育部等七部门印发《关于加强和改进新时代师德师风建设的意见》的通知［EB/OL］.（2019-12-16）［2023-04-18］. https://www.gov.cn/xinwen/2019-12/16/content_5461529.htm.

导全社会尊师重教，激励广大教师努力成为“四有”好老师，着力培养德智体美劳全面发展的社会主义建设者和接班人。

2. 基本原则

——坚持正确方向。加强党对教育工作的全面领导，坚持社会主义办学方向，确保教师在落实立德树人根本任务中的主体作用得到全面发挥。

——坚持尊重规律。遵循教育规律、教师成长发展规律和师德师风建设规律，注重高位引领与底线要求结合、严管与厚爱并重，不断激发教师内生动力。

——坚持聚焦重点。围绕重点内容，针对突出问题，强化各地各部门的领导责任，压实学校主体责任，引导家庭、社会协同配合，推进师德师风建设工作制度化、常态化。

——坚持继承创新。传承中华优秀师道传统，全面总结改革开放特别是党的十八大以来师德师风建设经验，适应新时代变化，加强创新，推动师德师风建设工作不断深化。

3. 总体目标。经过5年左右努力，基本建立起完备的师德师风建设制度体系和有效的师德师风建设长效机制。教师思想政治素质和职业道德水平全面提升，教师敬业立学、崇德尚美呈现新风貌。教师权益保障体系基本建立，教师安心、热心、舒心、静心从教的良好环境基本形成，师道尊严进一步提振。全社会对教师职业认同度加深，教师政治地位、社会地位、职业地位显著提高，尊师重教蔚然成风。

二、全面加强教师队伍思想政治工作

4. 坚持思想铸魂，用习近平新时代中国特色社会主义思想武装教师头脑。健全教师理论学习制度，开展习近平新时代中国特色社会主义思想系统化、常态化学习，重点加强习近平总书记关于教育的重要论述的学习，使广大教师学懂弄通、入脑入心，自觉用“四个意识”导航，用“四个自信”强基，用“两个维护”铸魂。依托高水平高校建设一批教育基地，同时统筹党校（行政学院）资源，定期开展教师思想政治轮训，使广大教师更好掌握马克思主义立场观点方法，认清中国和世界发展大势，增进对中国特色社会主义的政治认同、思想认同、理论认同、情感认同。

5. 坚持价值导向，引导教师带头践行社会主义核心价值观。将社会主义核心价值观融入教育教学全过程，体现到学校管理及校园文化建设各环节，进一步凝聚起师生员工思想共识，使之成为共同价值追求。弘扬中华优秀传统文化、革命文化和社会主义先进文化，培育科技创新文化，充分发挥文化涵养师德师风功能。身教重于言教，引导教师开展社会实践，深入了解世情、党情、国情、社情、民情，强化教育强国、教育为民的责任担当。健全教师志愿服务制度，鼓励支持广大教师参加志愿服务活动，在服务社会的实践中厚植教育情怀。重视高层次人才、海外归国教师、青年教师的教育引导，增强工作针对性。

6. 坚持党建引领，充分发挥教师党支部和党员教师作用。建强教师党支部，使教师党支部成为涵养师德师风的重要平台。建好党员教师队伍，使党员教师成为践行高尚师德的中坚力量。重视在高层次人才和优秀青年教师中发展党员工作，完善学校领导干部联系教师入党积极分子等制度。开展好“三会一课”，健全党的组织生活各项制度，通过组织集中学习、定期开展主题党日活动、经常开展谈心谈话、组织党员教师与非党员教师结对联系等，充分发挥教师党支部的战斗堡垒作用和党员教师的先锋模范作用。涉及教师利益的重要事项、重点工作，应征求教师党支部意见。

三、大力提升教师职业道德素养

7. 突出课堂育德，在教育教学中提升师德素养。充分发挥课堂主渠道作用，引导广大教师守好讲台主阵地，将立德树人放在首要位置，融入渗透到教育教学全过程，以心育心、以德育德、以人格育人格。把握学生身心发展规律，实现全员全过程全方位育人，增强育人的主动性、针对性、实效性，避免重教书轻育人倾向。加强对新入职教师、青年教师的指导，通过老带新等机制，发挥传帮带作用，使其尽快熟悉教育规律、掌握教育方法，在育人实践中锤炼高尚道德情操。将师德师风教育贯穿师范生培养及教师生涯全过程，师范生必须修学师德教育课程，在职教师培训中要确保每学年有师德师风专题教育。

8. 突出典型树德，持续开展优秀教师选树宣传。大力宣传新时代广大教师阳光美丽、爱岗敬业、甘于奉献、改革创新的新形象。深入挖掘优秀教师典型，综合运用授予荣誉、事迹报告、媒体宣传、创作文艺作品等手段，充分发挥典型引领示范和辐射带动作用。开展多层次的优秀教师选树宣传活动，形成校校有典型、榜样在身边、人人可学可做的局面。组织教师中的“时代楷模”、全国教书育人楷模、国家教学名师、最美教师等开展师德宣讲。鼓励各地各校采取实践反思、情景教学等形式，把一线优秀教师请进课堂，用真人真事诠释师德内涵。

9. 突出规则立德，强化教师的法治和纪律教育。以学习《中华人民共和国教师法》、新时代教师职业行为十项准则系列文件等为重点，提高全体教师的法治素养、规则意识，提升依法执教、规范执教能力。制订教师法治教育大纲，将法治教育纳入各级各类教师培训体系。强化纪律建设，全面梳理教师在课堂教学、关爱学生、师生关系、学术研究、社会活动等方面的纪律要求，依法依规健全规范体系，开展系统化、常态化宣传教育。加强警示教育，引导广大教师时刻自重、自省、自警、自励，坚守师德底线。

四、将师德师风建设要求贯穿教师管理全过程

10. 严格招聘引进，把好教师队伍入口。规范教师资格申请认定，完善教师招聘和引进制度，严格思想政治和师德考察，充分发挥党组织的领导和把关作用，建立科学完备的标准、程序，坚决避免教师招聘引进中的唯分数、唯文凭、唯职称、唯论文、唯帽子等倾向。鼓励有条件的地方和学校结合实际探索开展拟聘人员心理健康测评，作为聘用的重要参考。严格规范教师聘用，将思想政治和师德要求纳入教师聘用合同。加强试用期考察，全面评价聘用人员的思想政治和师德表现，对不合格人员取消聘用，及时解除聘用合同。高度重视从海外引进人才的全方位考察，提升人才引进质量。

11. 严格考核评价，落实师德第一标准。将师德考核摆在教师考核的首要位置，坚持多主体多元评价，以事实为依据，定性与定量相结合，提高评价的科学性和实效性，全面客观评价教师的师德表现。发挥师德考核对教师行为的约束和提醒作用，及时将考核发现

的问题向教师反馈，并采取针对性举措帮助教师提高认识、加强整改。强化师德考核结果的运用，师德考核不合格者年度考核应评定为不合格，并取消在教师职称评聘、推优评先、表彰奖励、科研和人才项目申请等方面的资格。

12. 严格师德督导，建立多元监督体系。完善多方广泛参与、客观公正科学合理的师德师风监督机制。加强政府督导，将各级各类学校师德师风建设长效机制落实情况作为对地方政府履行教育职责评价的重要测评内容，针对群众反映强烈的问题、师德师风问题多发的地方开展专项督导。加强学校监督，各级各类学校要在校园显著位置公示学校及教育主管部门举报电话、邮箱等信息，依法依规接受监督举报。强化社会监督，探索建立师德师风监督员制度，定期对学校师德师风建设情况进行监督评议，向教育主管部门反馈，将监督评议情况作为学校及领导班子年度考核的重要内容。

13. 严格违规惩处，治理师德突出问题。推动地方和高校落实新时代教师职业行为十项准则等文件规范，制定具体细化的教师职业行为负面清单。把群众反映强烈、社会影响恶劣的突出问题作为重点从严查处，针对高校教师性骚扰学生、学术不端以及中小学教师违规有偿补课、收受学生和家长礼品礼金等开展集中治理。一经查实，要依规依纪给予组织处理或处分，严重的依法撤销教师资格、清除出教师队伍。建立师德失范曝光平台，健全师德违规通报制度，起到警示震慑作用。建立并共享有关违法信息库，健全教师入职查询制度和有关违法犯罪人员从教限制制度。

五、着力营造全社会尊师重教氛围

14. 强化地位提升，激发教师工作热情。制定教育改革发展和教师队伍建设重大决策、重要文件充分听取教师代表意见。各地重要节庆日活动，邀请优秀教师代表参加。做好优秀教师表彰奖励，依法依规在作出重大贡献、享有崇高声誉的教师中开展“人民教育家”荣誉称号评选授予工作，健全教书育人楷模、模范教师、优秀教师等多元的教师荣誉表彰体系。完善表彰奖励及管理办法，依法依规确定荣誉获得者享受的政治、生活待遇，加强对荣誉获得者后续支持服务。

15. 强化权利保护，维护教师职业尊严。维护教师依法执教的职业权利，推动完善相关法律法规，明确教师教育管理学生的合法职权，研究出台教师惩戒权办法。学校和相关部门依法保障教师履行教育职责，对无过错但客观上发生学生意外伤害的，教师依法不承担责任。教师尊严不可侵害，对发生学生、家长及其亲属等因为教师履职行为而对教师进行侮辱、谩骂、肢体侵害，或者通过网络对教师进行诽谤、恶意炒作等行为，有关部门要高度重视，从严处理，构成违法犯罪的，依法追究相应责任。学校及教育部门应为教师维护合法权益提供必要的法律等方面支持。

16. 强化尊师教育，厚植校园师道文化。从幼儿园开始加强尊师教育，加快形成接续我国优秀传统、符合时代精神的尊师重教文化。推进尊师文化进教材、进课堂、进校园，通过尊师第一课、9 月尊师主题月等形式，将尊师重教观念渗透进学生的价值体系。有条件的地方和学校可结合实际统筹有关资源，因地制宜安排一线教师特别是长期从教教师进行疗休养，重点向符合条件的班主任和乡村教师倾斜。做好教师荣休工作，礼敬退休教师，弘扬尊师风尚。建立健全教职工代表大会制度，保障教师参与学校决策的民主权利。

加强家庭教育，健全家校联系制度，引导家长尊重学校教育安排，尊敬教师创造发挥，配合学校做好学生的学习教育。

17. 强化各方联动，营造尊师重教氛围。加强展现新时代教师风貌的影视文学作品创作，善用微博、微信、微视频、微电影等新媒体形式，传递教师正能量，让全社会广泛了解教师工作的重要性和特殊性。支持鼓励行业企业在向社会公众提供服务时“教师优先”。鼓励图书馆、博物馆、科技馆、体育场馆以及历史文化古迹和革命纪念馆（地）等对教师实行优待。鼓励社会团体、企业、民间组织对教师出资奖励，或通过依法成立基金、设立项目等方式，支持教师提升能力素质、进行疗休养或予以奖励激励。

六、推进师德师风建设任务落到实处

18. 加强工作保障，强化责任落实。各地各校要把加强师德师风建设、弘扬尊师重教传统作为教师队伍建设的首要任务，夯实学校主体责任，压实学校主要负责人第一责任人责任。高校要强化党委教师工作部建设，明确将教师思想政治和师德师风建设作为其主要职责。各地各校要建立健全责任落实机制，坚持失责必问、问责必严。财政部门要坚持将教师队伍建设作为教育投入重点予以优先保障，按规定统筹现有资金渠道支持师德师风建设。依托现有资源，建设一批师德师风建设基地，加强工作支撑，提高师德师风建设工作的科学性、实效性。

教育部关于印发《新时代高校教师职业行为十项准则》《新时代中小学教师职业行为十项准则》《新时代幼儿园教师职业行为十项准则》的通知[①]（节选）

教师〔2018〕16 号

各省、自治区、直辖市教育厅（教委），新疆生产建设兵团教育局，有关部门（单位）教育司（局），部属各高等学校、部省合建各高等学校：

为深入贯彻习近平新时代中国特色社会主义思想和党的十九大精神，深入贯彻落实全国教育大会精神，扎实推进《中共中央 国务院关于全面深化新时代教师队伍建设改革的意见》的实施，进一步加强师德师风建设，我部研究制定了《新时代高校教师职业行为十项准则》《新时代中小学教师职业行为十项准则》《新时代幼儿园教师职业行为十项准则》（以下统称准则）。现印发给你们，请结合实际，认真贯彻执行。

一、准则是教师职业行为的基本规范。师德师风是评价教师队伍素质的第一标准。长

① 教育部关于印发《新时代高校教师职业行为十项准则》《新时代中小学教师职业行为十项准则》《新时代幼儿园教师职业行为十项准则》的通知［EB/OL］.（2018－11－14）［2023－04－18］. http://www.moe.gov.cn/srcsite/A10/s7002/201811/t20181115_354921.html.

期以来，广大教师牢记使命、不忘初心，爱岗敬业、教书育人，改革创新、服务社会，作出了重大贡献，党和国家高度肯定，学生、家长和社会普遍尊重。但是，也有个别教师放松自我要求，不能认真履职尽责，甚至出现严重违反师德行为，损害教师队伍整体形象。制定教师职业行为准则，明确新时代教师职业规范，针对主要问题、突出问题划定基本底线，是对广大教师的警示提醒和严管厚爱，是深化师德师风建设，造就政治素质过硬、业务能力精湛、育人水平高超的高素质教师队伍的关键之举。

二、立即部署扎实开展准则的学习贯彻。各地各校要立即行动，结合落实师德师风建设长效机制，开展准则的学习贯彻。要结合本地区、本学校实际进行细化，制定具体化的教师职业行为负面清单及失范行为处理办法，提高针对性、操作性。要做好宣传解读，坚持全覆盖、无死角，采取多种形式帮助广大教师全面理解和准确把握，做到人人应知应做、必知必做，真正把教书育人和自我修养结合起来，时刻自重、自省、自警、自励，自觉做以德立身、以德立学、以德施教、以德育德的楷模，维护教师职业形象，提振师道尊严。

三、把准则要求落实到教师管理具体工作中。要把好教师入口关，在教师招聘、引进时组织开展准则的宣讲，确保每位新入职教师知准则、守底线。要将准则要求体现在教师聘用、聘任合同中，明确有关责任。要强化考核，在教师年度考核、职称评聘、推优评先、表彰奖励等工作中必须进行师德考核，实行师德失范“一票否决”。改进师德考核方式方法，避免形式化、随意化。完善师德考核指标体系，提高科学性、实效性。

四、以有力措施坚决查处师德违规行为。各地各校要按照准则及相应的处理指导意见、处理办法要求，严格举报受理和违规查处。对于发生准则中禁止行为的，要态度坚决，一查到底，依法依规严肃惩处，绝不姑息。对于有虐待、猥亵、性骚扰等严重侵害学生行为的，一经查实，要撤销其所获荣誉、称号，追回相关奖金，依法依规撤销教师资格、解除教师职务、清除出教师队伍，同时还要录入全国教师管理信息系统，任何学校不得再聘任其从事教学、科研及管理等工作。涉嫌违法犯罪的要及时移送司法机关依法处理。要严格落实学校主体责任，建立师德建设责任追究机制，对师德违规行为监管不力、拒不处分、拖延处分或推诿隐瞒等失职失责问题，造成不良影响或严重后果的，要按照干部管理权限严肃追究责任。

各地贯彻落实准则的情况，请及时报告教育部。教育部将适时对落实情况进行督查。

教育部
2018 年 11 月 8 日

新时代中小学教师职业行为十项准则

教师是人类灵魂的工程师，是人类文明的传承者。长期以来，广大教师贯彻党的教育方针，教书育人，呕心沥血，默默奉献，为国家发展和民族振兴作出了重大贡献。新时代对广大教师落实立德树人根本任务提出新的更高要求，为进一步增强教师的责任感、使命感、荣誉感，规范职业行为，明确师德底线，引导广大教师努力成为有理想信念、有道德情操、有扎实学识、有仁爱之心的好老师，着力培养德智体美劳全面发展的社会主义建设者和接班人，特制定以下准则。

一、坚定政治方向。坚持以习近平新时代中国特色社会主义思想为指导，拥护中国共产党的领导，贯彻党的教育方针；不得在教育教学活动中及其他场合有损害党中央权威、违背党的路线方针政策的言行。

二、自觉爱国守法。忠于祖国，忠于人民，恪守宪法原则，遵守法律法规，依法履行教师职责；不得损害国家利益、社会公共利益，或违背社会公序良俗。

三、传播优秀文化。带头践行社会主义核心价值观，弘扬真善美，传递正能量；不得通过课堂、论坛、讲座、信息网络及其他渠道发表、转发错误观点，或编造散布虚假信息、不良信息。

四、潜心教书育人。落实立德树人根本任务，遵循教育规律和学生成长规律，因材施教，教学相长；不得违反教学纪律，敷衍教学，或擅自从事影响教育教学本职工作的兼职兼薪行为。

五、关心爱护学生。严慈相济，诲人不倦，真心关爱学生，严格要求学生，做学生良师益友；不得歧视、侮辱学生，严禁虐待、伤害学生。

六、加强安全防范。增强安全意识，加强安全教育，保护学生安全，防范事故风险；不得在教育教学活动中遇突发事件、面临危险时，不顾学生安危，擅离职守，自行逃离。

七、坚持言行雅正。为人师表，以身作则，举止文明，作风正派，自重自爱；不得与学生发生任何不正当关系，严禁任何形式的猥亵、性骚扰行为。

八、秉持公平诚信。坚持原则，处事公道，光明磊落，为人正直；不得在招生、考试、推优、保送及绩效考核、岗位聘用、职称评聘、评优评奖等工作中徇私舞弊、弄虚作假。

九、坚守廉洁自律。严于律己，清廉从教；不得索要、收受学生及家长财物或参加由学生及家长付费的宴请、旅游、娱乐休闲等活动，不得向学生推销图书报刊、教辅材料、社会保险或利用家长资源谋取私利。

十、规范从教行为。勤勉敬业，乐于奉献，自觉抵制不良风气；不得组织、参与有偿补课，或为校外培训机构和他人介绍生源、提供相关信息。

新时代幼儿园教师职业行为十项准则

教师是人类灵魂的工程师，是人类文明的传承者。长期以来，广大教师贯彻党的教育方针，教书育人，呕心沥血，默默奉献，为国家发展和民族振兴作出了重大贡献。新时代对广大教师落实立德树人根本任务提出新的更高要求，为进一步增强教师的责任感、使命感、荣誉感，规范职业行为，明确师德底线，引导广大教师努力成为有理想信念、有道德情操、有扎实学识、有仁爱之心的好老师，着力培养德智体美劳全面发展的社会主义建设者和接班人，特制定以下准则。

一、坚定政治方向。坚持以习近平新时代中国特色社会主义思想为指导，拥护中国共产党的领导，贯彻党的教育方针；不得在保教活动中及其他场合有损害党中央权威和违背党的路线方针政策的言行。

二、自觉爱国守法。忠于祖国，忠于人民，恪守宪法原则，遵守法律法规，依法履行教师职责；不得损害国家利益、社会公共利益，或违背社会公序良俗。

三、传播优秀文化。带头践行社会主义核心价值观，弘扬真善美，传递正能量；不得通过保教活动、论坛、讲座、信息网络及其他渠道发表、转发错误观点，或编造散布虚假信息、不良信息。

四、潜心培幼育人。落实立德树人根本任务，爱岗敬业，细致耐心；不得在工作期间玩忽职守、消极怠工，或空岗、未经批准找人替班，不得利用职务之便兼职兼薪。

五、加强安全防范。增强安全意识，加强安全教育，保护幼儿安全，防范事故风险；不得在保教活动中遇突发事件、面临危险时，不顾幼儿安危，擅离职守，自行逃离。

六、关心爱护幼儿。呵护幼儿健康，保障快乐成长；不得体罚和变相体罚幼儿，不得歧视、侮辱幼儿，严禁猥亵、虐待、伤害幼儿。

七、遵循幼教规律。循序渐进，寓教于乐；不得采用学校教育方式提前教授小学内容，不得组织有碍幼儿身心健康的活动。

八、秉持公平诚信。坚持原则，处事公道，光明磊落，为人正直；不得在入园招生、绩效考核、岗位聘用、职称评聘、评优评奖等工作中徇私舞弊、弄虚作假。

九、坚守廉洁自律。严于律己，清廉从教；不得索要、收受幼儿家长财物或参加由家长付费的宴请、旅游、娱乐休闲等活动，不得推销幼儿读物、社会保险或利用家长资源谋取私利。

十、规范保教行为。尊重幼儿权益，抵制不良风气；不得组织幼儿参加以营利为目的的表演、竞赛等活动，或泄露幼儿与家长的信息。

教育部关于印发《中小学教师违反职业道德行为处理办法(2018年修订)》的通知[①]

教师〔2018〕18号

各省、自治区、直辖市教育厅（教委），新疆生产建设兵团教育局：

为深入贯彻习近平新时代中国特色社会主义思想和党的十九大精神，深入贯彻落实全国教育大会精神，扎实推进《中共中央 国务院关于全面深化新时代教师队伍建设改革的意见》的实施，进一步加强师德师风建设，我部对2014年印发的《中小学教师违反职业

① 教育部关于印发《中小学教师违反职业道德行为处理办法（2018年修订）》的通知［EB/OL］.（2018－11－14）［2023－04－18］. http://www.moe.gov.cn/srcsite/A10/s7002/201811/t20181115_354924.html? eqid=e9dd0ad90002c83200000006643618c0.

道德行为处理办法》进行了修订，现印发给你们，请遵照执行。

教育部

2018 年 11 月 8 日

中小学教师违反职业道德行为处理办法
（2018 年修订）

第一条　为规范教师职业行为，保障教师、学生的合法权益，根据《中华人民共和国教育法》《中华人民共和国未成年人保护法》《中华人民共和国教师法》《教师资格条例》和《新时代中小学教师职业行为十项准则》等法律法规和制度规范，制定本办法。

第二条　本办法所称中小学教师是指普通中小学、中等职业学校（含技工学校）、特殊教育机构、少年宫以及地方教研室、电化教育等机构的教师。

前款所称中小学教师包括民办学校教师。

第三条　本办法所称处理包括处分和其他处理。处分包括警告、记过、降低岗位等级或撤职、开除。警告期限为 6 个月，记过期限为 12 个月，降低岗位等级或撤职期限为 24 个月。是中共党员的，同时给予党纪处分。

其他处理包括给予批评教育、诫勉谈话、责令检查、通报批评，以及取消在评奖评优、职务晋升、职称评定、岗位聘用、工资晋级、申报人才计划等方面的资格。取消相关资格的处理执行期限不得少于 24 个月。

教师涉嫌违法犯罪的，及时移送司法机关依法处理。

第四条　应予处理的教师违反职业道德行为如下：

（一）在教育教学活动中及其他场合有损害党中央权威、违背党的路线方针政策的言行。

（二）损害国家利益、社会公共利益，或违背社会公序良俗。

（三）通过课堂、论坛、讲座、信息网络及其他渠道发表、转发错误观点，或编造散布虚假信息、不良信息。

（四）违反教学纪律，敷衍教学，或擅自从事影响教育教学本职工作的兼职兼薪行为。

（五）歧视、侮辱学生，虐待、伤害学生。

（六）在教育教学活动中遇突发事件、面临危险时，不顾学生安危，擅离职守，自行逃离。

（七）与学生发生不正当关系，有任何形式的猥亵、性骚扰行为。

（八）在招生、考试、推优、保送及绩效考核、岗位聘用、职称评聘、评优评奖等工作中徇私舞弊、弄虚作假。

（九）索要、收受学生及家长财物或参加由学生及家长付费的宴请、旅游、娱乐休闲等活动，向学生推销图书报刊、教辅材料、社会保险或利用家长资源谋取私利。

（十）组织、参与有偿补课，或为校外培训机构和他人介绍生源、提供相关信息。

（十一）其他违反职业道德的行为。

第五条　学校及学校主管教育部门发现教师存在违反第四条列举行为的，应当及时组织调查核实，视情节轻重给予相应处理。作出处理决定前，应当听取教师的陈述和申辩，听取学生、其他教师、家长委员会或者家长代表意见，并告知教师有要求举行听证的权利。对于拟给予降低岗位等级以上的处分，教师要求听证的，拟作出处理决定的部门应当组织听证。

第六条 给予教师处理，应当坚持公平公正、教育与惩处相结合的原则；应当与其违反职业道德行为的性质、情节、危害程度相适应；应当事实清楚、证据确凿、定性准确、处理恰当、程序合法、手续完备。

第七条 给予教师处理按照以下权限决定：

（一）警告和记过处分，公办学校教师由所在学校提出建议，学校主管教育部门决定。民办学校教师由所在学校决定，报主管教育部门备案。

（二）降低岗位等级或撤职处分，由教师所在学校提出建议，学校主管教育部门决定并报同级人事部门备案。

（三）开除处分，公办学校教师由所在学校提出建议，学校主管教育部门决定并报同级人事部门备案。民办学校教师或者未纳入人事编制管理的教师由所在学校决定并解除其聘任合同，报主管教育部门备案。

（四）给予批评教育、诫勉谈话、责令检查、通报批评，以及取消在评奖评优、职务晋升、职称评定、岗位聘用、工资晋级、申报人才计划等方面资格的其他处理，按照管理权限，由教师所在学校或主管部门视其情节轻重作出决定。

第八条 处理决定应当书面通知教师本人并载明认定的事实、理由、依据、期限及申诉途径等内容。

第九条 教师不服处理决定的，可以向学校主管教育部门申请复核。对复核结果不服的，可以向学校主管教育部门的上一级行政部门提出申诉。

对教师的处理，在期满后根据悔改表现予以延期或解除，处理决定和处理解除决定都应完整存入人事档案及教师管理信息系统。

第十条 教师受到处分的，符合《教师资格条例》第十九条规定的，由县级以上教育行政部门依法撤销其教师资格。

教师受处分期间暂缓教师资格定期注册。依据《中华人民共和国教师法》第十四条规定丧失教师资格的，不能重新取得教师资格。

教师受记过以上处分期间不能参加专业技术职务任职资格评审。

第十一条 教师被依法判处刑罚的，依据《事业单位工作人员处分暂行规定》给予降低岗位等级或者撤职以上处分。其中，被依法判处有期徒刑以上刑罚的，给予开除处分。教师受到剥夺政治权利或者故意犯罪受到有期徒刑以上刑事处罚的，丧失教师资格。

第十二条 学校及主管教育部门不履行或不正确履行师德师风建设管理职责，有下列情形的，上一级行政部门应当视情节轻重采取约谈、诫勉谈话、通报批评、纪律处分和组织处理等方式严肃追究主要负责人、分管负责人和直接责任人的责任：

（一）师德师风长效机制建设、日常教育督导不到位；

（二）师德失范问题排查发现不及时；

（三）对已发现的师德失范行为处置不力、方式不当或拒不处分、拖延处分、推诿隐瞒的；

（四）已作出的师德失范行为处理决定落实不到位，师德失范行为整改不彻底；

（五）多次出现师德失范问题或因师德失范行为引起不良社会影响；

（六）其他应当问责的失职失责情形。

第十三条　省级教育行政部门应当结合当地实际情况制定实施细则，并报国务院教育行政部门备案。

第十四条　本办法自发布之日起施行。

教育部关于印发《中小学班主任工作规定》的通知

教基一〔2009〕12 号

各省、自治区、直辖市教育厅（教委），新疆生产建设兵团教育局：

为了进一步加强中小学班主任工作，发挥班主任在中小学教育中的重要作用，保障班主任的合法权益，全面推进素质教育，特制定《中小学班主任工作规定》，现印发给你们，请遵照执行。

附件：中小学班主任工作规定

中华人民共和国教育部

二〇〇九年八月十二日

中小学班主任工作规定

第一章　总　则

第一条　为进一步推进未成年人思想道德建设，加强中小学班主任工作，充分发挥班主任在教育学生中的重要作用，制定本规定。

第二条　班主任是中小学日常思想道德教育和学生管理工作的主要实施者，是中小学生健康成长的引领者，班主任要努力成为中小学生的人生导师。

班主任是中小学的重要岗位，从事班主任工作是中小学教师的重要职责。教师担任班主任期间应将班主任工作作为主业。

第三条　加强班主任队伍建设是坚持育人为本、德育为先的重要体现。政府有关部门和学校应为班主任开展工作创造有利条件，保障其享有的待遇与权利。

第二章　配备与选聘

第四条　中小学每个班级应当配备一名班主任。

第五条　班主任由学校从班级任课教师中选聘。聘期由学校确定，担任一个班级的班主任时间一般应连续 1 学年以上。

第六条 教师初次担任班主任应接受岗前培训，符合选聘条件后学校方可聘用。

第七条 选聘班主任应当在教师任职条件的基础上突出考查以下条件：

（一）作风正派，心理健康，为人师表；

（二）热爱学生，善于与学生、学生家长及其他任课教师沟通；

（三）爱岗敬业，具有较强的教育引导和组织管理能力。

第三章 职责与任务

第八条 全面了解班级内每一个学生，深入分析学生思想、心理、学习、生活状况。关心爱护全体学生，平等对待每一个学生，尊重学生人格。采取多种方式与学生沟通，有针对性地进行思想道德教育，促进学生德智体美全面发展。

第九条 认真做好班级的日常管理工作，维护班级良好秩序，培养学生的规则意识、责任意识和集体荣誉感，营造民主和谐、团结互助、健康向上的集体氛围。指导班委会和团队工作。

第十条 组织、指导开展班会、团队会（日）、文体娱乐、社会实践、春（秋）游等形式多样的班级活动，注重调动学生的积极性和主动性，并做好安全防护工作。

第十一条 组织做好学生的综合素质评价工作，指导学生认真记载成长记录，实事求是地评定学生操行，向学校提出奖惩建议。

第十二条 经常与任课教师和其他教职员工沟通，主动与学生家长、学生所在社区联系，努力形成教育合力。

第四章 待遇与权利

第十三条 学校在教育管理工作中应充分发挥班主任的骨干作用，注重听取班主任意见。

第十四条 班主任工作量按当地教师标准课时工作量的一半计入教师基本工作量。各地要合理安排班主任的课时工作量，确保班主任做好班级管理工作。

第十五条 班主任津贴纳入绩效工资管理。在绩效工资分配中要向班主任倾斜。对于班主任承担超课时工作量的，以超课时补贴发放班主任津贴。

第十六条 班主任在日常教育教学管理中，有采取适当方式对学生进行批评教育的权利。

第五章 培养与培训

第十七条 教育行政部门和学校应制订班主任培养培训规划，有组织地开展班主任岗位培训。

第十八条 教师教育机构应承担班主任培训任务，教育硕士专业学位教育中应设立中小学班主任工作培养方向。

第六章 考核与奖惩

第十九条 教育行政部门建立科学的班主任工作评价体系和奖惩制度。对长期从事班主任工作或在班主任岗位上做出突出贡献的教师定期予以表彰奖励。选拔学校管理干部应优先考虑长期从事班主任工作的优秀班主任。

第二十条　学校建立班主任工作档案，定期组织对班主任的考核工作。考核结果作为教师聘任、奖励和职务晋升的重要依据。对不能履行班主任职责的，应调离班主任岗位。

第七章　附　则

第二十一条　各地可根据本规定，结合当地实际情况，制定中小学班主任工作的具体实施办法。

第二十二条　本规定自发布之日起施行。

中小学教育惩戒规则（试行）

中华人民共和国教育部令第 49 号

《中小学教育惩戒规则（试行）》已经 2020 年 9 月 23 日教育部第 3 次部务会议审议通过，现予公布，自 2021 年 3 月 1 日起施行。

教育部部长　陈宝生

2020 年 12 月 23 日

中小学教育惩戒规则（试行）

第一条　为落实立德树人根本任务，保障和规范学校、教师依法履行教育教学和管理职责，保护学生合法权益，促进学生健康成长、全面发展，根据教育法、教师法、未成年人保护法、预防未成年人犯罪法等法律法规和国家有关规定，制定本规则。

第二条　普通中小学校、中等职业学校（以下称学校）及其教师在教育教学和管理过程中对学生实施教育惩戒，适用本规则。

本规则所称教育惩戒，是指学校、教师基于教育目的，对违规违纪学生进行管理、训导或者以规定方式予以矫治，促使学生引以为戒、认识和改正错误的教育行为。

第三条　学校、教师应当遵循教育规律，依法履行职责，通过积极管教和教育惩戒的实施，及时纠正学生错误言行，培养学生的规则意识、责任意识。

教育行政部门应当支持、指导、监督学校及其教师依法依规实施教育惩戒。

第四条　实施教育惩戒应当符合教育规律，注重育人效果；遵循法治原则，做到客观公正；选择适当措施，与学生过错程度相适应。

第五条　学校应当结合本校学生特点，依法制定、完善校规校纪，明确学生行为规范，健全实施教育惩戒的具体情形和规则。

学校制定校规校纪，应当广泛征求教职工、学生和学生父母或者其他监护人（以下称家长）的意见；有条件的，可以组织有学生、家长及有关方面代表参加的听证。校规校纪应当提交家长委员会、教职工代表大会讨论，经校长办公会议审议通过后施行，并报主管教育部门备案。

教师可以组织学生、家长以民主讨论形式共同制定班规或者班级公约，报学校备案后施行。

第六条 学校应当利用入学教育、班会以及其他适当方式，向学生和家长宣传讲解校规校纪。未经公布的校规校纪不得施行。

学校可以根据情况建立校规校纪执行委员会等组织机构，吸收教师、学生及家长、社会有关方面代表参加，负责确定可适用的教育惩戒措施，监督教育惩戒的实施，开展相关宣传教育等。

第七条 学生有下列情形之一，学校及其教师应当予以制止并进行批评教育，确有必要的，可以实施教育惩戒：

（一）故意不完成教学任务要求或者不服从教育、管理的；

（二）扰乱课堂秩序、学校教育教学秩序的；

（三）吸烟、饮酒，或者言行失范违反学生守则的；

（四）实施有害自己或者他人身心健康的危险行为的；

（五）打骂同学、老师，欺凌同学或者侵害他人合法权益的；

（六）其他违反校规校纪的行为。

学生实施属于预防未成年人犯罪法规定的不良行为或者严重不良行为的，学校、教师应当予以制止并实施教育惩戒，加强管教；构成违法犯罪的，依法移送公安机关处理。

第八条 教师在课堂教学、日常管理中，对违规违纪情节较为轻微的学生，可以当场实施以下教育惩戒：

（一）点名批评；

（二）责令赔礼道歉、做口头或者书面检讨；

（三）适当增加额外的教学或者班级公益服务任务；

（四）一节课堂教学时间内的教室内站立；

（五）课后教导；

（六）学校校规校纪或者班规、班级公约规定的其他适当措施。

教师对学生实施前款措施后，可以以适当方式告知学生家长。

第九条 学生违反校规校纪，情节较重或者经当场教育惩戒拒不改正的，学校可以实施以下教育惩戒，并应当及时告知家长：

（一）由学校德育工作负责人予以训导；

（二）承担校内公益服务任务；

（三）安排接受专门的校规校纪、行为规则教育；

（四）暂停或者限制学生参加游览、校外集体活动以及其他外出集体活动；

（五）学校校规校纪规定的其他适当措施。

第十条 小学高年级、初中和高中阶段的学生违规违纪情节严重或者影响恶劣的，学校可以实施以下教育惩戒，并应当事先告知家长：

（一）给予不超过一周的停课或者停学，要求家长在家进行教育、管教；

（二）由法治副校长或者法治辅导员予以训诫；

（三）安排专门的课程或者教育场所，由社会工作者或者其他专业人员进行心理辅导、行为干预。

对违规违纪情节严重，或者经多次教育惩戒仍不改正的学生，学校可以给予警告、严重警告、记过或者留校察看的纪律处分。对高中阶段学生，还可以给予开除学籍的纪律处分。

对有严重不良行为的学生，学校可以按照法定程序，配合家长、有关部门将其转入专门学校教育矫治。

第十一条　学生扰乱课堂或者教育教学秩序，影响他人或者可能对自己及他人造成伤害的，教师可以采取必要措施，将学生带离教室或者教学现场，并予以教育管理。

教师、学校发现学生携带、使用违规物品或者行为具有危险性的，应当采取必要措施予以制止；发现学生藏匿违法、危险物品的，应当责令学生交出并可以对可能藏匿物品的课桌、储物柜等进行检查。

教师、学校对学生的违规物品可以予以暂扣并妥善保管，在适当时候交还学生家长；属于违法、危险物品的，应当及时报告公安机关、应急管理部门等有关部门依法处理。

第十二条　教师在教育教学管理、实施教育惩戒过程中，不得有下列行为：

（一）以击打、刺扎等方式直接造成身体痛苦的体罚；

（二）超过正常限度的罚站、反复抄写，强制做不适的动作或者姿势，以及刻意孤立等间接伤害身体、心理的变相体罚；

（三）辱骂或者以歧视性、侮辱性的言行侵犯学生人格尊严；

（四）因个人或者少数人违规违纪行为而惩罚全体学生；

（五）因学业成绩而教育惩戒学生；

（六）因个人情绪、好恶实施或者选择性实施教育惩戒；

（七）指派学生对其他学生实施教育惩戒；

（八）其他侵害学生权利的。

第十三条　教师对学生实施教育惩戒后，应当注重与学生的沟通和帮扶，对改正错误的学生及时予以表扬、鼓励。

学校可以根据实际和需要，建立学生教育保护辅导工作机制，由学校分管负责人、德育工作机构负责人、教师以及法治副校长（辅导员）、法律以及心理、社会工作等方面的专业人员组成辅导小组，对有需要的学生进行专门的心理辅导、行为矫治。

第十四条　学校拟对学生实施本规则第十条所列教育惩戒和纪律处分的，应当听取学生的陈述和申辩。学生或者家长申请听证的，学校应当组织听证。

学生受到教育惩戒或者纪律处分后，能够诚恳认错、积极改正的，可以提前解除教育惩戒或者纪律处分。

第十五条　学校应当支持、监督教师正当履行职务。教师因实施教育惩戒与学生及其家长发生纠纷，学校应当及时进行处理，教师无过错的，不得因教师实施教育惩戒而给予其处分或者其他不利处理。

教师违反本规则第十二条，情节轻微的，学校应当予以批评教育；情节严重的，应当暂停履行职责或者依法依规给予处分；给学生身心造成伤害，构成违法犯罪的，由公安机关依法处理。

第十六条 学校、教师应当重视家校协作，积极与家长沟通，使家长理解、支持和配合实施教育惩戒，形成合力。家长应当履行对子女的教育职责，尊重教师的教育权利，配合教师、学校对违规违纪学生进行管教。

家长对教师实施的教育惩戒有异议或者认为教师行为违反本规则第十二条规定的，可以向学校或者主管教育行政部门投诉、举报。学校、教育行政部门应当按照师德师风建设管理的有关要求，及时予以调查、处理。家长威胁、侮辱、伤害教师的，学校、教育行政部门应当依法保护教师人身安全、维护教师合法权益；情形严重的，应当及时向公安机关报告并配合公安机关、司法机关追究责任。

第十七条 学生及其家长对学校依据本规则第十条实施的教育惩戒或者给予的纪律处分不服的，可以在教育惩戒或者纪律处分作出后 15 个工作日内向学校提起申诉。

学校应当成立由学校相关负责人、教师、学生以及家长、法治副校长等校外有关方面代表组成的学生申诉委员会，受理申诉申请，组织复查。学校应当明确学生申诉委员会的人员构成、受理范围及处理程序等并向学生及家长公布。

学生申诉委员会应当对学生申诉的事实、理由等进行全面审查，作出维持、变更或者撤销原教育惩戒或者纪律处分的决定。

第十八条 学生或者家长对学生申诉处理决定不服的，可以向学校主管教育部门申请复核；对复核决定不服的，可以依法提起行政复议或者行政诉讼。

第十九条 学校应当有针对性地加强对教师的培训，促进教师更新教育理念、改进教育方式方法，提高教师正确履行职责的意识与能力。

每学期末，学校应当将学生受到本规则第十条所列教育惩戒和纪律处分的信息报主管教育行政部门备案。

第二十条 本规则自 2021 年 3 月 1 日起施行。

各地可以结合本地实际，制定本地方实施细则或者指导学校制定实施细则。

英国《教师标准》[①]（节选）

（2021 年修订）

第二部分：个人与职业操守

教师应在个人与职业操守方面表现出始终如一的高标准。以下陈述中所界定的行动和

① Department for Education. Teachers' Standards [EB/OL]. (2021-12-13) [2023-03-19]. https://assets.publishing.service.gov.uk/government/uploads/system/uploads/attachment_data/file/665522/Teachers_standard_information.pdf.

态度为教师的整个职业生涯设定了必要的行为标准。

1. 教师需要通过以下方式在校内与校外维护公众对教师职业的信任，并保持高标准的道德和行为，具体做法为：

（1）有尊严地对待学生，并建立植根于相互尊重的关系，同时始终遵守适合教师专业地位且适当的师生界限；

（2）根据各项法律规定，考虑到保障学生福祉的必要性；

（3）表现出对他人（成年人与未成年人）权利的理解和尊重；

（4）不损害“英国价值观”，内容包括民主、法治、个人自由和相互尊重，以及对不同信仰的人的理解与尊重；

（5）确保不采取利用学生弱点或可能导致学生违法的方式来表达个人信仰（即保证校园内外不会出现宗教极端化和可能的违法行为）。

2. 教师必须对其所任教的学校的道德观、政策和实际情况有适当且专业的认识，并在出勤和守时方面保持高标准。

3. 教师必须理解并始终在规定其专业职责和责任的法定框架内行事。

（仝耀斌　译）

美国《教师职业道德规范》[①]（节选）

原则一：教师对学生的承诺

教育工作者需努力帮助每个学生实现他/她作为有价值和有意义的社会成员的潜力。因此，教育工作者须致力于激发（学生）的探究精神，获取和理解知识，并深思熟虑地制定有价值的（发展）目标。

为履行对学生的义务，教育工作者的职业行为规范包括：

1. 不得无理由地限制学生在追求学习中的独立行动；

2. 不得无理地限制学生了解不同的观点；

3. 不得故意压制或歪曲学生的进步；

4. 应努力保护学生免受损害学习、健康和安全的情况；

5. 不得故意羞辱或贬低学生；

6. 不得以种族、肤色、信仰、性别、国籍、家庭背景、政治或宗教信仰、社会或文化背景或性取向为由，不公平地排除学生参与课程活动、拒绝照顾学生福祉或给予一些学生特权；

---

① National Education Association. Code of ethics for educators [EB/OL]. (2020－09－14) [2023－03－19]. https://www.nea.org/resource-library/code-ethics-educators.

7. 不得利用与学生的职业关系谋取私利；

8. 不得披露在工作中获得的学生信息，除非披露信息用于令人信服的专业目的或法律要求。

原则二：教师对职业的承诺

教育行业被公众赋予信任和责任，因此，需要崇高的理想和专业的服务。教育工作者的服务质量直接影响国家培养公民，因此，应尽一切努力提高专业标准，促进专业人员的能力提升，同时创造条件吸引值得信任的人员从事教育职业，并协助防止不合格的人从事该职业。

为履行对职业的义务，教育工作者的职业行为规范包括：

1. 不得在申请专业职位时故意作出虚假陈述或者未披露与能力和资格有关的重大事实；

2. 不得虚报专业资格；

3. 不得协助在品格、教育或其他相关属性方面不合格的人进入该行业；

4. 不得故意对教师资格申请作出虚假陈述；

5. 不得协助非职业教师进行未经授权的教学活动；

6. 不得披露在专业服务过程中获得的同事和学生信息，除非披露用于令人信服的专业目的或法律要求；

7. 不得故意对同事作出虚假或恶意的陈述；

8. 不得接受任何可能损害或者影响自身专业决策或活动的酬金、礼物或特殊待遇。

（仝耀斌　译）

德国《教师教育标准：教育科学》[①]（节选）

（2019 年修订）

能力领域：教育——教师行使其教育职责。

能力 4：教师了解学生的社会文化背景和技术生活条件，以及可能存在的劣势、缺陷和障碍，并在学校的框架内促进学生的个体化发展。

理论学习阶段的标准：（1）了解儿童和青少年发展及其社会化方面的教育学、社会学和心理学理论；（2）了解学生在学习过程中可能遭受的不平等对待，以及如何提供相应的教育帮助并采取预防措施；（3）了解在设计教育教学过程时应考虑到的跨文化因素；（4）了

① Kultusministerkonferenz. Standards für die lehrerbildung：bildungswissenschaften［EB/OL］.（2019－05－16）［2023－06－07］. https://www.kmk.org/fileadmin/veroeffentlichungen_beschluesse/2004/2004_12_16-Standards-Lehrerbildung-Bildungswissenschaften.pdf.

解性别影响对于教育过程的重要性；（5）认识到媒体和数字化的重要性，了解用以提升多媒体教学能力的媒体教育和信息教育领域的相关概念。

见习阶段的标准：（1）认识到学生可能遭受的歧视、障碍以及不利因素，实施教育支持并采取预防措施；利用与其他专业和机构合作的可能性；（2）向学生提供个性化支持，并与家长开展基于信任的合作；（3）注意各学习小组中的社会和文化多样性；（4）开发和测试能使学生对数字世界进行塑造和批判性反思的课程计划。

能力 5：教师传递价值规范以及尊重和认可多样性的立场态度，并支持学生作出自主的和经过反思的判断与行动。

理论学习阶段的标准：（1）了解并思考民主价值规范，以及如何传递这些价值规范；（2）明确对于多样性的认可在学习过程和身份形成过程中所起的关键作用；（3）了解媒体对于价值观、意见形成以及决断过程所施加的重要影响；（4）知道如何促进学生形成有价值意识的态度并作出自主的判断和行动；（5）知道如何帮助学生应对个人危机和决策情境。

见习阶段的标准：（1）反思价值和价值观，并采取相应行动；（2）与学生一起分析评价媒体，鼓励学生反思自身的媒体行为；（3）与学生一起练习并掌握独立自主的判断和行动能力；（4）采取建设性的方式解决价值规范方面的冲突。

能力 6：教师为在学校和课堂中出现的问题和冲突提供符合学生年龄和发展心理的解决方案，并在彼此尊重的人际交往方面作出表率。

理论学习阶段的标准：（1）拥有沟通和互动方面的知识（尤其是师生互动方面）；（2）了解在课堂、学校和家长工作中的重要谈话规则和人际交往原则；（3）了解儿童和青少年阶段的风险和潜能，以及相应的预防、干预和支持的可能措施；（4）分析冲突，了解建设性地解决冲突以及应对暴力和歧视的方式；（5）了解媒体使用在情绪、行为和态度方面的机遇和风险，以及建设性地应对这些机遇和风险的方式。

见习阶段的标准：（1）设计规划课堂和学校中的社会关系和社会学习过程；（2）与学生一起制定相互尊重的交往规则并付诸实施；（3）根据具体情况应用预防和解决冲突的策略和行动形式；（4）设计并传授用以应对媒体使用所带来的机遇和风险的解决方案。

（刘畅　译）

图书在版编目（CIP）数据

教师职业道德修养 / 朱晓宏等著. --北京：中国人民大学出版社，2024.1
高等学校通识课程系列教材
ISBN 978-7-300-32429-6

Ⅰ.①教… Ⅱ.①朱… Ⅲ.①教师－职业道德－高等学校－教材 Ⅳ.①G451.6

中国国家版本馆 CIP 数据核字（2023）第 244145 号

高等学校通识课程系列教材
教师职业道德修养
朱晓宏　等 著
Jiaoshi Zhiye Daode Xiuyang

出版发行	中国人民大学出版社		
社　　址	北京中关村大街 31 号	**邮政编码**	100080
电　　话	010－62511242（总编室）		010－62511770（质管部）
	010－82501766（邮购部）		010－62514148（门市部）
	010－62515195（发行公司）		010－62515275（盗版举报）
网　　址	http://www.crup.com.cn		
经　　销	新华书店		
印　　刷	唐山玺诚印务有限公司		
开　　本	787 mm×1092 mm　1/16	**版　　次**	2024 年 1 月第 1 版
印　　张	10.75 插页 1	**印　　次**	2024 年 1 月第 1 次印刷
字　　数	249 000	**定　　价**	35.00 元

教学支持说明

（教学课件）

中国人民大学出版社教育学科秉承“出教材学术精品，育人文社科英才”的出版宗旨，多年来，出版了大批高质量的教育学、小学教育、学前教育专业教材和学术著作。

我们为本教材制作了相应的 PPT 教学课件，任何一位采用本书作为授课教材的教师均可免费获得该课件。为了确保该课件仅为授课教师获得，烦请您填写如下材料，并将相关信息通过 E-mail 发送给我们，我们将在收到相关信息后通过 E-mail 给您发送该课件。欢迎您加入我们的 QQ 群（教育新视野交流群，群号为 159813080），或登录我社官方网站（www. crup. com. cn），注册并认证成为教师会员，以获得更好的服务。

我们的联系方式：
地址：（100872）北京市中关村大街甲 59 号文化大厦 1202 室
中国人民大学出版社
电话：（010）62515955　62515383
E-mail：ggglcbfs@vip. 163. com
QQ 群：159813080

兹证明________大学/学院________院/系________专业________学年第________学期开设的________课程，采用中国人民大学出版社出版的________________（书名、作者）作为本课程教材。授课教师为________，授课班级共______个、学生______人。授课教师需要与本书配套的教学课件。

联 系 人：________________
通信地址：________________
邮　　编：________________
电　　话：________________
E-mail：________________

系/院主任：________（签字）
（系/院办公室章）
______年____月____日